# 泰山何以独尊

## 中华历史文化大背景下的泰山

鹿锋 著

山东画报出版社

**图书在版编目（CIP）数据**

泰山何以独尊：中华历史文化大背景下的泰山 / 鹿锋著. —济南：山东画报出版社，2021.5（2023.7重印）

ISBN 978-7-5474-3886-2

Ⅰ.①泰… Ⅱ.①鹿 Ⅲ.①泰山—文化研究 Ⅳ.①K928.3

中国版本图书馆CIP数据核字（2021）第059401号

TAISHAN HEYI DUZUN ZHONGHUA LISHI WENHUA DA BEIJING XIA DE TAISHAN

**泰山何以独尊** 中华历史文化大背景下的泰山

鹿锋 著

**责任编辑** 张 欢

**装帧设计** 王 芳

**主管单位** 山东出版传媒股份有限公司

**出版发行** 山东画报出版社

社　址 济南市市中区舜耕路517号 邮编 250003

电　话 总编室（0531）82098472

市场部（0531）82098479

网　址 http：//www.hbcbs.com.cn

电子信箱 hbcb@sdpress.com.cn

**印　刷** 济南龙玺印刷有限公司

**规　格** 160毫米×230毫米 32开

12.5印张 336千字

**版　次** 2021年5月第1版

**印　次** 2023年7月第2次印刷

**书　号** ISBN 978-7-5474-3886-2

**定　价** 66.00元

# 序

鹿锋学长将历年研论泰山的文字集为一书，出示于郢，闻后漫书所感。

20世纪80年代以来，各学术领域都在积极寻求自身的学科定性与定位，在此背景下，出现了建立泰山学的呼声。肇其端者有宋绍香、徐北文诸家，而在社会上产生广泛影响者，则首推鹿锋学长的《应建立“泰山学”》。此文首刊于《齐鲁学刊》1997年第3期，旋被《新华文摘》与《高等学校文科学报文摘》摘编转发，成为90年代泰山研究的一件标志性成果，也使泰山学之名正式走入大众视野。在次年泰安市社科联成果评选中，此文荣膺一等奖，诚可谓实至名归！

在这篇鸿文中，鹿锋学长以敏锐的学术眼光明确提出，泰山研究应当成为一个规范、系统、科学的体系，应如敦煌学、红学那样，建立一门泰山学。而这一学科建立的前提，则源于泰山文化自具的特质：“泰山的特质在于山石、神鬼、帝王，在于三者之间那种特殊而奇妙的三角关系。山石离不开神鬼，神鬼附着山石，皇帝借山石标明与神鬼的关系，山石与神鬼又通过皇帝增添了荣耀，壮大了声势。神权与皇权结合于泰山，神权与皇权造就了泰山，泰山为这种结合提供了舞台”——正是泰山内含的这种复合结构，使之拥有了他山不具的文化特质。泰山研究者虽众，但对于其文化特质予以关注者并不多。在近百年中，关注这一核心问题并做出精辟揭析者，除去易君左、徐北文二位前贤，当代学人中当数鹿锋学长。

主旨既立，鹿锋学长后续的研究大多围绕这一思路延展，发其枝柯，益其花叶，延伸为“泰山四论”，即泰山特质结构论、泰山思想载体论、泰山经济价值论、泰山学科建设论。通过所列石、史、箧、识、诗、士、实等多个维度，用一个个具体而微的个案——如天与山的关系、山与汶（大汶口文化）的渊源、山与城的因缘、人与山的对应等，对泰山文化各个层面做了系统解析与独到思考。这其中论士与山的一组文字尤为出彩，知人论世，发皇心曲，为书稿增色不少。

且将话题拉回到本书对泰山最关键的思考上来，即什么是泰山文化特质？鹿书中提出的“山·神·帝”三者复合结构说，郢觉似尚隔一间。因为三结合虽“特”，却未必是泰山所仅有，如置之嵩山、武当，似也多能符合。那么什么是泰山独有而域内他山所不具的文化特质呢？以我浅薄的感觉，那便是泰山文化中存在的“两个世界”（姑借余英时之红学论词）！在这“两个世界”中，除了“现实世界”中的泰山自然实体，在“精神世界”中还别有一座泰山在焉。这座“泰山”已不局限于泰安、山东乃至中国，而是跨越地域，超越族群，突破国界，浸融于不同时代、不同区域的人们之精神意识中（举凡“天下庙祀东岳”“梵经引入泰山”等皆其体现）。徐北文先生言“泰山不是一座地方性的山”，正是敏锐感知到泰山文化这一不同于其他山岳的特殊性。前人的泰山研究大多“在山言山”，局促于泰山一域之文化遗存，未能展示出其精神文化的深厚内蕴，而探讨泰山文化这一“特质”或曰独特性，乃是我心目中“泰山学”之大旨所在，如能将“现实世界”与“精神世界”相结合，必将开拓出一番学术新境来！

正是在这一层面上，我感到鹿锋学长以后的研究还大有拓展空间。如能聚焦于斯，完成一部《泰山学概论》或《泰山文化特质论》，对此进行更为精密的学理阐释与反思，当能极大提升泰山研究的学术水平。郢与鹿锋学长相交近三十年，对其力学沉思、执着奋进深感敬佩，今承命序，敢不献刍荛之见，以供参助？爰借旧作《题〈泰山石刻学史〉》绝句，表达对学长未来岱学新境之深深冀望。诗曰：

学境弘开万古新，名山端合祀亭林。
玉函犹待青禽启，谁向千秋继嗣音。

2019年11月10日周郢书于岱下

# 目 录

**第一辑 走进大汶口文化**

走进大汶口文化
——大汶口文化随想之一 /3

大汶口人是谁？
——大汶口文化随想之二 /7

远古的生存
——大汶口文化随想之三 /14

陶器：五行的奇迹
——大汶口文化随想之四 /21

通古贯今泰山玉
——大汶口文化随想之五 /30

符耶字耶大口尊
——大汶口文化随想之六 /38

异域的绝响
——大汶口文化随想之七 /45

泰山何以独尊
——大汶口文化随想之八 /48

第二辑 封禅的逻辑

秦始皇的泰山 /59

封禅的逻辑 /85

圣者仁山 /90

山坳里的寺院 /115

泰山与岳麓山的相遇 /126

天·神·仙 /132

第三辑 齐长城

齐长城 /141

泰山泉梦 /166

高山上的深海鱼 /173

双山记：泰山与徂徕山 /179

第四辑 人生的洞开

一个人的尴尬？
——“党怀英之问”之一 /187

党怀英是谁？
——“党怀英之问”之二 /189

正统还是僭伪？
——“党怀英之问”之三 /193

"辛党"何以异途？
——"党怀英之问"之四 /204
本色是书生？
——"党怀英之问"之五 /212
人生的洞开：吴维岳
——"萧大亨的朋友圈"之一 /218
首辅的身影：张居正
——"萧大亨的朋友圈"之二 /221
同榜的领导：申时行
——"萧大亨的朋友圈"之三 /228
党争的物议：沈一贯
——"萧大亨的朋友圈"之四 /238
御倭的亲家：邢玠
——"萧大亨的朋友圈"之五 /244
家乡的好友：于慎行
——"萧大亨的朋友圈"之六 /252
孝顺的皇帝：朱翊钧
——"萧大亨的朋友圈"之七 /258
一位乡村士人的殉国 /266

**第五辑 会说话的石头**

会说话的石头 /277
沈维进的灵气、大气、爽气 /289
倪和军的小篆大乾坤 /292
喜欢仇东的N种理由 /296
艺术扶贫的爱心100 /301

慈善与艺术 /303

**第六辑 有眼何以识泰山**

何谓“泰山” /309

泰山的文化 /313

泰山——“天人合一”思想的形象化载体 /316

泰山：青山著青史 /321

泰山的经济价值 /331

泰山品牌 /334

石可我待待何时
——泰山石质旅游产品开发构想 /339

何妨“以山名城” /346

有眼何以识泰山
——读《周郢文史论文集——泰山历史研究》 /349

**参考文献** /353

**附录 应建立泰山学** /369

**后记** /381

# 第一辑

# 走进大汶口文化

# 走进大汶口文化

## ——大汶口文化随想之一

大汶口镇距泰山30公里。

一个汶河边上的小镇能有如此大的名气，应当感谢5000年前的大汶口先民。因为他们生于斯，长于斯，葬于斯，一种考古学文化类型——大汶口文化得以命名。

最初发现的大汶口文化遗址在江苏新沂市花厅村，并不在大汶口镇。按照考古学文化命名原则，现在的大汶口文化应该被称作“花厅文化”[①]。但由于在一段时间内人们对花厅遗址的文化性质有不同理解，加之20世纪50年代末相继在大汶河两岸发现了大规模的墓葬群，于是采用“大汶口文化”这一名称便成为大家的共识。此可谓时势造英雄！

①栾丰实：《大汶口文化的发现和研究》，见栾丰实《海岱地区考古研究》，山东大学出版社，1997年版，第54页。

大汶口文化距今6100—4600年。[①]鼎盛时期的大汶口文化以泰沂山区为中心，东达黄河及辽东半岛南部，南至苏皖北部，西到鲁西、豫东，北抵冀东地区，其影响波及辽东、辽西、山西、陕西、湖北、江西、浙江区域。在长达1500年的时间里，[②]这片近20万平方公里的土地上，发生过什么样的故事？这些故事的主角是谁？他们后来又怎么样了？这一切，都激发着人们的好奇心。

历史，有广义、狭义之说。广义的历史指事物的发展过程；没有文字，亦有历史。狭义的历史指用文字记载的事物的发展过程；没有文字，就没有历史。为了表达的方便，人们创造了“史前史”的概念。这是一个矛盾而又聪明的说法。说其矛盾，在于“史前史”概念中两个“史”的意义并不一样；说其聪明，是因为无论有无文字，总有上古先民在这块土地上生活的那段过程。所谓上古史，其实是广义的历史。遂古之初，史无可征。直到目前，人们尚未见到大汶口时期能够叙述事件、人物的文字表达。于是人们只好另辟蹊径，尝试用其他的办法，走进这段无言的历史。

考古学、文献学、神话学以及体质人类学为我们提供了窥探上古图景的钥匙。考古学被称作“能看得见的历史”。考古学家用他们手中的铲子，发掘出房址、墓葬、陶器、玉器等古人活动留存的遗迹与遗物，并通过对这些遗迹遗物的研究、分析，推理史前先民的生产生活状态。这种“由物及人”“由点到面”的方法虽然细节难以十分精准，但也几乎是目前人们研究史前史的最为可靠的办法。让器物说话，使考古学充满底气。

---

①栾丰实：《大汶口文化的发现和研究》，见栾丰实《海岱地区考古研究》，山东大学出版社，1997年版，第61页。

②栾丰实：《大汶口文化的发现和研究》，见栾丰实《海岱地区考古研究》，山东大学出版社，1997年版，第59页。

据说孔子“不语怪力乱神”主要是因为文献资料芜杂错乱。春秋战国及至两汉及魏晋时代，一些文献屡经集体或个人的增删、盈缩、附会、纂改。“古史辨派”史学大师顾颉刚将此种情况称为“层累地造成的中国古史”。20世纪90年代，著名历史学家李学勤倡导“走出疑古时代”，提出要全面科学地辨析古籍，以新的方法重建古史。今天，我们对陆离斑驳的史料或许不可全信，也不可不信。对于文献史料，比信古、疑古、释古的态度更为重要的是分析选择的方法。

神话是先有“话”再有“神”。最初的神话类似现在“狐假虎威”“灵芝仙草”之类的寓言。这些神话想象丰富，简单直接，天真烂漫。那些神人兼备的英雄传说应发生在大汶口文化以后的时期。至于开天辟地、人类诞生等恢宏瑰丽的创世神话更不是上古先民所能构想的。目前所见的诸多神话文本总体上形成于商周以后。经过后人“不自觉创作”的累积，原始神话逐渐形成一个庞杂的系统。虽然这个系统十分粗放，一些时间、地点、人物充满了混乱与矛盾，但它反映的事件与过程的基本脉络和背景应该有其来源。神话传说中一些人物、事件可能本身就是神话了的历史；一些确有本事的历史，有时候也会成为历史化了的神话。神话传说与考古学印证互补。二者如镜子的两面，虽难一体透明，但可相互依存。通过对神话进行知识考古，我们可以在神话传说这一先民的群体记忆中发掘出合理的历史内核。

基因考古作为体质人类学的分支，是分子人类学在考古学上的重要应用。通过对人类基因组以及染色体遗传信息的分析，能够研究人类的起源迁徙、民族的发展演化以及社会的融合构成。近三十年来，体质人类学的主要技术已由外部形态的测量和观察发展到分子人类学阶段。基因考古的理论基础是Y染色体的父子连续遗传和线粒体DNA的母女连续遗传。科学家们以这种遗传特性为工具，从父系和母系两个角度，精确地测定人类个体与个体之间、群体与群体之间的血缘关系，进而构建起人类进化、迁徙、融合的基因谱系。基因考古把自然科学的实证引入了历史学研究，大大强化了历史分析的精度与深度。尽管对基因考古的一些方法及样本的代表性等还存在一些不同的看法，但人们对分子人类学的理论基础、研究方向以及一些重要成果已经形成共识。大汶口文化墓葬出土了大量先民遗骨，为基因考古提供了极好的客观条件。基因考古成为大汶口文化研究的奇兵利器。

考古不僵，文献可辨，神话有真，基因存据。四种不同的研究方式互参互辨、互证互通，或可为模糊的上古史构建起一个大致明晰的轮廓。

让我们在“四重证据法”引领下，走进大汶口文化！

# 大汶口人是谁？

## ——大汶口文化随想之二

### 一

大汶口人是谁？他们从哪里来，又到哪里去了？当下的山东人与大汶口人有什么样的关系？这些看似简单的问题其实并不容易回答。

大汶口文化发掘出2000多座墓葬。这些墓葬中有大量古人遗骨。按说凭借这些先民遗骨可以更容易地进行族群分辨，但实际上并非如此。甚或这些遗骨不仅未能帮助研究者们把问题弄清楚，反而更增加了他们的困惑。骨测表明，大汶口人男性平均身高1.72米，[①]超过1.8米的十分常见。2017年7月4日新华社消息报道，济南章丘发现的大汶口文化遗址，墓主身高竟达1.9米。大汶口人男性平均身高比同时期中原其他文化类型的男性高出约5厘米。通过对大汶口人头骨的测量、分析乃至复原，人们发现大汶口人的容貌特征鲜明。大汶口人头长且宽，多为国字脸、方形脸。郭沫若曾推测大汶口人多为大眼睛、鹰钩鼻、胡须重、体

①颜訚：《大汶口新石器时代人骨的研究报告》，见《考古学报》1972年第1期。

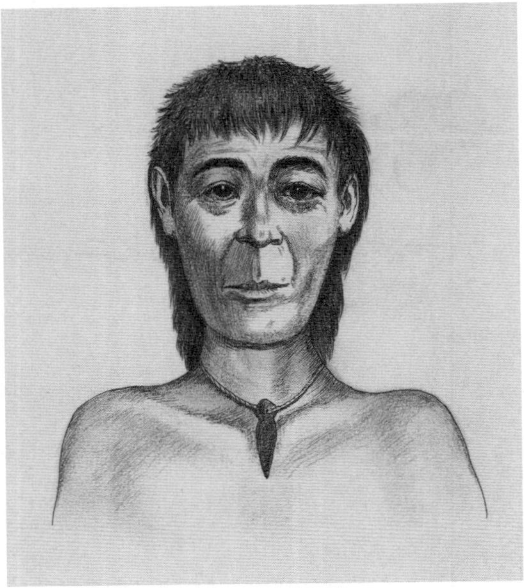

大汶口人复原像，巩新临摹

毛密。这些特征均与中原其他部族有明显差异。2014年，著名刑事相貌专家赵成文曾尝试利用头骨还原技术复原了大汶口人像。

中国科学院考古研究所著名古人类学家颜訚综合比照研究后发现，当今世界上，与大汶口人体质形态最为相似的族群竟是远在太平洋岛屿的玻利尼西亚人。[①]按照颜訚的分析，至少有一部分上古的大汶口人辗转迁徙到了太平洋岛屿，他们与现在的山东人是近亲。这个观点令人惊诧并引起了相当大的争议。因为一般看来，玻利尼西亚人属于蒙古人种与高加索人种的混合类型，也就是说，玻利尼西亚人是含有古代白种人血统的黄种人。难道大汶口人是有印欧混合血统的黄种人？

①颜訚：《大汶口新石器时代人骨的研究报告》，见《考古学报》1972年第1期。

## 二

作为大汶口文化的直接承继者，龙山文化开辟了一个社会发展、文化变革、民族融合的伟大时代。然而考古发现表明，大汶口文化向龙山文化的过渡并不一帆风顺。这个过程伴随着惊心动魄的征与伐、攻与守、血与火、胜与败、去与留。

汶泗流域的大汶口文化晚期遗存与龙山文化早期遗存存在着明显断层。在汶泗流域已发现的史前文化遗址中，没有发现大汶口文化与龙山文化同期并存的遗址。汶泗流域的大汶口文化与龙山文化只有交替，没有交集。就陶器看，大汶口文化晚期的大口尊、背壶等至龙山文化时期戛然绝迹，双耳盆、筒形罐、斝等新器形在龙山文化时期出现。丧葬习惯具有强大的传统惯性，但在两种文化的交替中也发生了巨大变化。到龙山文化时期，动辄数十成百人集聚的大型公共墓地突然消失，代之以三三两两的零星墓地；大汶口文化讲求随葬品数量的风俗向龙山文化注重随葬品质量的习惯转变。与此形成对照的是，胶东的大汶口文化与龙山文化的衔接有并存，有交替，过渡比较和缓、自然。一系列考古现象表明，汶泗流域大汶口文化向龙山文化发展的更替期间曾经发生过非同寻常的变化。

## 三

1995年，国际人类学与民族学联合会执委会在意大利佛罗伦萨发布声明：生活在地球上的所有人都拥有共同的血统，属于同一物种——现代智人。据说这是体质人类学家和文化人类学家达成的唯一学术共识。科学家们根据基因多样性递减规律绘出的人类谱系树表明，人类起源于

20万年前的东非大裂谷。2001年，对人类非洲起源说持怀疑态度的复旦大学现代人类学研究中心教授金力，通过检测全国各地近一万名男性的Y染色体，也得出中国人来源于非洲的结论。

大约6万—10万年前，晚期智人从相对温暖的非洲再一次走出。他们以每年约4公里的缓慢速度迁徙行进，在距今3万—5万年来到东亚。古人类来到东亚主要有南线、北线两条路径。南线，顺青藏高原南沿，经中南半岛、越南进入中国，而后又分为两支北上或东进。北上的人群又多次分化，其中一支是距今约3万年的北京周口店山顶洞人，这一支人取代了地球第四纪冰期残剩的北京猿人。北线的迁徙时间比南线约晚3万年。这部分人出非洲经地中海，翻越小亚细亚高原和伊朗高原，沿青藏高原北沿经新疆、甘肃、宁夏进入中国。①

南线和北线人群后来发生了交汇。这个过程先由南向北，后又由北向南；②既有由东向西，又有由西向东。在经线方向，先是早期蒙古人种的北上，后是北方印欧人种的南下；在纬线方向，先是早期蒙古人种的西扩，后有西亚、中亚印欧人种的东进。这个迁徙与交汇过程，既有同一时段的前行与迂回，又有不同时段的递补与叠加。伴随这个纵横交错、极其复杂的过程，以农耕为主的南线群体与以游猎为主的北线群体发生了史无前例的碰撞与融合。③

人类的父系Y染色体共有用英文字母A到R表示的18种类型，其中N系染色体为印欧人种特色基因，O系染色体为蒙古人种特色基因。据检测，现代中国人Y染色体O系比例超过80%；N系比例占10%左右，主要分布在广东、陕西、台湾。2015年，山东大学、吉林大学联合组成

---

①安森垚：《祖先》，九州出版社，2017年版，第32~34页。

②姚大力：《中国历史上的两种国家建构模式》，见姚大力《追寻“我们”的根源：中国历史上的民族与国家意识》，生活·读书·新知三联书店，2018年版，第141~158页。

③易华：《夷夏先后说》，民族出版社，2012年版，第147~156页。

研究团队，对东营广饶县大汶口文化时期的18具人骨进行了父系Y染色体检测。在成功提取DNA的4具人骨中，有2例为N系，1例为O系，1例为K系或N系。[①]综合其他团队的类似检测，整个山东大汶口文化遗址人骨的父系Y染色体中，N系比例为51%。而龙山文化古人骨DNA检测结果表明，龙山人Y染色体全部为O系。也就是说，从分子人类学角度看，大汶口人为N系为主的人种，龙山人为O系人群。

那么，又是怎样的迁徙与碰撞过程形成了这种族群的交替?

## 四

考古学家为大汶口文化的来源梳理了这样一个大致脉络：由陕西河苑文化，到河南裴李岗文化，到山东后李文化，到山东北辛文化，最后到山东大汶口文化。这个文化承继链条有比较扎实的考古学证据支撑，学界认识比较一致。在这个传承链条中，有不少"大个子"族群。与裴李岗文化有渊源关系的贾湖人身材高大。贾湖人男性平均身高接近1.8米，多位男性墓主身高1.9米以上。贾湖人的族群来源指向青藏高原。贾湖文化与大汶口文化虽然相隔1000多年，但二者有很多相似的文化现象。即使贾湖人可能不是大汶口人的直接来源，但大汶口人很可能与贾湖人存在血统上的融合与关联。

大汶口人祖先南下与东进的过程历经3000—4000年。在这个组团式蔓延推进的过程中，西来的大汶口人与原住民不断碰撞与交融，大汶口人族群不断发展与壮大。人类学知识表明，不仅世界上没有哪一个民族的形成是单一来源，而且越强大的民族混合交融程度越高。大汶口人自然也不例外。根据如上考古学、体质人类学的分析，我们或可做出一

①杨茂锐、梁光参：《谈谈苗学研究的与时俱进》，中国苗族网，2015年9月16日。

个大胆的猜想：大汶口人是蒙古人种，但间杂有西北游牧民族的血统；在南下东进的过程中，作为征服者和统治者的大汶口人将自身传统与当地文化相结合，极大地丰富了当地文化，并在此基础上实现了新的文化创造。

## 五

人类的迁徙融合与文明的产生发展其实是两个不同阶段的问题。从人类发展的总体历程看，伴随人类能力的不断提升，大时空、大跨度的族群迁徙在不断减少，而相近相邻地域内不同族群间的碰撞冲突却在不断强化。

融合了西北游牧民族血统的N系大汶口人在以泰沂地区为中心的这片土地上生活了1500多年。然而最终他们还是无奈地被O系龙山人取代了。O系龙山人是谁？他们又如何替代了N系大汶口人？让我们回望“五帝时代”。

“五帝时代”大致与大汶口文化晚期和距今4600—4000年的龙山文化时期相当。“五帝”是谁，历来说法不一。大致上，“五帝”总是炎帝、黄帝、太昊、少昊、颛顼、帝喾、尧、舜等部落领袖的不同组合。比较常见的组合有三种：黄帝、颛顼、帝喾、尧、舜，太昊、炎帝、黄帝、少昊、颛顼，少昊、颛顼、帝喾、尧、舜。传说中的“五帝”往往高寿，如炎帝155岁、黄帝110岁、颛顼90多岁，少昊、帝喾、尧、舜均享寿百岁开外。因为上古时期某一部落领袖的名字多指这个部落的一系列血脉继承人，而并非仅指某一个人，因之，这些传说未必可信。约5000年前，西北的炎帝集团、华北的黄帝集团、东方的东夷集团、江汉的南蛮集团在长时间里对峙角力。四大集团中，东夷集团主要是两昊集团。太昊与少昊是两个既有联系又有区别的部族。两部族存在时间错时交叉，生存空间并列错位。从时间上看，太昊早，少昊晚；从地域看，太昊部族主要在豫东、皖北、鲁西南地区；少昊部族主要在泰山南北两侧的鲁中南地区。太昊的都城在河南淮阳，少昊的都城在山东曲阜。传说蚩尤是少昊部族的首领。大汶口文化晚期，四大集团为争夺土地空间及生存资源而展开了大战。先有炎、黄的三次阪泉之战，再有炎、黄联合与东夷蚩尤的两次涿鹿之战。战争的结果是炎、黄取胜，蚩尤战败。蚩尤的失败标志着大汶口文化晚期的结束，炎、黄的胜利标志着龙山文化的开始。大致而言，炎黄集团是O系族群，包括蚩尤在内的两昊集团为N系族群。炎黄战胜蚩尤，是后西来的O系族群战胜了先西来的N系族群，是龙山人战胜了大汶口人。

战败的大汶口人逃向了东北和南方。其中逃到南方的大汶口人又渡海逃到了台湾，继而又向太平洋岛屿扩展。战争把男人杀死或赶走，而女性则被留取与同化。这种“外地爹、本地娘”的结构造成了龙山时代的父系大爆发。直至如今，现在的山东人之所以身材比较高大，被称为“山东大汉”，在一定程度上应受益于大汶口先民的遗传优化。

距今约4600年的龙山时代，汉民族父系基因的稳固基础已被奠定，这对中华民族的形成与发展起到了决定性作用。由大汶口文化到龙山文化，是一个迎接新时代的伟大转折点。

# 远古的生存

## ——大汶口文化随想之三

### 一

五六千年前海岱地区的平均气温要比现在高3—5℃。当时泰沂山区一带的气候很像现在温暖而湿润的江南。其时丰沛的雨水、纵横的河流、繁茂的森林、广饶的土地都为人类的生存和繁衍提供了良好条件。大汶口先民创榛辟莽，清理蛮荒，避御豺狼，麇集群居，逐渐过上了居村落、住房屋、穿麻衣、种粟黍、养猪狗、能渔猎的农耕定居生活。正如传说所描绘的，黄帝时期的先民，“日出而作，日落而息”，已“甘其食，美其服，安其居”。

### 二

古代先民选择居址大致是先依岭岗，后沿河流。[1]因为在采集渔猎时

①张富祥：《东夷文化通考》，上海古籍出版社，2008年版，第135页。

代，依山可猎，傍水可渔，近林可采。几乎所有古文化遗址均坐落在水边，如红山文化、大溪文化、仰韶文化、大汶口文化、良渚文化等。大汶口文化中期已有聚落群三四十处。这些聚落群的分布趋势也是由山地，至河岸，再平野。进入农耕社会后，水井的发明使人们摆脱了只能沿河择址的局限，居住范围大为拓展，土地也因之得到更大范围的利用。

目前已发掘的泰安大汶口文化遗存主要为墓地，尚未见到比较集中的居民聚落。这一状况可能与数千年来的自然侵蚀和人力改造有关。大汶河由牟汶河与柴汶河两条大的支流在今大汶口镇汇流而成。两河的交汇处原在今大汶口镇驻地西南的宁阳县磁窑镇堡头村西端，建国后兴建大汶河拦水坝，使两河合流点上移至今大汶口镇东南的现位置。牟汶河也因之成为大汶河的主河道。柴汶河比较狭窄，被当地居民称为“扁担河”，而牟汶河相对宽阔，并因地势、流向与流量展拓较快。

大汶河鸟瞰图，张仁东摄

根据对大汶河以南遗址边缘部分的钻探情况分析，位于今宁阳县磁窑镇堡头村的泰安大汶口文化遗址应南临柴汶河，北接牟汶河；居民聚落群大致沿现柴汶河向北呈南北椭圆形延展并逐步东移。由于原牟汶河的累积冲刷并较多南侵，现在大汶口镇以南的大汶河河道南北跨度已达1100米。据此或可推测，大汶口先民居址的绝大部分应已淹没在目前的大汶河河道之中。①

从已发现的为数不多的房址看，大汶口文化房屋的平面形状逐步由圆形向方形发展，地基逐步由下沉式向地面式发展。这些房子面积小者约20平方米，大者约50平方米，一般在30平方米以下。比较先进的地面建筑直到龙山时代才较为常见。房屋室内地面经过了仔细平整，有的还进行过烘烤，也有的铺以碎陶片和草木灰防潮。房屋的地面部分已分为餐饮区、储存区、睡眠区。地面有木骨柱洞，屋墙为木骨泥墙。从大汶口文化其他遗址出土的陶房模型看，大汶口文化房屋为攒尖顶式，四面有檐，前面开门，后墙和两侧有窗。这些房屋已具备后世普通房屋的基本样式。

## 三

至迟到大汶口文化中晚期，大汶口先民步入农耕时代。大汶口人由单纯的采集民、渔猎民，变成兼顾采集、渔猎的最早的农民。

农业的发展过程漫长。先民在生活实践中观察到粟黍、野生水稻这些草本植物具有极强的适应环境的能力，于是试着将这些植物的种子撒在河滩上，几个月后得到收获。人们逐步学会了种植这些作物，并开始

①山东省文物考古研究所编：《大汶口续集——大汶口遗址第二、三次发掘报告》，科学出版社，1997年版，第1页。

刀耕火种。最初是游耕，一处地力不济便换一个新的地方。后来逐步发展到较为稳定的农耕定居。

大汶口农业文化是谷文化，而南方的良诸农业文化则是稻文化。在与大汶口农业文化大致相同的时期，良渚文化先民的水稻种植达到了较高水平。距今4500年左右，西亚的小麦和大麦传入中国北方地区，中国粟黍和荞麦也同时传到欧洲。小麦传入中国，由北至南有欧亚草原、河西走廊、东南沿海三种推测路线。这些传入路径可能是单线，更可能是多线。目前可以确知的是，至龙山文化晚期，山东地区已有小麦。麦文化在胶莱平原先行发展。据文字专家分析，东夷莱族之"莱"即源于"麦"字。"莱""麦"字同源，音同根。与泰安市毗邻的原莱芜市之"莱"亦与莱夷有关。

农业生产提供了较为稳定的粮食来源，使人们不再饥一顿、饱一顿。人类是杂食动物。作为对粮食食物的补充，猪、狗、鸡的饲养也几乎与农业生产同步发展起来。从大汶口文化墓葬看，猪、狗、鸡等家畜已与大汶口文化居民的生活密不可分。伴随农业、畜牧业的发展，盐业贸易发展迅速。由茹毛饮血到狩猎采集再到以粮食为主，人们已无法从动物身上获得足够的盐分。汶泗流域与胶东地区最早的物品交换应与盐有关。炎、黄、蚩几方大战的原因除了争夺人力资源，抢占山西运城的盐湖亦是重要因素。

## 四

大汶口文化居民已不是后人想象的围披兽皮、缠裹树叶的形象。大汶口人不但织布穿衣，而且佩带玉质、骨质、象牙质、陶质等饰品。人们身着上衣下裳，既遮体御寒、挡风防晒，又能表现爱美会美之天性。

大汶口人服饰形象图①，巩新临摹

泰安大汶口遗址第一次发掘时出土纺轮31件，骨针20件。在大汶口文化其他遗址中还出土了骨梭。大汶口文化陶器烧制前晾晒时留下的布纹经纬线每厘米有8—11根。②用于生产陶器的布已然如此，用于穿戴的布当更为细密。大汶口文化遗址出土的饰品很多。由此可以推测，其时的纺织水平已较高。因为衣之不存，饰何以配？

①李芽：《大汶口墓葬人物服饰形象复原研究》，《南都学坛（人文社会科学学报）》2016年第4期。

②王秀伟：《浅谈大汶口文化时期的经济形态》，见《商业文化（下半月）》2011年第9期。

大汶口遗址出土骨针、石球等器物，王德全摄

《蚕桑萃编》载："太昊伏羲氏化蚕桑为穗帛。"[①]大汶口文化居民可能是较早训养家蚕并利用蚕茧的人。他们手工缫丝，织绸，缝衣。丝绸得之难，用之贵，肯定不是寻常百姓的享用物。在那个时候，丝绸可能更多用作十分贵重的礼品或表示虔诚的祭品。

## 五

大汶口文化先民已经具备了超乎后人想象的交通能力。否则，诸多被考古学所证实的文化现象无从解释。

辽东半岛南部出土的玉牙璧属大汶口文化系统，大汶口文化出土的岫岩玉牙璧产自辽宁。红山文化、小河沿文化的陶器有大汶口文化特征。各种信息显示，在大汶口文化早期，山东半岛与辽东半岛乃至朝鲜半岛之间，已存在着比较明确的海上交通线。

大汶口文化与良渚文化均属于以鼎为主要炊器并以鼎、豆、壶、

①〔清〕卫杰：《蚕桑萃编》，中华书局，1956年版，第11页。

罐、杯为基本用具组合的文化系统。两种文化有着长达千年的联系。大汶口文化的骨牙雕筒与良渚文化的玉琮形制相似，用途一致。这些文化共性绝不是偶然的巧合。

大汶口文化时期，人们已经能够制作独木舟、子母舟、长木筏、双体船，已经学会铺设船甲板并架设船帆。大汶口文化时期的先民具备了征服海洋的航行能力。[①]他们通过看星星、察飞鸟、观波浪、辨风向，判断航路，借风行船。木质舟车不易保存，山东半岛的大汶口文化遗址未发现舟车遗存。但在比大汶口文化早约1000年的浙江河姆渡文化遗址中，人们曾发现木桨。有桨就有船。千年后的大汶口人能够制造舟车应不仅仅是推测与猜想。

## 六

1500年间，大汶口文化完成了具有划时代意义的农业革命，形成了以农业为基础的包括制石、制骨、制陶、制玉、制衣、制盐在内的综合产业形态，实现了由母系氏族社会向父系氏族社会的转变。在大汶口文化早、中、晚期三个阶段，大汶口文化呈现了水平由低到高、速度由慢到快的发展态势。总体而言，前600年，大汶口文化发展水平低于仰韶文化；中500年，大汶口文化发展水平低于良渚文化；后400年，大汶口文化发展水平后来居上，在当时的各种文化类型中处于领先地位。[②]在1500年的时间里，大汶口先民完成了社会发展进步的“三级跳”，创造了上古时期社会发展的新辉煌。

---

①栾丰实：《大汶口文化的发现和研究》，见栾丰实《海岱地区考古研究》，山东大学出版社，1997年版，第62页。

②栾丰实：《大汶口文化的发现和研究》，见栾丰实《海岱地区考古研究》，山东大学出版社，1997年版，第63页。

# 陶器：五行的奇迹

## ——大汶口文化随想之四

### 一

陶器，是上古先民的伟大创造。陶器开创了人类制作器物的诸多第一：人类第一次按照自己的意志拟物赋形，第一次在制作器物过程中改变材料的化学性质，第一次多步骤地综合运用多种方法完成制作。几千年后的今天，人们仍在使用陶器以及由陶器发展而来的瓷器。

陶器的制作与五行学说有着令人惊异的巧合：材料是土，土与水和成泥，木燃成火，火烤泥巴，泥巴变成金属般坚硬的陶器。金、木、水、火、土的生克演化生动而真切地再现了陶器的制作过程。五行学说成于夏商之际，发展于春秋战国。先民的陶器制作与后来的五行理论完美契合，堪称奇迹。

### 二

人类的生活需要是陶器发明的根本动因。人类起初用双手相捧饮水，手是人类与生俱来的“碗”。后来人们以带凹面的石器、葫芦等瓠类植物、动物头骨等作为饮用的器具。但这些器具要么不便携，要么不合用，要么不耐久。特别是在进入农耕时代后，烹煮谷物成为燃眉之急，人们迫切需要找到一种简便实用易得的加热容器。

人们先是在枯老干硬后的葫芦外壳上糊一层泥用以加热。火烧葫芦后，人们发现泥巴变硬了，并且即使葫芦壳坏了，泥巴仍能保持原状。这些生活经验给了先民以灵感，使他们逐渐想到利用泥巴遇火变硬的特性来制作容器。原始陶器亦因之产生。这是距今10000至7000年的事情。

## 三

制作陶器经历了较长的渐进过程。先是直接挖土和泥，手工捏制；后来逐步发展到用水淘洗泥土，进行贴塑和泥条盘筑；尤其是慢轮、快轮塑形技术大大提高了制陶效率；陶车的出现更使制陶质量进一步提高。烧陶先是野火直烧，后到筑横穴窖、竖穴窖烘烤。大汶口先民掌握了烧制不同颜色陶器的高超技术，可以烧制出红、灰、黑、白各种颜色的陶器。一般陶器的烧制温度为800—1000℃，后来，有的火候已达到1100℃，接近陶与瓷的温度临界点。大汶口文化晚期，还出现了白陶。这种极具特色的陶器，用不同于普通黏土的高岭土制作，烧制温度达到1200℃以上。白陶的烧制为瓷器的产生奠定了技术基础。没有大汶口文化陶器，就不可能有后来的唐三彩、宋青瓷。大汶口文化陶器是中华陶瓷史上十分重要的一环。

大汶口文化黑陶高柄杯，王德全摄

大汶口文化黑陶高柄杯，王德全摄

## 四

大汶口文化遗址发现陶器数千件，其中泰安大汶口遗址三次发掘计出土陶器2146件。这些陶器80%以上为炊器、饮食器、盛储器。作为生活用具，这些器物福荫后人。时至今日，除了鼎已变为各式各样的金属锅，碗、杯、盆、罐等用具的基本形制仍无根本改变。

大汶口文化典型陶器有鼎、鬶、杯、壶。鼎在距今约8000年的河南裴李岗文化中已经出现。[①]鼎是中国新石器时代最为重要也是大汶口文化陶器中数量最多的器类。如果说其他陶器会因材质、工艺的区别而供不同人群使用的话，那么鼎则是不分贵贱、贫富皆宜的日常炊器。觚形杯是大汶口文化陶器的指征性器类，而背壶则更是大汶口文化陶器独有的

①栾丰实：《北辛文化研究》，见栾丰实《海岱地区考古研究》，山东大学出版社，1997年版，第47页。

大汶口文化背壶，王德全摄

大汶口文化背壶，王德全摄

器种。[1]尤其是用于汲水背水的背壶，仅见于大汶口文化。背壶背起的是大汶口文化的整个时代。

陶鬶是大汶口文化中最有特色、最富诗意的陶器器种。二十世纪五六十年代，考古学家刘敦愿在画家高凤翰的一幅水墨花卉画中看到一个陶鬶模样的器皿，他按图索骥，最后在画家的老家发现了龙山文化胶州三里河遗址。以画考古，成为考古学界的一段佳话。新石器时代的陶鬶分布极广。从山东到陕西，从辽宁到广东，上百处遗址均有各式陶鬶出土。器形特殊的陶鬶颇得先民青睐。

陶鬶的设计与制作独具匠心。少昊部落联盟以鸟为图腾，其所辖的24个氏族均以鸟为名，文武百官也名之以鸟。鸟是少昊部落最受人尊崇的动物。陶鬶的形象取自鸟，但古人又对鸟形进行了大胆的再抽象、再提炼、再创造。所以陶鬶虽为鸟形，但说不清是凤凰、燕子、乌鸦，还是鸡。或许这并不是后人分不清，而是先民根本就没打算让人分清。

---

①栾丰实：《大汶口文化的分期和类型》，见栾丰实《海岱地区考古研究》，山东大学出版社，1997年版，第93~94页。

大汶口文化兽形器，王德全摄

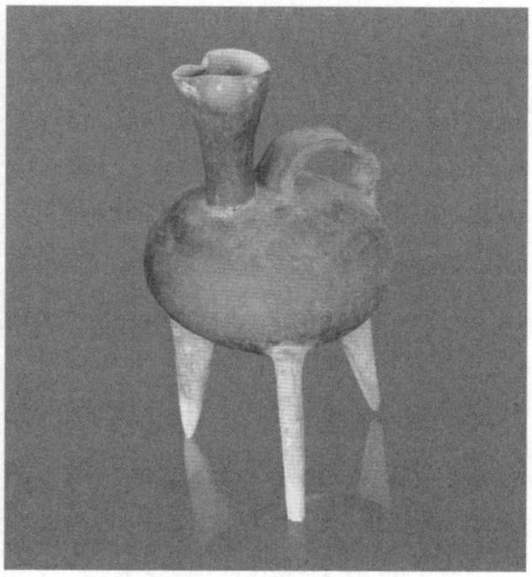

大汶口文化陶鬶，王德全摄

先民的写意造型功夫已出神入化：陶鬶喙流，鸟嘴仰天大开，嘴所占比例极度夸张。特别令人匪夷所思的是，陶鬶竟有三足。兽有四足，鸟有两足。三足动物，非兽非鸟。这是先民出于实用考虑，对器足进行的变通调整。三足，比兽减一足，比鸟增一足，比四足简明，比两足稳定。陶鬶内部构造的变化也是如此。早期陶鬶三腿实心，肚子浑圆，实心腿在圆肚外。而晚期陶鬶的腿则变空心并逐渐与肚子合二为一，直至

大汶口文化袋足鬶，王德全摄

看上去“腿是肚子，肚子是腿”。这种活像三块地瓜挤在一起的陶鬶，被人们形象地称为“地瓜鬶”。一系列夸张损益，让陶鬶似鸟非鸟，非鸟而似鸟。古人的聪慧、理性、机智、趣味在陶鬶制作中体现得淋漓尽致。

陶鬶，不愧为大汶口文化陶器的伟大经典！

## 五

大汶口文化彩陶数量不多，且其纹饰内涵与风格与仰韶文化的彩陶明显不同。

中国彩陶的主要源头在渭河流域。[①]仰韶文化的彩陶纹饰主要有具象纹、编织纹、几何纹，其中半坡类型纹样有人面、鱼、鸟、鹿等，庙底沟类型的以花卉图案居多。这些富想象、有观念的彩陶主要用于巫术礼仪。大汶口遗址第一次发掘出的上千件陶器中没有一件有动物纹样，[②]其方折刚硬的几何图形与仰韶文化彩陶中优柔温婉的曲线大异其趣。大汶口文化彩陶纹饰总体上素雅纯净，主要功能就是装饰。[③]仰韶文化彩陶的宗教祭祀等功能在大汶口文化彩陶中已不复再现。陶器纹样母题的变化，不仅表明了大汶口文化晚期祭祀方式的不同，同时更从一个侧面反映了渔猎文化向农耕文化的嬗变。

---

①刘学堂：《彩陶与青铜的对话》，商务印书馆，2016年版，第5页。

②张富祥：《东夷文化通考》，上海古籍出版社，2008年版，第520页。

③栾丰实：《海岱地区彩陶艺术初探》，见栾丰实《海岱地区考古研究》，山东大学出版社，1997年版，第179页。

大汶口文化彩陶豆，王德全摄

## 六

大汶口遗址第一次发掘的133座墓葬中有高柄杯93件，占陶器总数的9%；陵阳河遗址45座墓葬中收集到高柄杯663件，占陶器总数的45%。大汶口文化不仅有酒杯，而且还有盛酒器。[①]大汶口遗址133座墓葬中，23座有高柄杯，22座有陶鬶。[②]陶鬶温酒分酒，高柄杯饮酒劝酒。二者天生一对，正好匹配！

①张强：《大汶口文化中晚期的葬仪与社会权力分配——以宴饮器具的情境考古研究为中心》，山东大学硕士学位论文，2018年。

②张富祥：《东夷文化通考》，上海古籍出版社，2008年版，第151页。

大汶口文化陶杯，王德全摄

大汶口文化陶杯，王德全摄

酒的发明或来自生活中的偶然。在粮食生产有了相对剩余之后，人们无意中将煮熟的米饭放在一旁，被遗忘的米饭发酵产生了一种非常好闻好喝的液体。这应是最初的酒。传说中夏朝的杜康可能是酿酒技术的集成者与推广者。酒先是稀有品，只供中上层社会交往与祭祀活动使用。到大汶口文化中期之后，酿酒的规模逐步扩大，寻常百姓才能有机会喝到酒。

中国酒史，自大汶口文化始。酒作为一种特殊载体，深深地影响到中国人生活的方方面面。从上古到今天，酒是神谕，恍兮忽兮得天机；酒是勇敢，侠肝义胆可担当；酒是感情，酒逢知己千杯少；酒是雅兴，倜傥风流寄情怀。李白“举杯邀明月”，杜甫“醉里从为客”，王羲之酒后写兰亭，怀素醉墨泣鬼神。酒是生产的，更是消费的；酒是物质的，更是精神的；酒是政治的，更是世俗的；酒是礼仪的，更是艺术的。酒文化，在山东。时至今日，山东人热情好客，兴至豪饮，当是大汶口先民的遗风流韵。

## 七

陶器与五行，是一种巧遇，也是一种神通。二者跨越时空的奇妙关联或许在告诉我们：凡是有益于人类的创造，都符合宇宙运行的自身规律；凡是对世事万物道理的精彩描绘，都可能在某一个时刻与某些事物相逢。陶器—五行，五行—陶器，二者之间没有预谋，没有筹算，不是附会，不是标签。它们形上形下的会合，是对过往的打通，更是对未来的启迪。

# 通古贯今泰山玉

## ——大汶口文化随想之五

### 一

《山海经》上说泰山“其上多玉”。虽然汶泗及沂河流域大汶口文化玉器的玉料主要来自外地，但也有少数玉材取自泰沂山脉。泰山有玉，其兴也早。

玉的概念有广义狭义之分。广义的玉指“石之美者”，泛指那些湿润而有光泽的好看的石头；而狭义的玉则仅指以缅甸翡翠为代表的硬玉和以和田玉为代表的软玉。上古先民对“美石”的分辨不会那么精细，上古玉器主要指广义的玉，指那些包括蛇纹石、孔雀石、绿松石以及其他一些漂亮湿润的彩石在内的石头。

中国玉文化至少可以追溯到约8000年前的内蒙古兴隆洼文化。有专家认为，在中国上古石器时代和青铜时代之间还可细分出一个玉器时代。东北辽河流域的红山文化、中原黄河流域的大汶口文化、南方长江下游的良渚文化是中华玉文化的三大发源地。在玉器发展的初始阶段，东北辽河流域处于领先位置，后来长江下游地区跨越发展，发展水平最终超过辽河流域。黄河下游地区的玉文化发展始终比较缓慢，大汶口文化玉器的数量与质量均逊色于辽宁红山文化与浙江良渚文化。大汶口文化玉器缺少如红山文化的玉龙、良渚文化的玉琮等精巧绝美的典型器物。将造成这种状况的原因仅归结为大汶口文化区域内缺少高品质的玉材资源，似乎理由并不充分，因为良渚文化居民生活的区域同样也缺少玉材。大汶口文化玉器不够发达或与族群传统相关。崇信与风俗往往关系一个族群的集体记忆。崇玉的族群往往来自有玉的故乡，迁徙后的居住地即使无玉，族群也仍会保持崇玉的传统；无崇玉传统的族群往往会有自己其他的崇拜器物。从考古发现看，同样比较珍稀的象牙、鳄鱼皮乃至丝绸等物似乎在大汶口文化中充当了比较重要的角色。

## 二

尽管大汶口玉文化相对不够发达，但大汶口文化玉器在其造型特征、雕刻工艺及用玉制度等方面，表现出鲜明的特点和风格。目前发现的大汶口文化玉器有650多件。这些玉器主要为蛇纹石质玉。人们对于泰安大汶口遗址的玉料来源认识不一。有人认为，这些玉料取自河南南阳，因为这里距离泰山较近。也有人认为这些玉料来自远方的辽宁。有分析说，在大汶口文化中期之后长达千年的时间内，从辽西、内蒙古，至辽东半岛、山东半岛，再至山西、陕西，存在着一条玉石交换与贸易的“岫玉之路”。泰安大汶口遗址即这条“岫玉之路”上的一个节点。泰安大汶口遗址的玉料应大部分来自辽宁。在泰山就地取材的玉料肯定不是玉器中的主要部分。

大汶口文化玉器中带有使用痕迹的生产工具为数很少。这些玉器以装饰品和礼器为主。大汶口文化居于北方红山文化与南方良渚文化的中间，玉器风格受到北方红山文化与南方良渚文化的双重影响。[①]大汶口文化的联璧仿自红山文化，大汶口文化玉琮源自良渚文化。

比较受人关注的著名大汶口文化玉器有玉牙璧、玉钺以及人面玉饰等。玉牙璧是大汶口文化中形制最为特殊的玉器。中间有孔的扁平圆形玉为“璧”；“牙璧”即指周边带“牙”状凸起的玉璧。玉牙璧构思奇巧，形制多样，除了主流的三牙璧，还有四牙或其他式样的变体牙璧。大多玉牙璧为现代儿童风车的模样：它们有的像凤鸟飞旋，有的像星辰旋绕，有的像太阳耀光，有的像飞镖穿梭。各种玉牙璧均极具动感，让人感受到一种迅疾往复的节律和朦胧抽象的奇妙。考古发现表明，玉牙璧于大汶口文化晚期由辽东半岛传入山东。仅大汶口文化胶州三里河遗址就发现了5件玉牙璧。至龙山文化时期，海岱地区已成为玉牙璧的主要产地和输出地。最初人们以为玉牙璧是传说中用以观测天象的“玉璇玑”，但现在人们更倾向于认为其是一种祭祀用品和佩戴装饰品。

玉钺是大型祭祀仪式上的礼仪用品。它源于兵器，代表统兵和权力。玉钺多呈“风”字形，外形相对较大，材质区别明显。大汶口文化人面玉饰是大汶口文化遗存中唯一的人物形象器物。人面玉饰略呈方形，约3厘米见方。玉饰正面以阴线刻画出方颅、橄榄形眼眶、宽鼻、厚唇的人面形象。刻画手法与红山文化玉人十分相似。大汶口文化器物一向“见物不见人”，这件唯一的人面玉饰让大汶口文化遗存有了些难得的生动。

①孙研：《大汶口文化玉器研究》，吉林大学硕士学位论文，2007年。

大汶口文化玉钺，王德全摄

大汶口文化人面玉饰，王德全摄

## 三

在与大汶口文化相近的时期里，辽宁的红山文化、安徽的凌家滩文化、浙江的良渚文化相继达到中国史前玉文化的高峰。

距今5000—6000年的红山文化相继出土玉器280多件。红山文化C形玉龙是中国史前玉文化的经典。玉龙集鹿眼、蛇身、猪鼻、马鬃四种动物特征于一体，体形蜷曲，简约生动。红山文化出土的多件玉龙为中华民族是“龙的传人”提供了十分宝贵的实证。

距今约5300年的凌家滩文化的玉器水平达到了惊人的高度。凌家滩出土的1000多件玉器较多地采用了线切割、片切割工艺，其镂孔、线锼、浅浮雕等多样化的加工技术尤为娴熟。[①]凌家滩先民不知用什么方

①杨泓：《含山玉器留下许多待解之谜》，见《中国文物报》1999年1月31日。

法在玉器上钻出了0.15毫米，相当于一根头发丝细的小孔，此等细孔在今天也只能用激光才能钻成。凌家滩出土的玉鹰、玉龙、玉璜、玉版等玉器令人惊异，尤其是6个凌家滩文化玉人，让后人第一次领略了上古先民的形象与风采。这些玉人与后人所想象的穿着兽皮、赤裸膀子、披头散发的上古先民形象完全不同：先民们立姿端庄，头戴圆冠，领佩项饰，腕套手镯，腰带饰纹，俨然一副文明社会的文明人形象。从器物分析看，凌家滩文化与红山文化可能有着跨越时空的某种关联，同时凌家滩文化又对良渚文化产生了十分重要的影响。但凌家滩文化先民到底是谁，他们如何制作了如此精美绝伦的玉器，我们仍知之甚少。

良渚文化距今5000年左右，出土玉器近万件。良渚文化琢制玉器数量之多、品种之丰、工艺之精令人叹为观止。良渚文化玉器上的神人兽面纹已成为中国传统文化的核心符号。这些神人兽面纹似人似兽似神，线条简明，主题抽象，意涵丰富。良渚玉器的制作水平在其时中国乃至环太平洋地区有崇玉传统的各部族中独占鳌头。

## 四

当玉石成为玉器，玉便逐步成为神物，成为神器，成为礼仪，成为信仰。

在巫术祭祀活动中，人们总是把最稀有、最漂亮、最喜欢的东西献给神灵。玉器材质细腻，颜色美观，敲声清脆，是难得的祭祀器物。作为巫术祭祀的道具或祭品，玉器也因术而灵，因灵而贵，因贵而神。及至后世，上到国家祭祀，下至百姓生活，玉器几乎无处不在。宋真宗因泰山“天降玉册”而举行封禅，并在泰山脚下建“天书观”。清乾隆皇帝以“温凉玉圭”礼奉泰山。直至今日，很多人仍以佩玉来防御邪气，滋养精神，延年益寿。

宋真宗封禅玉册，王德全摄

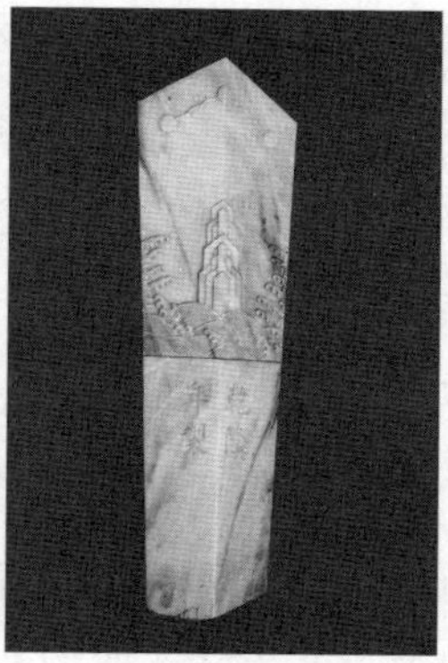

乾隆帝温凉玉圭，王德全摄

玉文化成为后人精神生活的重要组成部分。人们崇尚“玉洁冰清”的美德、“温其如玉”的性情、“如花似玉”的容貌、“玉汝于成”的毅力、“玉碎瓦全”的决绝。爱玉之心、惜玉之情、崇玉之风已融入中国人的价值观和审美观。

## 五

西方没有玉文化。据说乾隆送给英国大使珍贵玉石，英使还暗中抱怨：中国皇帝真抠门儿，送几块破石头。

与上古中国玉器时代交相辉映的是西方的黄金时代。古埃及人在大约12000年前发现了黄金，约8000年前开始应用黄金，约6000年前开始用天然金银合金制作装饰品。约5000年前两河流域的贵族广泛佩戴金饰，约4500年前苏美尔人建立的乌尔王朝已出现金链。环黑海地区收集到的近8万件史前金属制品中，有近3万件为黄金制品。

黄金能被人类最早发现和利用是因为黄金具有特殊的物理性质。在自然界中，绝大多数金属如铁和铜等均以化合态存在，但是金以单质形式存在。黄金一经被发现，便逐步显示出其独有魅力。黄金颜色灿烂，不易腐蚀，有富贵辉煌的气质；黄金具有极强的柔韧性和延展性，是制作各种精巧装饰品的绝好材料；同时天然金并不易得，比较稀缺。品相好，易加工，且难得，让黄金成为高贵的代表、财富的标志、权力的象征，金文化也逐步成为神话、宗教、艺术等西方文化的重要元素。

大约在4000年前的龙山时代，东亚文明圈通过西北绿洲、草原地带与埃及、两河流域、印度河流域为代表的文明发生了间接沟通。小麦、绵羊、黄牛和西亚的金文化陆续进入中国，丝绸等中国制品也同时传播出去。东亚早期的金器见于齐家文化、四坝文化、夏家店下层文化和三星堆文化。新疆伊犁出土的约4000年前的包金耳环进一步证实了金器由西向东的传播途径。夏商两代约1000年，华夏金制品从无到有，但出土总量尚不超千克。距今约3000年的金沙遗址出土的太阳神岛金箔已是相对晚近的中国古代黄金绝世精品。

“黄金东来”与“丝绸西去”的双向互动成就了中华文化的玉振金声。在两种文化的交流碰撞中，金文化逐步融入中华文化的滚滚洪流，实现了与东方玉文化的有机结合。无论是后世的金缕玉衣、金书玉册，还是2008年北京奥运会的“金镶玉”奖牌创意，都是两种文化融合的生动体现。金文化与玉文化已成为中华文化的复调交响与双重象征。

## 六

“黄金有价玉无价”的谚语原本只是对事实的描述。罗马帝国时期，黄金曾作为价值尺度用于与东方丝绸的交换。而由于玉器自身品质的多样性和评定的不确定性，在上古中国社会的物品贸易中，玉器并未成为黄金那样的交易硬通货。因此，“黄金有价”主要指黄金在贸易中的价格作用，“玉无价”实际是指玉器无法成为价格的衡量标准。后人基于对玉器的喜爱和珍重，将原初“黄金有价玉无价”的事实描述申发为凸显玉器品格的价值判断。这是一种能动的误读、善意的演化。事实上，经过几千年的人文浸润，玉器已经成为中国人的信念载体与情感表达，信念与情感意义上的玉器的确已珍贵无价。

## 七

2009年，泰山玉被成规模开发。迷失两千年之后的名山古玉终得大器晚成。

泰山玉材质独特：泰山墨玉质地细腻，泰山碧玉绿如夏荷，泰山花斑玉五彩斑驳。其实玉质并不是泰山玉的唯一核心竞争力。泰山玉的核心价值还在于其得天独厚的精神内涵。五六千年来，泰山始终处于中华传统文化的核心区。从大汶口文化，至龙山文化，至三代以降，泰山承载着人文，见证着历史。泰山玉得泰山之大气、正气、福气、精气、神气：泰山宽博厚重的气度、刚健雄奇的风骨凝聚于泰山玉——泰山玉得泰山之“大气”；由原始石崇拜衍生而来的“泰山石敢当”信仰，让泰山玉一身正气、百邪莫侵——泰山玉得泰山之“正气”；泰山的各路神灵，赋予泰山玉护苍生、保平安的全能神通——泰山玉得泰山之“福气”；玉石所富含的微量元素让泰山玉益健康、能养生——泰山玉得泰山之“精气”；泰山玉细腻晶莹、温润内敛、深邃醇厚的高贵气质能给人以真善美的艺术享受——泰山玉得泰山之“神气”。

泰山玉这些无与伦比的优势，使其成为通古贯今、顺天应地的镇宅玉、辟邪玉、养生玉、平安玉、君子玉。在这个意义上，泰山玉绝世罕匹，宝玉无价！

# 符耶字耶大口尊

## ——大汶口文化随想之六

### 一

文字的产生是开天辟地的大事件。自古以来，对于与文字产生相关的人、事、物，人们都格外珍重。传说仓颉造字之时，“天雨粟，鬼夜哭”——老天像下雨一样降下谷子，鬼神因惊惧人类变得聪明而哭泣。文字的产生，惊天地泣鬼神！

大汶口文化大口尊之所以声名赫赫，也是因为它关联了文字的产生。大汶口文化出土的大口尊高50—60厘米，口径30—40厘米，体积大约如现在纯净水桶的样子。相对于四五千年前的生产力水平，这样的尺寸已可算作巨大。目前所见的大汶口文化大口尊不足50件，其中多数为平口尖底的“倒炮弹形”，也有少数为平口平底或小环底的“试管形”。大口尊主要出现在大汶口文化晚期山东莒县的陵阳河遗址、大朱家村遗址和安徽蒙城县的尉迟寺遗址。泰安大汶口遗址尚未发现大口尊。这也可能是大汶口文化晚期重心由汶泗流域向泰山东南方向转移的重要表征。

在大汶口文化出土的众多陶器中，唯独大口尊上有刻画符号。这些刻画符号均位于大口尊口沿下大致相同的位置。对于这些刻画符号的性质，人们见仁见智。有人认为是图画，有人认为是标志，也有人认为是文字。这些刻画符号到底是什么？它们是文字吗？

## 二

10万—15万年前，人类语言产生。这是人类发展史上的一个巨大飞跃。因为有了语言，感知方可以交互表达，活动方能够协同一致，万物方得以命名分类，世界方显得明确条理。语言是人类战胜其他原始竞争对手，最终成为地球主宰的根本动因。没有语言，就没有今天的人类。

但语言无法留存。在上古时代，人们所掌握的信息、经历的过程、积累的知识，唯有靠大脑记忆、口口相传或亲手教授。为了帮助记忆，防止遗忘，人们想了很多办法。上古先民最初以结绳记事。人们用草绳打结，大事打大结，小事打小结；事多多打结，事少少打结。人们还想到了用契刻符号来记事表意。距今约7300年的安徽蚌埠双墩文化发现了633件陶器有契刻符号，[①]仰韶文化陶器上有78种契刻符号。贾湖文化、裴李岗文化、大溪文化等遗址出土的器物中均有多种刻画符号。虽然这些符号的表意和指代功能比结绳迈进了一大步，但一般认为，这些刻画符号还不是正式的文字。[②]

## 三

目前所见的最早的成熟汉字是距今3000多年的甲骨文。但甲骨文从

①安徽省文物考古研究部、蚌埠市博物馆编著：《蚌埠双墩——新石器时代遗址发掘报告》（上），科学出版社，2008年版，第418页。

②王晖：《中国文字起源时代研究》，《陕西师范大学学报（哲学社会科学版）》2011年第3期。

何而来、如何形成？现在人们还是一头雾水。目前人们尚未发现能与甲骨文直接衔接的过渡性文字的证据。在目前所见的资料中，与甲骨文的思维方式、构字思路最为接近的，可能就是大汶口文化大口尊上的刻画符号了。

汉字作为一种象形文字，其形成发展应经历了从原始绘画，到“文字画”，到“画文字”，再到更为简化的符号性汉字的过程。我们今天所见的原始图画主要是彩陶上的图案和山石上的岩画。仰韶文化陶器和大汶口文化彩陶上的纹饰既具有装饰功能，也具有一定的表意功能。阴山岩画、贺兰山岩画和大汶口文化晚期的连云港将军崖岩画等内容广泛、夸张变形的图画，具有明显的指代意义。[①]

20世纪60年代以后，人们在大汶口文化晚期的山东省莒县陵阳河、大朱家村，宁阳县堡头村遗址出土的陶器及其残片上发现了17例共8种刻画符号。[②]后来又陆续发现3种刻画符号。著名古文字学家裘锡圭认为，大汶口文化象形符号跟古文字“存在一脉相承的美学”[③]。

大汶口文化刻画符号[④]，巩新临摹

①宋耀良：《中国岩画考察》，上海人民出版社，2015年版。

②李学勤：《论新出大汶口文化陶器符号》，《文物》1987年第12期。

③裘锡圭：《汉字形成问题的初步探索》，《中国语文》1978年第3期。

④王蕴智：《史前陶器符号的发现与汉字起源的探索》，《华夏考古》1994年第3期。

最著名的大汶口文化刻画符号当属“”。对于这个符号的上部代表“太阳”、下部代表“山”，人们没有多少争议。而对于符号中间的图形则有“火”“月”“鸟”“云”等多种解读。有专家认为大汶口文化刻画符号是汉字，并将“”释读为“炅”“炅山”“旦”等。但随着认识的不断深化，人们越来越倾向于认为，这些刻画符号只是具备了汉字的某些特点，它们还不是真正意义上的汉字。

大汶口文化大口尊，王德全摄

大汶口文化大口尊刻符，王德全摄

一般意义上的汉字应具备固定写法、固定读音、固定意义三个特征。首先，汉字是象形文字。相对于绘画的重在具象、逼真，汉字重在刻画事物的主要特征，更为强调识别。其次，汉字是能读出声音的符号。只有在一定的图形与一定的语音建立起一种确定的关系后，图形才能过渡到文字。再者，汉字有稳定明确的意义。无论是象形还是指代，汉字均能以固定的意义纳入书面语言中，并与其他字进行组合。

大汶口文化刻画符号已有比较固定的写法，或许也可能会存在某种读音。但这些符号只能单个地表示某种区别或某种意义，还无法作为一套约定俗成的符号体系与现实语言系统发生对应，更无法与其他字结合进行组词造句。因此，这些符号还不能被称作汉字。从大口尊一器一符的应用方式看，这些似文非文、似画非画的符号更像是祭祀活动中通神的道符或重要场合下使用的族徽。它们可以是符号与文字之间的过渡，但毕竟还难以成为今天所认为的文字。

## 四

文字的产生与巫史密不可分。巫觋卜筮需要标注，史官写史需要记录。没有文字，这些事情均无法完成。有观点认为，文字并不是长期积累、改进的结果，而是当社会发展到人们迫切需要文字的一定阶级时，一批人在较短时间内总结以往记录方法而迅速创造出来的“急就章”。这种猜测和分析倒是很好地解释了甲骨文何以如“天上掉馅饼”似的突然出现。在大汶口文化晚期，随着财富的增加、社会的分工，巫觋和史官已逐渐成为拥有特殊地位、占有精神文化资源的特殊群体。他们是当时社会的知识拥有者。如果文字真的是在较短时间内被集中创造出来的话，那么这些创造者定然就是巫觋和史官。

大部分大汶口文化刻画符号都出现在大口尊上。关于大口尊的功用，主要有“酒器说”“葬具说”“礼器说”三种说法。大汶口文化陵阳河遗址出土的大口尊大多伴随着鬶、杯等饮酒器具，有人认为大口尊是发酵酿酒的生产器具；但由于在房子和一些与居住有关的遗迹中从未发现过大口尊，因此人们又分析大口尊并不具有做生产生活器具的实用价值。安徽尉迟寺出土的大口尊全部为儿童瓮棺葬具，于是有了大口尊是人祭葬具的骇人猜度。有刻画符号的大口尊均出现在随葬品丰富的中型以上墓葬中，其在墓葬中的位置和放置方式也相对固定，因之人们推测这些墓主应是级别较高的巫师、祭司，大口尊是巫师、祭司的墓葬用品。目前，“礼器说”已渐成人们的共识。

## 五

虽然结绳与契刻符号、大汶口文化刻画符号都不是文字，但它们的思维方法与表达方法对汉字的形成有着十分重要的影响。结绳启示人们可以用某种中介物来表达意思，契刻提示人们可以用某种符号指代、区别事物。从大汶口文化刻画符号的构图方法看，大汶口文化先民已经有了比较明确的创立文字的意愿。相传仓颉是黄帝的史官，他观察鸟兽足迹而创造文字。甲骨文造字主要遵循四种思路：根据人体特征造字，如目、女；根据劳动创造物造字，如舟、鼎；根据自然对象造字，如水、月；根据禽兽形象造字，如鹿、羊。大汶口刻画符号表现出来的象形、指事的能力，为甲骨文的产生奠定了基础。

## 六

从目前资料看，汉字的产生晚于西亚文字。目前能见到的世界上最早的成熟文字是苏美尔人的楔形文字和古埃及人的古埃及文字。5000多年前，两汉流域的苏美尔人用芦管在泥板上压印出笔画如楔子的文字；古埃及人发明了拥有圣书体、僧侣体、平民体等不同字体的文字。但由于战乱和文字过于复杂的缺陷，这两种古老的象形文字都没有直接传承下来。4000多年前地中海东岸的腓尼基人以化繁为简的聪明智慧将楔形文字和古埃及文字加以简约概括，独辟蹊径地创造了表音符号。这些表音符号后来逐渐演化成一套表音字母系统，成为西方字母文字的源头。

比之已经失传的两种古老文字，汉字虽然晚起，却伴随着不断的超越。几千年来，汉字由具象逐步简化，由简化逐步抽象，由抽象变成符号。这种抽象化的集约使汉字避免了沦入单纯写实绘画的泥淖，并使汉字得以形声结合，获得了无可比拟的蓬勃生命力。

## 七

虽然汉字起源目前还没有什么确定的头绪，但可以判断的是，无论汉字是积累式形成还是突变式造成，大汶口文化晚期和龙山文化时期应是汉字起源的关键阶段。大口尊生逢其时且存乎于今，其上的刻画符号，无论符耶字耶，都会在汉字发生史上占据紧要的一环，留下浓墨重彩的一笔。

# 异域的绝响

## ——大汶口文化随想之七

### 一

地球北纬30°左右的区域是人类文明的福地。两河流域的苏美尔文明、尼罗河流域的古埃及文明、印度河流域的印度文明、长江黄河流域的中华文明无一例外地处在这个区域。在大汶口文化持续发展的1500年里，世界上其他几种文化相继经历了各自的辉煌与毁灭、重生与涅槃。只有包括大汶口文化在内的中华文化始终以无比坚忍的姿态，承前启后，薪火相传，一步一步迈向新的高度，走向新的辉煌。

### 二

苏美尔人点燃了人类文明的第一座灯塔。早在约5000年前，苏美尔人就进入了以农业为主的城市文明。苏美尔人所在的两河流域并不非常适宜人类生存。这里北部多山，南部低洼，平时土地干硬，雨季洪水泛滥。为了便于耕种，苏美尔人修筑水利设施，建立灌溉系统，使农业生产获得空前发展。他们用泥砖垒砌城墙，建造了神庙、宫殿、桥梁及居民住宅，创立了世界上最早的城市。苏美尔人还天才地发明了世界上最早的文字之一——楔形文字。为加强城市管理，苏美尔人在城邦里建立了类似近代英国两院制议会的公民大会，由公民大会决定城邦重要事项。苏美尔文明还体现在历法、法律、科技、艺术等多个方面。除此之外，约5000年前的地中海马耳他岛建起了石头神庙；约4000年前的古埃及建造了结构复杂的金字塔；约4000年前的希腊建成了克里特王宫及宏伟的大戏院。这些都标志着史前文明所达到的新高度。①

大汶口文化与苏美尔文化的差距约在千年以上。当两河流域的民众已在城市生活并用楔形文字记录粮食产量的时候，大汶口先民尚在草棚中结绳记事。一般认为，文字、城市、青铜器是文明的三大标志。以这样的标准看，此时两河流域的苏美尔人已步入文明社会，而大汶口文化尚处于文明的前夜。

## 三

但先行者未必长先，更未必永先；后起者未必长后，更未必不先。历史恰恰证明了这一点。

诸多先行的伟大文明后来均未能持续。苏美尔文明因外族入侵、环境恶化等最终灭失。曾集中体现苏美尔文明成果的楔形文字被埋入地下，很多年以后人们才通过考古发掘发现这种文字的存在。现在古埃及金字塔时代的后裔已荡然无存。印度文明有断裂也有延续，但其本族文化最终被外来文化替代。后来的希腊文化、罗马文化在思想、文字方面承接了西方文明的核心要素，但其时文明的国家与族群都未能直接衔

①朱大可：《华夏上古神系》上卷，东方出版社，2014年版，第196~198页。

接。在历史的长河中，诸多重要文明类型姹紫嫣红但昙花一现，那些黄钟大吕声闻遐迩却终成为绝响。

中华文明虽然起步相对较晚，但显示了极强的刚性、韧性、连续性。历史发展的血火交融铸就了中华文明强大的刚性精神内核；无数的艰难困苦淬炼了中华民族坚韧不拔的英雄气概；经由大汶口文化走来，中华文明海纳百川，从未间断，一直在前进，一直在升华。汉唐宋时期，厚积薄发的中华文明终于后来居上，走上了人类农业文明的巅峰。

## 四

回望历史，观照中华文明在每一阶段所处的历史地位，我们会对中华历史的自身发展有一个更为全面的认识，对人类文明的发展大势有一种更为客观的判断，对中华文化的未来有一份更为坚定的自信。历史在螺旋式前进。今天，秉承人文底气，开启新的时代，中华民族伟大复兴的历史巨轮正沧海扬帆，将勇往直前。

# 泰山何以独尊

## ——大汶口文化随想之八

### 一

大汶口文化是泰山信仰的源头。几千年来，在自然、社会、文化因素的合力作用下，泰山信仰大厦愈加巍峨丰茂。

泰山信仰的形成，是自然的偶然，人文的必然。泰沂山系处于海岱文化圈的核心区域。在近30万平方公里的华北平原上，泰山的山形、区位均独具优势。泰山基础广大但主峰收束，这使得泰山山势显著不同于其他崇山峻岭的层峦叠嶂、山重水复。泰山的磅礴之势、高旷之态进一步强化了先民对泰山敬畏、景仰的心理感受。同时，泰山还不同于一些位于偏僻蛮荒、人迹罕至之地的名山。泰山山麓即房肆，林前可耕田。这种邻接聚居的良好区位便于先民礼拜祭祀。

在大汶口文化持续的1500年里，文明的种子萌发，精神的胚胎发育，信仰的大厦奠基。泰山不是天然的信仰之山，但信仰之山必然属于泰山。

泰山主峰侧影：一览众山小，王德全摄

## 二

颛顼，一个很奇怪的名字。许多上古部落领袖的名字都比较离奇，也许其中隐藏着诸多未解之谜。在五帝的多种组合中，颛顼都是其中之一。一般认为，颛顼为两昊集团成员，是继少昊之后的部落联盟领袖。

颛顼“绝地天通”的宗教改革是一项重大举措。[①]大汶口文化中晚期，山东境内已有40多个聚落群。各氏族的祭祀活动普遍广泛而又各自为政。这种家家有巫史、个个有神通、谁也不服谁的局面，导致族群、部落之间为争夺祭祀话语权而杀伐不断。颛顼作为实力最强的部落联盟领袖，依凭其强力和智慧，进行了被称为“绝地天通”的宗教改革。所谓“绝地天通”，即对祭祀权限进行分工与限定。颛顼首先将上天的神事与地上的人事分开，防止人神杂糅、人神跨界，避免因人人为巫、各

①张富祥：《东夷文化通考》，上海古籍出版社，2008年版，第21页。

有神通而引发争斗。同时，明确与上天沟通的职责专属颛顼和专司其职的大巫，人间的那些治病祈福之类的民事则由其他巫师负责。颛顼的改革意义重大：分开了人间与上天，打破了每个人都能登天的幻想；使多神向一神过渡，构建了新的神格体系；实现了人神沟通权的贵族垄断，创立了“巫酋合一”的“巫政”文化秩序；维护了社会稳定，形成了民神异业、敬而不渎、各得其序的社会新局面。

泰山离天近，通天且接地。颛顼分开了天和地，泰山便自然成为沟通祭祀天地的最好的阶梯。上古便有“四岳”之说，其时的“四岳”指主管四方星相及山的祭祀的四位诸侯，并不专指山。至《诗经》中，“四岳”已由人及山；至汉代，确定了包括泰山、华山、衡山、恒山、嵩山在内的“五岳”之制。泰山之所以在“五岳”之中能够居首，根本原因在于泰山处于大汶口文化的中心。论高度，泰山不及华山、恒山；

泰山摩崖刻石“拔地通天”，王德全摄

论景色，泰山不及衡山、嵩山。但大汶口文化丰富了泰山，成就了泰山。相传帝舜通过巡守岱宗，望秩山川，宣示对部落联盟的控制力。此后封禅成为制度，泰山便逐渐成为帝王祭祀的专门之地。所有这一切，当自颛顼始。

## 三

人神沟通离不开巫术祭祀。传说舜帝的儿子巫咸制盐有术，人们便将那些能使食盐从水中结晶而出的技术视为具有法力的“巫术”。传说未尽可信，但传说确也透露出一些有价值的文化信息：巫起源于五帝农耕时代，巫与人们的生产生活相关，巫术的表现过程会通过一定的技术让人觉得惊异。

从严格意义上讲，巫术与祭祀并不完全相同。巫术往往以巫师自身和法器作法，并以作法过程获得的“超自然力”来祈福、驱邪、诅咒。而祭祀是巫术的升级版，它重在以一定的程式来酬神、娱神、祈神。

巫师在巫术祭祀中发挥着至关重要的作用。特别是在颛顼“绝地天通”之后，巫、酋、匠进一步兼而为一，巫师变成全能的政治统治者、经济指导者和精神承载者。

骨牙雕筒、龟甲器、獐牙钩形器是大汶口文化中与巫术祭祀直接相关的三大标志性器物。骨牙雕筒是用大型兽骨或象牙做成的筒状器物。目前大汶口文化遗址共出土兽骨、象牙两类雕筒计50件，其中1959年在今泰安市岱岳区大汶口镇大汶口遗址出土的一件兽骨雕筒最为著名。这件雕筒整体呈梯形，筒口呈圆角三角形，筒腰间雕刻有七八圈凸起的带状纹，腰纹上下镶有小枚绿松石。骨牙雕筒的功能大约类似良渚文化的玉琮，可能是一种通达天地的工具和敬神法祖的法器。

大汶口文化骨牙雕筒，王德全摄

龟甲器是一套器物小组合：龟甲中盛放骨雕、骨针和小石子。从骨雕、骨针判断，龟甲器应与巫师行医有关。可以想象一下巫医施法祛病的过程：戴着面具、穿着羽衣、系着尾饰、顶着鹿角的巫师，手持内置小石子的“灵龟”，在烟雾缭绕中摇头晃脑蹴行踏步，手中龟甲叮叮当当，巫师口中念念有词……这是约5000年前的巫师在跳大神！

獐牙钩形器是大汶口文化独有的随葬品。獐，又称土麝，比麝略大，是原始的鹿科动物。大汶口文化时期，獐子是常见动物。雄獐上犬齿发达，长4—5厘米。獐牙似针，可用作武器或在生活中穿疮疖、刺穴位。所谓獐牙钩形器，是指在骨柄上端镶嵌或绳子上绑缚两枚獐牙的伞柄形器物。獐牙在先民看来是有灵性的。汶泗流域的青壮年男性随葬獐牙钩形器的人数较多。獐牙钩形器的主要功能应为祛灾通窍，辟邪厌胜。

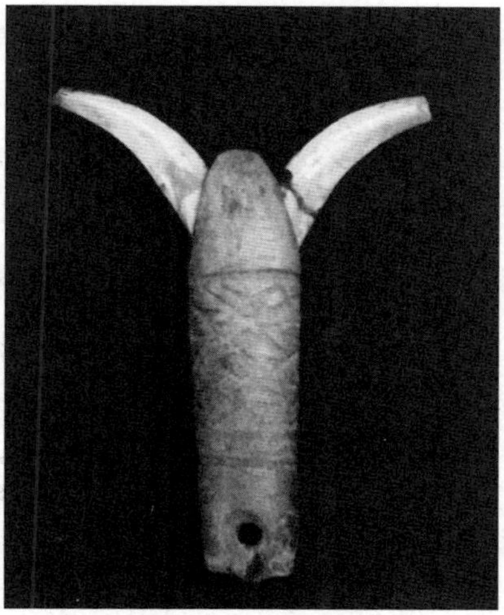

大汶口文化獐牙钩形器，王德全摄

## 四

巫文化的影响渗透到大汶口人生活的方方面面。这种影响朝着崇信和畏惧两个方向发展：由对超自然力的崇信到形成某种习惯，由对超自然力的畏惧而形成某种禁忌。这些习惯或禁忌又逐渐成为族群恪守和遵从的社会契约和社会控制，成为族群的个性化标志和世代承袭的文化传统。大汶口人的枕骨变形、拔侧门牙、口颊含球等特殊习俗即源于此。

传说颛顼头型扁长。有考据说颛顼二字中的“页”即指“方头”。上有其头，下则效之，扁头、方头逐渐成为族群的标志性特征。后脑勺凸起由不美、不吉逐渐变成不可；从婴儿起仰卧“睡头”逐渐成为一种规矩和习俗。记得几十年前我泰安乡下老家仍称头形不好看的人为“梆子头”。不仅大汶口人，古埃及、古希腊也有为了符合贵族特征而对婴儿颅骨进行变形的习惯。今天汉语中“夷”仍含平坦的意思，不知是否与此风俗相关。

屈家岭文化居民、日本绳文文化居民，乃至玻利尼西亚人、夏威夷群岛人，均有拔牙风俗。大汶口人中约有三分之二的男女在15—20岁之间拔除了上颌的两颗侧门牙。拔除侧门牙而不拔门牙，能够不对啃咬功能造成严重影响，这也是古人遵从禁忌条件下的科学选择。根据考古材料、文献记载和对现在少数民族习俗的田野考察，因成年及婚姻而拔牙的说法已得到基本认同。

口颊含球是最让人痛苦的“苦行僧”习俗。将直径1.5—2厘米的石质或陶质小球长时间含在两腮中，反复磨损齿冠和齿槽，定然会造成口腔的反复发炎，肉体痛苦可想而知。没有强大的约束、顽强的意志或坚定的信仰难以持之以恒。幸好口颊含球还不是种普遍性习俗。目前所见的口颊含球者多见于大汶口文化早中期的女性。从墓葬情况看，这些女性在氏族集团内从事与生殖崇拜相关的某种特殊职业，她们应具有某种特殊技能并在氏族中具有较高的地位。

大汶口文化石球等器物，王德全摄

## 五

孔、孟、墨、法乃至老、庄均生活在大汶口文化区域。孔、孟、墨所在的汶泗流域更是大汶口文化的中心区。大汶口文化的深厚积淀为这些伟大思想家的出现奠定了坚实基础。

这些先哲大师多与泰山有不解之缘。距泰山80多公里的曲阜是少昊文化的大本营。傅斯年认为曲阜是东方平原政治文化的第一重心。孔子“仁”“礼”思想受尧舜时代的文化孕育。孔子曾多次到泰山考察封禅之礼，至今泰山上仍有多处与孔子相关的遗迹。今天的登山起点处有“孔子登临处”，岱顶和岱庙均建有孔庙，岱顶还有孔子眺望鲁国的“瞻鲁台”和传说孔子极目江南的“望吴胜迹”处。孔子“登泰山而小天下”，“过泰山侧”而慨叹“苛政猛于虎”。孔子晚年删定《诗经》，赞叹“泰山岩岩，鲁邦所詹”。孔子临终前，悲吁“泰山其颓乎，梁木其坏乎，哲人其萎乎”。后人把泰山与孔子紧密联系在一起，称誉孔子为“圣中之泰山”，泰山为“岳中之孔子”。泰山与孔子，山人一体，交相辉映。

孟子、庄子的文章多有泰山意象。孟子以“挟泰山以超北海”为喻，阐述“不能做”与“不去做”之间的区别；庄子以“天下莫大于秋毫之末，而泰山为小；莫寿于殇子，而彭祖为夭”为例，提出了体现他相对主义思想的“两莫命题”。

诸子百家的学说极大丰富了泰山的文化内涵。尤其是儒家的正统地位，更进一步强化了泰山的政治影响、社会影响、文化影响。世界上恐怕再也没有哪一座山能像泰山一样，与信仰、政治、历史、文化有如此密不可分的关系。

自然凭天时，精神有地利，文化彰人和。在由大汶口文化肇始的人文传统浸润化育中，泰山因天时、地利、人和而独尊。

# 第二辑

# 封禅的逻辑

# 秦始皇的泰山

## 一

在泰山，秦始皇开创了许多第一：第一次举行今天能被证实的泰山封禅；第一次在泰山留下今仍可见的唯一秦代碑刻——秦泰山刻石；第一次在泰山极顶筑造被后人称为“无字碑”的石阙；第一次设立政府管理泰山的机构并在泰山建设为皇帝出巡服务的场所；当然还有第一次在泰山封树为官以及传说中的第一次在岱顶日观峰埋剑，在岱下熔铸锋镝等。

不仅如此，秦始皇还独出心裁地让文臣将国号“秦”字底部的“禾”字换成五行中代表秦德的“水”字，创造出一个新的汉字“泰”。“泰”字有“秦”字之形，承“太”字之音，寓秦朝之德，正大山之名。由此，“太山”成为“泰山”。[1]

秦始皇所做的这一切，让泰山变得卓然不同：泰山由一座自然之山

①周郢：《泰山秦史编年》，见《嬴秦文化研究》2018年合刊。

成为政治之山，由一座信仰之山成为礼制之山，由一座区域之山成为国家之山。

从秦始皇开始，泰山具有了全新的意义。

## 二

秦始皇（前259—前210），嬴姓，赵氏，名政。秦始皇出生于位于今河北省邯郸市的赵国都城，并在此度过了少年时期。公元前247年，13岁的秦始皇在位于今陕西省宝鸡市凤翔区境内的雍城继承王位，并于22岁亲理朝政。亲政后，秦始皇以非凡的胆识、魄力与智慧除掉政敌，并在公元前230年至公元前221年间，先后灭掉韩、赵、魏、楚、燕、齐六国，统一中国，建立了我国历史上第一个中央集权制国家——秦朝。

秦始皇认为自己的功劳胜过此前的三皇五帝，便集合“皇”“帝”二字，自称“始皇帝”。他废分封，立郡县，设“三公”；实施书同文、车同轨、度同制；击匈奴，征百越，筑长城；通水系，建交通，改律令。秦始皇以其强悍铁腕奠定了大一统中国的基础。但秦始皇的雄才大略、果断进取亦伴随其残暴不仁、刚愎自用，这也导致其后秦朝的民怨鼎沸、社会动荡，并最终使秦朝历二世而亡。后人对秦始皇的评价见仁见智：誉之者称“千古一帝”，毁之者谓“暴虐之君”。但衡之后世，功过相参，秦始皇仍无愧为中国历史上屈指可数的划时代大英雄。

统一中国后，秦始皇先后5次大规模出巡。5次出巡中，有3次为东巡。秦始皇东巡的次数之多、行期之长、刻石之繁前所未有。秦始皇为何如此热衷于出巡并尤其重视东巡？秦王朝及秦始皇又与东方有着什么样的关联？

## 三

秦人嬴姓。追溯嬴姓的来源，首先要理清姓氏的内涵与流变。今天，姓与氏在生活中已不再区分。然而在夏、商、周三代之前，姓与氏是两个不同的概念。姓与氏的不同主要表现在以下三个方面：

其一，姓与氏的起源时间不同：姓早氏晚。姓起源于母系氏族社会，而氏产生于父系氏族社会。[①]远古时期，为使本氏族与其他氏族相区别，各氏族往往会选择一种标志或符号来代表本氏族。这个标志或符号即人们所称的图腾。图腾相当于最早的姓。文字产生后，图腾被文字或某种符号代替。

中国上古时期有著名的八大姓：姬、姚、妫、姒、姜、嬴、姞、妘。其中黄帝因居住姬水之滨而以姬为姓，炎帝因居于姜水之旁而为姜姓，姚为帝舜之姓，姒为大禹之姓。这些古姓均含女字，以表明子女均为女性始祖所生。

进入父系社会后，妻从夫居，子女归属由母族转至父族。随着子孙的繁衍增多，一个家族往往会分成散居各处的若干分支。为方便识别，这些分支往往会另外取一个名称作为标志。氏即进入父系社会后由姓而衍生出来的分支。随着女性在生产生活中作用的逐步弱化，不同族群间要追溯到一个起源久远的共同女性祖先已十分困难；而随着男性在生产生活中的作用不断强化，不同族群间要追溯到一个共同的男性祖先则变得相对容易。

其二，姓与氏的分化机理不同：姓少氏多。母系时代的得姓方式主要有以图腾为姓、以居地为姓、以族号为姓等。由于来源比较单一，姓

---

①肖锐：《论中国姓氏文化研究意义》，《中南民族大学学报（人文社会科学版）》2015年第4期。

形成之后便比较稳定。而形成于父系时代的氏则来源比较繁杂。古人命氏的方式有：以古姓为氏，如姬、姜、姚；以国名为氏，如齐、鲁、宋；以邑名为氏，如尹、魏、韩；以官名为氏，如司空、司徒、司马；以职业为氏，如巫、陶、屠；以住地为氏，如东郭、西门、东野；以先人字为氏，如皇甫、高、刁，等等。姓少氏多，致使同姓异氏、一姓多氏的情况十分普遍，如父子兄弟同姓而不同氏，一个人可以有几个氏。据说由姬姓演化的姓氏有400多个，姚姓衍生出的姓氏60多个，妫与陈、田、姚、胡等姓氏均同根同源，秦人嬴姓分化为翟、徐、江、赵、秦、黄、梁、马等姓氏。由古至今，姓氏经历了几个爆发式增长的阶段。春秋战国时期，仅有古姓30个左右。至汉代，姓氏已达到130多个。随着后世的由氏改姓，至明代，姓氏已增至4600多个。1996年出版的《中华姓氏大辞典》已载姓氏11969个。

其三，姓与氏的社会功能不同：姓平氏贵。姓是婚姻嫁娶的重要依据：姓同氏不同者，不可通婚；氏同姓不同者，可通婚姻。三代之前，妇人称姓，男子称氏；贵族有姓有氏有名，平民往往有名无氏。平时平民称名不称氏，如庖丁、匠石、医和都是在职业后面加上名作为称号，其中“庖”是厨师、“匠”是木工、“医”是医生；而贵族称氏不称姓，如孔子，子姓，孔氏，名丘，称孔丘而不称子丘。在这个时期，氏在很大程度上标志着一个人权力的大小、财富的多寡和地位的高低；封建制度建立后，只有嫡长子才能继承父辈氏号。秦汉之后，封建宗法制度逐渐没落，氏不再是贵族特有的标志，普通老百姓也能称氏了。尤其是秦始皇实施郡县制后，更加速了姓氏合一，如秦始皇，嬴姓，赵氏，名政，就叫嬴政。虽然人们平时并不敢直呼其“嬴政”“赵政”之名，但毕竟在姓名结构上皇帝与百姓并无不同了。汉代以后，姓与氏由两个概念变成为一个概念：姓即氏，氏即姓。

经过5000多年的变化与发展，中国姓氏文化已成为中国传统家族观念与血缘文化的重要载体与表现形式。目前，全国占姓氏总量不足5%的100个姓氏覆盖了85%以上的人口，其中李、王、张三大姓总人口达2.7亿，是世界上规模最大的三个同姓人群。中国的姓氏状况已成为研究中国人口尤其是父亲遗传物质起源、分布、流动的重要途径。

## 四

伯益是嬴姓传承与发展过程中最为关键的人物。

在《尚书》《国语》《史记》等古籍文献的记述和后世的传说中，伯益是个集驯兽高手、治水能人、农业专家、地理通才、政治谋士于一身的智慧达人。不同典籍对伯益有不同的称谓，如伯翳、柏翳、后益、益、费侯、大费等。据说伯益之名的来历与东方部族的鸟崇拜有关。有分析说，“益”是“燕”的音转，益为燕，燕为益，即玄鸟，即凤鸟。古时文字数量不多，同音替代十分常见。伯益的那些不同名字可能均因音转而成。

相传伯益的父系为少昊，母系是颛顼。历来多认为少昊部族生活于大汶口文化时期的汶泗流域。《说文》载，少昊嬴姓。对少昊嬴姓的来源说法不一。有人认为少昊族以鸟为图腾，“燕”“嬴”音近，以鸟为姓；也有人认为少昊因居于位于原莱芜市的嬴汶河滨而得姓。①伯益的母系祖先是颛顼的后裔女修。

《尚书》中的《舜典》《益稷》《大禹谟》对伯益的事迹多有记载。伯益年轻时与大禹一起服务于舜。帝舜让伯益主管山川草泽。后来伯益又辅佐大禹。伯益从政50余年，做了许多大事、要事、好事。伯益擅长调训鸟兽。在远古时代，畜养六畜事关生计，调训战马事关征战。负责

①柳明瑞：《伯益“始食于嬴，为嬴氏”考》，见宋镇豪主编《嬴秦始源：首届中国（莱芜）嬴历史文化学术研讨会论文集》，中国社会科学出版社，2013年版，第22~34页。

这项工作，地位十分显赫。同时调训鸟兽的工作具有相当的技术含量，不经专门训练和缺乏实际经验者难以胜任。传说伯益能听懂鸟兽语言，即可能是对伯益深知鸟兽习性的夸张性描述。伯益的这种特长成为嬴族的传统技能，让伯益的后裔中产生了很多善训善御的人。同时，伯益改进了凿井技术，教老百姓种植水稻，被后人称为“井圣”。相传《山海经》为伯益所作。现在看来，作为一本在民间长期流传的经典，《山海经》可能非一人一时之作，但可以推断的是，伯益应当在《山海经》的成书过程中发挥了重要的记录、汇集、梳理作用。因懂得多、管得宽、干得好，伯益被舜封嬴邑，赐嬴姓，并得以与帝舜之姚姓家族结姻。

甲骨文中并无“嬴”字。最早的“嬴”字出现在西周时期的金文中。康殷释“嬴”为“黑蜂”，有人释“嬴”为“熊”，也有人释“嬴”为“蚌螺一类的水生动物”，认为这类动物为嬴族先民提供了重要的肉食资源。对于舜为何赐伯益“嬴”姓，后人解读各有不同：有人认为因伯益居于嬴地而得赐，也有人认为是帝舜嘉许伯益而让伯益归宗其父系少昊。

伯益受封的嬴邑在今济南市莱芜区羊里街道城子县村一带。此地位于大汶河三大支流之一的嬴汶河畔，距“少昊之墟”曲阜120公里，位于《山海经》所描绘的“少昊之国”的范围内。现在城子县村的“嬴城遗址”有两重，外城长600米，宽400米，内城长、宽均约200米。遗址城墙为土筑，约始建于商末，20世纪50年代废弃。①

大禹即帝位后，伯益全力辅佐。大禹崩前，举荐伯益继承帝位。大禹三年之丧期间，伯益已成为事实上的部落联盟领袖。但最终伯益并未能继承帝位。继承帝位的是大禹的儿子启。对于其中原委，先秦典籍

①王戎：《莱芜、嬴、牟考》，见宋镇豪主编《嬴秦始源：首届中国（莱芜）嬴历史文化学术研讨会论文集》，中国社会科学出版社，2013年版，第136页。

有不同记述。有人认为因启贤能而伯益让位于启，也有人认为大禹虽指定伯益但并未正式禅让，所谓谦让只是做个姿态，真实的传位过程应充满血淋淋的杀戮与赤裸裸的争夺。在今天看来，远古时代的权力承继由“传贤制”向“传子制”的转变有其历史必然性。大禹之时，生产力水平不断提高，社会财富逐步增加，阶层分化日益明显，这些均使得部落的权力内涵发生重大变化。一种十分可能的情况是，启承帝位的结果实际上来自大禹生前的谋划、布局和铺垫。在大禹的精心安排下，启以自身的军事实力与经济实力使伯益在权力斗争中日益被动并最终被杀。当然后来启也祭祀伯益，但这些似乎只是启为巩固政权而采取的安抚政策。无论历史真相如何，今天我们所知道的事实是，从夏启开始，中国古代社会治理的方式由“公天下”转变为“家天下”。

## 五

秦人视伯益为祖先。但伯益生活在东方，秦人生活在西部，东方伯益的子孙如何变成了西方的秦人？

长期以来，对于秦人的来源，学术界有两种针锋相对的观点：王国维、蒙文通等主张“西方说”，认为“秦之祖先，起于戎狄”；傅斯年、钱穆等主张“东方说”，认为秦人祖先或源自位于今济南市莱芜区的嬴城，或源自今山东费县，或源自今河南省范县。在很长时期内，两类观点难有定论。清华简的问世，让这一千古之谜有了清晰明确的答案：秦人是来自莱芜、曲阜一带的“商奄之民”。换言之，秦人的祖先是山东人。

2008年7月，一位清华大学的学生向母校捐赠了2388枚通过境外拍卖得来的战国竹简。经碳-14法测定，这批具有楚国文字风格的竹简是战国中晚期文物。因在秦之前就被埋入地下，所以这批连司马迁都没见过的竹简，最大限度地保留了先秦古籍的面貌。清华简被称为汉代以来继孔子后人孔鲋“壁中书”、河南汲县古墓“汲冢书”之后中国历史文化的第三次惊世发现。专家们对竹简长短、编绳位置、字体间距、竹简内容等进行串联释说，找到至少63篇文献。这些文献内容关涉中国传统文化的核心内容，具有极其宝贵的历史价值。

清华简《系年》第三章明确地记述了西周初年秦国先人西迁的过程。[①]周朝（前1046—前256）是中国历史上存在时间最长的朝代。周朝可分为两个时期：西周（前1046—前771）和东周（前770—前256）。公元前771年，周幽王被犬戎杀害，西周结束。随之周平王迁都洛阳，史称东周。东周前半期，是诸侯争霸较劲的春秋时代；东周后半期，是诸国相互征伐的战国时代。公元前256年，周朝被秦昭襄王所灭。

西周建立之初，其有效控制范围主要在以今陕西省西安市附近为中心的黄河中上游区域。周武王灭商后，听取周公旦的意见，分封商纣王之子武庚于今河南省安阳市附近的商王畿殷都地区，以利用他安抚统治殷民。同时武王派遣他的兄弟管叔、蔡叔、霍叔在殷都附近建立邶、鄘、卫三国来监视武庚，史称“三监”。周武王灭商后不久病逝。因13岁的周成王尚小，故由周公旦摄政。“三监”中年龄最长的管叔认为，按兄终弟及惯例，自己应当摄政。管叔心怀不满，便联合“三监”和武庚叛乱。

嬴姓国族是商的拥趸。伯益的后裔蜚廉参与了三监之乱。叛乱失败后，蜚廉从今河南逃到位于今山东曲阜市、泰安市、济南市莱芜区一带的嬴姓大国奄国。逃至奄国后，蜚廉鼓动奄国反周。周公旦亲率大军东征平叛。经过三年的艰苦拼杀，动乱终得平定，蜚廉及其子恶来被杀。平叛后周公旦把这些参与叛乱的“商奄之民”遣送到甘肃省天水市一

①李学勤：《清华简关于秦人始源的重要发现——在首届中国（莱芜）嬴历史文化学术研讨会上的主题演讲》，见宋镇豪主编《嬴秦始源：首届中国（莱芜）嬴历史文化学术研讨会论文集》，中国社会科学出版社，2013年版，第2页。

带。这部分被强迁的“商奄之民”与先期西迁的嬴族人汇合在一起，成为后来秦国人的祖先。

## 六

嬴族作为“商奄之民”西迁只是嬴族长期以来不断西迁过程中的一部分。周公旦之所以把“商奄之民”遣送到甘肃，一个重要的原因就是此前早有嬴族在西部生活。

嬴族的渐次西移主要发生在商周时期。[①]依据有关资料，嬴族西迁主要有以下几个节点：

夏末商初，费昌入中原。公元前1600年至前1500年间，一部分伯益后人已迁入中原地区。在商汤讨伐夏桀的鸣条决战中，伯益后裔费昌为商汤驾驭战车，立下战功。鸣条位于今山西省夏县之西。

公元前1400年前后，孟戏、中衍兄弟为商太戊驾车。后来中衍成为商朝诸侯。公元前1600至公元前1046年间，伯益后裔中潏及其儿子蜚廉为商王朝“在西戎，保西垂”。商晚期直接统治的西方边界在今山西太行山之西、黄河之东。

周朝初期，蜚廉逃商奄。清华简记述的“商奄之民”西迁，即发生在这一时期。

西周中期，非子封秦地。蜚廉被杀后，其后人分为两支，一支到了山西，另一支辗转到了陕西。蜚廉的后人造父在山西石县一带为周穆王驾车。因参与平叛立功，造父被封于位于今山西洪洞县北的赵城。造父一族从此为赵氏。至春秋末期，赵氏后人策划发动了三家分晋，建立

①尹盛平《嬴姓秦人的西迁》，王学理《嬴秦西迁考述》，杨善群《嬴姓迁徙考》，毕玉堂《东夷为什么西迁》，均见宋镇豪主编《嬴秦始源：首届中国（莱芜）嬴历史文化学术研讨会论文集》，中国社会科学出版社，2013年版，第101~125页。

了赵国。蜚廉的另一支后代非子，迁居陕西省陇县一带。一次周孝王巡视养马情况，发现非子养马技术高超，便派非子到汧水、渭水之间的地方去主管养马。因非子尽职尽责，把马匹养得雄俊无比，周孝王便将位于今甘肃省天水市清水县县城北的秦邑赐给非子，并让他再延续嬴姓祭祀。非子由此成为秦国的始封君。约前858年，非子去世。此时的秦地，已约有二三万人。经秦侯、公伯、秦仲，秦庄公因伐戎有功被封为西陲大夫，并获赐位于今甘肃省陇南市礼县永兴镇一带的西犬丘为其封地。到秦襄公，因护送周平王东迁有功，被列为诸侯，秦正式立国。在非子受封后的500多年里，秦人先后经过8次具有重大战略意义的迁都，逐步从西部边陲迁至西周王室的故地，并最终定都于咸阳。至秦始皇，相传已是伯益的第46代孙。

在上千年的时间里，嬴族人不断西迁的轨迹大致为：从山东到河南，从河南到山西，从山西到陕西，从陕西到甘肃。这个迁徙的过程也可从地名得到印证。今山东省菏泽市的曹县、河南省商丘市的永城市、陕西省咸阳市的兴平市、甘肃省陇南市的礼县，从东至西，均有“犬丘”地名。“丘”本指黄河中下游地区居民筑房的台地，其名、实均与西部地区的“原”“坝”等不同。多地的“犬丘”地名应为由东至西渐次迁移所致。“秦”的名源抑或如此。非子的封地与后来的国号均称“秦”。“秦”的来源抑或与泰山附近的地名相关。商末周初时，泰山以东临淄以南的淄水、汶水之间有“秦”地。《春秋》中所载的鲁地“秦亭”，在今泰山西南与山东省交界的河南省范县境内。唐朝诗人高适曾有“汶上春帆渡，秦亭晚日愁”的诗句。按照古地名“名随族走”的命名规律，周孝王赐予非子的“秦”地，其命名应源于嬴族在山东故土的已有地名。

# 七

伯益承继嬴姓，秦人源于伯益，伯益部族生活于东方。然而，伯益部族就是土生土长的山东人吗？从伯益善于调训鸟兽，到后来的嬴姓后人善于驾驭，再到秦国的始封君非子精于养马，嬴族人的生产生活方式及特长显著地不同于海岱地区的其他东夷部族。这又是为什么？

东夷主要指居住于泰山以东的上古海岱居民。在现存商代甲骨文中，“夷”字初写作“尸”，是对古夷人踞坐跪坐习俗的摹写。直到西周春秋之际“夷”字方才形成。

东夷族大致形成于大汶口文化中晚期，即公元前3500年至公元前2600年的时段。这一时期大致对应于传说中的五帝时代。五帝时代是华夏、东夷、苗蛮三大部落集团的形成期，是华夏民族共同体碰撞、融合、凝聚的滥觞期。太昊、少昊是先后兴起的东夷两大集团。两大集团均以鸟为代表性图腾。少昊部落联盟以五鸟、五鸠、五雉、九扈24种鸟命氏为官。24种鸟实际上代表着24个部落。这些不同的部落虽均为东夷部落集团成员，但各族群之间仍存在着时间上的先来后到和地域上的交叉重合。从时间先后看，二昊是先来的东夷居民，而嬴族与商族则很可能是后来的东夷部落。虽然他们与二昊族群生活在同一地域，虽然他们也被后人称作东夷，但他们的族群来源与二昊族群并不相同。

嬴族与商族有着非同一般的渊源。两族都有着相同的“鸟生”始祖传说。《诗经·商颂》有“天命玄鸟，降而生商”的诗句；《史记》记载，帝喾的妃子简狄在河中洗澡时，吞下了燕子的一只卵后怀孕，生下了商人的始祖契。嬴族人关于女修繁衍嬴族的故事与此如出一辙：女修织布时吞下了一枚燕子下的蛋，怀孕后生下了伯益的父亲大业。而与此形成鲜明对照的是周人的始祖神话。传说周人始祖帝喾的妃子姜嫄在郊外踩到了巨人的脚印而怀孕，生了周人始祖后稷；脚踏土地，事关种植，契合周人的农耕文化。

嬴族与商族还有一个共同的特点——频繁迁徙。上千年间，无论主动还是被动，嬴族人总是不断地西迁再西迁。商人也是如此。据说，商人在夺取天下前迁徙过8次，建国后又迁都5次。商人频迁的原因可能与其祖先的游牧传统有关。商人起源于何地，一直是个难解之谜。近年来，在东北说、河北说、山东说、河南说、山西说等诸多分析中，东北说越来越引起人们的关注。考古资料表明，商文化与红山文化有着惊人的相似。距今5000年左右，受突然降温造成森林退化的影响，红山文化突然消失于西辽河流域。红山文化先民的主要一支沿渤海海岸逐渐南徙，成为商人的祖先。这一推测已得到人种学及基因考古学的支持。据记载帝王诸侯世袭的史书《世本》所载，契的儿子昭明曾在一个叫“砥石”的地方居住。有专家考证，“砥石”一地在今天内蒙古赤峰市克什克腾旗的白岔山。[①]这部分成为商人祖先的红山文化居民应是以畜牧为主、农牧结合的畜牧民，并且他们极可能与满族的祖先之一肃慎族同一族属。

我们有理由推测，嬴族人或许本来就是先于商人来到泰山一带的东北游牧民族的一支。在来到山东以后的很长时间里，嬴族人已开始了以农耕为主的定居生活，但其游牧的生活习俗仍有很大程度的保留。著名学者、北京大学教授李零即认为嬴族和商族均与东北存在着某种关联。

作为嬴族后代的秦人有着显著的游牧民族生产生活方式的特点。西北大学对春秋以前早期秦人的食谱的研究表明，早期秦人食物结构中动物性食物占有较大比例，同时亦有一定比例的植物性食物。而至春秋战

①金景芳：《商文化起源于我国北方说》，见《中华文史论丛》1978年第1期。

国时期，中西部秦人的饮食结构变成了以谷物为主，辅以少量肉食。导致这种较大变化的原因应在于西迁后嬴族人原有的传统牧猎经济与周人农耕经济的嫁接和融合。[①]两种生产生活方式的结合使得秦人既善马上征战，又能耒耜耕田；既重军功勇力，又精商贸谋生。不同文化的交融让秦文化具有了无可比拟的强大生命力。

时至今日，山东省济南市莱芜区一带的农村地区仍保留着古代北方居民称呼父亲为“爷”的习惯；莱芜居民还有着与周边地区迥然不同的饮食习俗，如喜欢喝羊汤，喜欢饮用适宜消化动物性食物的莱芜老干烘茶，喜欢吃适宜存放、产自海边的咸“白鳞鱼”等。

基于上述分析，嬴族作为少昊后期东夷集团实力最强的部落，其族源应如同商族一样，与少昊族并不存在血缘承续关系。所谓伯益获赐嬴姓，可能只意味着部族弱小时的生存依附或部族强大时的正统承接。

## 八

与嬴族共同生活在泰山以东原莱芜市一带的先民还有莱夷。在甲骨文中，“莱”即“来”。“来”即“麦”。莱族是东夷各部族中最早栽培小麦的氏族。

小麦最早产生于西亚。考古发现和近年来古代植物遗传学的研究表明，距今约一万年前，小麦和大麦最早由新月沃地的古代居民率先人工培育而成。公元前一万年后，小麦种植技术传到中亚东南的绿洲区域。位于青藏高原的克什米尔山谷布尔扎洪遗址的文化层中发现有大约公元前3000年前的麦类标本。新疆孔雀河古墓沟墓地和小河墓地墓葬里随葬

①刘宝才：《秦地嬴姓社会经济结构窥测》，见宋镇豪主编《嬴秦始源：首届中国（莱芜）嬴历史文化学术研讨会论文集》，中国社会科学出版社，2013年版，第185页。

的草编小篓内装有小麦粒。特别是小河墓地，有目前东亚地区最为集中的早期小麦标本遗存。[①]沿着青铜之路古道，小麦遗存在我国多地都有发现：青海省互助县的丰台遗址、西藏自治区的昌果沟遗址、陕西省武功县的赵家来遗址、山东省日照市的两城镇遗址、山东省聊城市的教场铺遗址、山东省胶州市的赵家庄遗址。[②]目前我们尚不清楚小麦传至山东的具体路线与方式。但综合各种因素分析，小麦应是经红山文化欧亚草原区域，再沿燕山、太行山南下传至山东半岛的。

小麦的传入迅速改变了中原地区以小米、粟黍类植物为主的传统农业结构，极大地丰富了中原居民的饮食文化内容，促进了人口增殖，奠定了中原早期文明发展的物质基础。因小麦的大面积种植需要调节水源进行灌溉，中原地区居民的水利相关知识也随之不断丰富。

从西亚传入的还有牛羊。约4500年前，中原地区已开始畜养绵羊。黄牛与绵羊都是西亚新月沃地“新石器革命”的重要成果。大致与小麦的传入同时，新疆地区的古代居民开始畜养牛羊。牛羊经中国西北传入中原的路径和小麦的传入路径基本吻合。对于人类而言，牛羊与猪相比有着难以比拟的优越性。猪的食物与人类的食物有很大同质性，猪吃的食物人类也勉强可吃。而牛羊是食草动物，不与人类争食。新石器时期居民主要以猪来祭祀，而夏以后则逐渐变成以牛羊为牺牲。

应该说最初的华夏文明与世界其他已经成熟的主要文明体相比，在发展程度上存在明显滞后，但到了约4000年前，世界主要文明体的关键性因素在中国显现：小麦、牛羊、双轮马车，自西向东，一路传承创新，最后汇于中原腹地。与此同时，系统的冶金术逐步成熟，城市中也开始修建宫殿和神坛。中华文明进入一个综合创造、迅速发展的新

①刘学堂：《彩陶与青铜的对话》，商务印书馆，2016年版，第241~242页。

②刘学堂：《青铜长歌》，甘肃人民出版社，2015年版，第168页。

时期。

小麦为什么会跨过广大的中原地区率先进入黄海之滨的莱国呢？有专家猜测，这有可能与极少数苏美尔人的东进有关。苏美尔文明是世界上最早建立城市的文明。早在6300—5500年前，苏美尔人就在两河流域的平原上建立了欧贝德、埃利都等城市。5500年前，苏美尔人在美索不达米亚平原南部开掘沟渠，灌溉农作物，使底格里斯河和幼发拉底河水得以利用。5100—4800年前，两河流域南部已形成了数以十计的城邦，此时的文明已成为“世界文明的群星中最明亮的一颗”[①]。苏美尔文明覆灭后，苏美尔人四散出走。一路人进入中亚草原，向南进入印度，其中或有极少数人来到中国。这些人经新疆进入河西走廊、中原地区，寻找适宜自己居住的地方。追寻未果后，便一直东行，最后来到陆地的尽头——莱国，即现在包括烟台、威海在内的胶东地区。

或许古代世界的人类迁徙和文明传播并不像今天的人们想象的那么艰难无比和不可思议。在苏美尔人东行的猜测之外，著名学者王献唐先生考证后认为，莱族是由西方经关中地区迁徙而来的炎帝农业氏族。春秋时期，莱国战败亡国后，莱人的一支逃难到今天的济南市莱芜区境内，与商奄嬴族人遗民的后人成了邻居。

## 九

对于全国统一后秦始皇不断东巡的动因，后人提出了泰山封禅说、求仙长生说、东南镇反说、嬴地寻根说等判断与解释。这些分析各有其据但单持一论又难以概说。秦始皇东巡的目的可能是交织而复合的。嬴地寻根是贯穿秦始皇东巡全过程的深层潜意识，而泰山封禅以及求仙长

①拱玉书：《日出东方——苏美尔文明探秘》，云南人民出版社，2001年版，第96页。

生、东南镇反则是秦始皇东巡的“重头戏”。

公元前219年，全国统一后的第三年，秦始皇决定到泰山封禅。秦始皇此时到泰山封禅，至少有正名、正源、正心三个方面的因素。

其一，泰山封禅为秦始皇正名。最早记载泰山封禅的文献是《管子·封禅》篇。《管子·封禅》篇已遗失。《史记·封禅书》中记述了管仲有关封禅的一些言说，如春秋之前有无怀氏、伏羲氏、神农氏、黄帝、炎帝、颛顼氏等72位帝王来封禅泰山等。但这些说法并无实据实证。在从周成王至秦始皇的约800年间，亦无任何一位帝王在泰山封禅。秦始皇是将泰山封禅由传说变成现实、由理论变成实践的第一人。

虽然封禅的观念滥觞于东夷先民的原始宗教和五帝时期颛顼“绝地天通”的宗教改革，但封禅实践的直接理论依据仍是战国时期齐人邹衍基于阴阳五行学说而创立的五德终始说。阴阳五行学说是古代先民关于自然界形成发展的朴素认识论。“阴阳”与“五行”原本并不是一回事。“阴阳”是由最初的阳光向背逐步抽象而成的具有相互对立内涵的哲学范畴。齐国先民的阴阳观念历史悠远。齐地所祭祀的8种自然神中即有“阳主”和“阴主”。据说“五行”最初指天上的“五星”。因“五星”称谓不够方便，人们便代之以地下“五材”：金、木、水、火、土。“五星”因之变成“五行”。五行观念表达了远古先民对自然界的直观认识。“五行”可以相生：钻木可以取火——木生火，火燃烧后成为灰烬——火生土，金银钢铁等采之于地下——土生金，金属可以熔化——金生水，水能滋润植物——水生木。反过来，“五行”也可以相克：水能灭火——水克火，火能融化金属——火克金，金属之类工具可以伐木——金克木，木犁能够耕地——木克土，土筑之堤可以挡水——土克水。阴阳思想阐释了世界形成与变化的源头与机理，五行思想描绘了世界存在与发展的图景与规律。结合两种思想的阴阳五行说便构成了古人关于自然界的完整认知体系。现在看来，这套形象简明的理论虽然显得粗糙与武断，但在那个时代，古人能够不以神话的方式而从物质构成的角度来解释世界，又无疑是一种认识能力的巨大进步。

邹衍将本来用以描述自然界生成变化状态的阴阳五行说运用到社会历史领域，创立了五德终始说。他以“五行”模式为各个朝代配“德”，并确定了一套通过征兆、颜色、方位定德的方法。如黄帝之时曾有个头巨大的蚯蚓蝼蛄满地乱爬，这种异象昭示着土气旺盛，因之黄帝的朝代为土德，崇尚黄色；夏禹时秋冬树木常青不枯，这意味着木气兴盛，所以夏为木德，崇尚青色；商汤时出现了金刃生于水中的吉兆，所以商为金德，崇尚白色；周文王时，出现了红色乌鸦衔着丹书群集的景象，所以周为火德，崇尚红色。同时，五行说还与五岳的方位相对应。泰山居东，为东、南、西、北、中“五方”之首。在“五行”中东方属木，为生命之源；在“五色”中东方属青，谓树木葱茏；在“五时”中，东方属春，应万物复苏；在“五常”中，东方为仁，承天下大德。因此，泰山便成为生发之山、岁首之山、活力之山、承德之山。

五德终始说将阴阳五行说的自然观演化成诠释社会运行的历史观。在这一理论框架下，地处中国东方的泰山便成为见证兴衰复始的权威平台，泰山封禅也成为建立自然神灵主宰和人间社会领袖交互关系的国家仪典。皇帝通过泰山封禅所要证明和宣示的，便是朝代兴替的合理、君权神授的合法、治国安邦的合德。

其二，泰山封禅为秦始皇正源。秦始皇有着深厚的东方情结。统一六国后，全国共置三十六郡。秦始皇在今泰安市东南的旧县村设济北郡，并在今济南市莱芜区羊里街道城子县村设立嬴县。汉因秦制，复置嬴县，属济北郡。至唐贞观元年（627）嬴县并入博平县。此后嬴地不再设立县级治所。

秦始皇没有将嬴县设在其出生地今河北省邯郸市，没有设在秦国的始封君非子的封地秦城，没有设在秦国的都城咸阳周边，而是将嬴县设在隔秦都千山万水的嬴地故土。一种很大的可能，就是秦始皇对东方故土的重视。

在从东方嬴地不断西迁的漫长历史过程中，秦人始终顽强地保留着诸多部族习俗，如秦襄公始为诸侯后做的第一件大事即祭祀白帝少昊。葬俗是一个族部最为固执、最难改变的习俗。考古实证表明，秦国的近千座墓葬与周人墓制区别很大而与东方的殷商墓制十分相似。

其三，泰山封禅为秦始皇正心。秦始皇决定出巡前，发生了一系列神秘而巧合的事情：火星、土星、“心宿二”三星依次连成一条直线，呈荧惑守心天象；秦国境内发生了陨石事件；一个奇异的人将秦始皇几年前沉到江中祭祀江神的玉璧给送了回来，并捎来“今年祖龙死”的谶语。一连串的事情凑在一起，更加重了素来迷信的秦始皇的心理负担。秦始皇经过占卜得知，要逢凶化吉，就必须外出巡游。理论支持、寻根情结、心里诱导等各种大原因和小原因、大需要和小需要集成到一起，导使出游东巡和泰山封禅成为秦始皇的不二之选。

## 十

国之大事，在祀与戎。然而对于封禅这样的大事，包括皇帝在内的所有人对其具体内容与形式都知之甚少。

封禅的本意是封天禅地。所谓“封”，指在泰山上筑土祭天；所谓“禅”，指在泰山下的小山上辟场祭地。除去这些对概念的阐释，古书上对封禅的过程没有记载。

秦始皇召集齐鲁儒生、博士七十余人专题研究封禅的操作细节。儒生、博士们众说纷纭：有人说上山封禅时要用蒲草包裹车轮，以保护神山上的一草一木；有人说封禅仪式不能复杂，在地上铺上秫秸皮编织的席子扫地而祭即可。儒生、博士们讨论来讨论去没有结果。秦始皇对这些迂腐穷酸的馊主意不再耐烦，便索性从山南直奔山顶。秦始皇在山顶举行完祭天仪式后接着下山祭地，完成整个封禅过程。

秦始皇的泰山封禅，给后人留下不少谜团：

一是“封禅仪式之谜”。秦始皇的泰山封禅参与范围小且保密工作做得好。现在人们只知道秦始皇在泰山上行了礼、立了碑、建了阙或埋了剑，下山后还在山下举行了禅礼，而对于其举行封礼、禅礼的具体情况却一概不知。保密如此之严，定是有意为之。对于秦始皇的保密，人们有不同解读。有人说这是秦始皇自信乃至自负的表现，我是皇帝我做主，封禅程式我来定；也有人说这是秦始皇自惭乃至自卑的表现，在博大精深的齐鲁文化面前，来自偏远西方的秦人缺少底气，怕被人吹毛求疵，所以对封禅细节秘而不宣。当然，无论自信说还是自卑说，都只是后来的推测。

二是“五大夫松之谜”。秦始皇完成山顶封礼下山时，中途突遇暴雨。一行人就近躲到大树下避雨。秦始皇因大树护驾有功，便给大树封了个“五大夫”的官衔。这样一件十分有趣的事情却给后人留下了不少疑问：首先，这棵树是什么树?《史记》上写的是秦始皇避雨在“树”下。当年秦始皇避雨的“树”是今天泰山上的那个已作为景点的“五大夫松”吗？其次，秦始皇下山是从山后还是山前?《史记》记载秦始皇是从山后下山，而现在泰山上的“五大夫松”却在山前。是《史记》记错了，还是后人搞错了？第三，供人避雨的树到底有几棵？后人将“五大夫松”附会为五棵松树，并建了“五松亭”。到底当年秦始皇一队人是在几棵树下避雨？是一棵还是五棵，或者是两棵、三棵、四棵？第四，为什么封禅恰巧遇雨？本来山上逢雨也是寻常易见的事情，但这件事情还是成为那些心怀不满的儒生嘲讽秦始皇的理由。他们添油加醋地议论，说是秦始皇的暴政触怒了天

泰山五大夫松石坊，王德全摄

神，所以以大雨突至来阻止秦始皇完成封禅之礼。

三是“刻石立碑之谜”。秦始皇5次出巡共刻碑7块：山东峄山、泰山、琅琊各1块，芝罘2块；河北碣石、浙江会稽各1块。7篇刻辞内容均为颂秦功德，其中泰山刻石叙述秦始皇“登兹泰山，周览东极”，颂扬皇帝“初并天下，罔不宾服”“既平天下，不懈于治”。7块刻石目前仅置于岱庙的泰山刻石残石和收藏于国家博物馆的琅琊刻石残石见存。泰山刻石原石上144字的碑文现存不足10字。泰山刻石小篆相传为丞相李斯书写。两千多年间，泰山花岗岩石质的秦泰山刻石历经了怎样的风吹雨打、水浸火烤，后人已难得其详。除去这块泰山刻石，泰山极顶玉皇庙山的前侧还立有一块被人称为“无字碑”的竖石。竖石高6米，宽1.2米，厚0.9米，由石柱、顶盖石和顶柱石三部分组成，通体无一字痕。此石立于何时，有何功用，专家看法不一。民间传说竖石为秦始皇所立，因大功难铭，故“一字不錾”。清代学者顾炎武认为竖石为汉

泰山极顶“无字碑”，王德全摄

武帝所立。泰山文化研究学者周郢综合分析，认为“无字碑”实乃秦代“石阙”。①目前，秦阙之说似得较多认同。

## 十一

在泰山封禅之外，秦始皇东巡的另两场“重头戏”是求仙与镇反。

---

①周郢：《泰山“无字碑”与秦阙文化》，见周郢《泰山与中华文化》，山东友谊出版社，2010年版，第57页。

秦始皇统一六国时39岁。战国时代的人均寿命约30岁。秦始皇的父亲34岁去世，秦孝公、秦惠王这些有为之君都在40多岁就死了。按照那个时代的标准，39岁的秦始皇已步入老年。帝国的万世之续、权斗的腥风血雨、人世的生死无常，都让秦始皇产生一种巨大的危机感。秦始皇开始坚定而执着地追求长生不老。

秦始皇对方仙道十分痴迷。方仙道又被称为神仙家。它既指一种崇奉神仙、向往长生的信仰体系，又指代那些孜孜营求成仙长生的方士群体。

方仙道的要义在于“方术”加“神仙”。脱胎于原始巫术的“方术”主要包括占候占星、巫医方药、卜筮圆梦、堪舆风水、符箓禁咒、祈禳斋戒、辟谷导引等方法技术。方仙道的直接目的，是通过修炼实践“方术”，调摄精神，祛病延年，最终成为“真人”、神仙，实现长生不死。

秦始皇东巡时，曾拜会方仙道大师安期生，并与之交谈了三天三夜。为表达敬佩之情和真诚之心，秦始皇赐给安期生价值不菲的黄金、玉璧。但安期生对这些都不屑一顾，只留下一句“后数年求我于蓬莱山”便飘然而去。

在泰山封禅之后，秦始皇来到位于渤海边今山东省青岛市黄岛区的琅琊台停留3个月。一位叫徐福的方士上书秦始皇说，东海上有蓬莱、方丈、瀛洲三座仙山，山上生长着可以让人长生不老的珍贵药材，神仙们住在用黄金白银修建的宫殿里。大喜过望的秦始皇派徐福马上入海求仙采药。在数次求仙采药无果后，徐福惧怕无法交代，便借再次出海之机，率童男童女3000人及一些工匠、技师一去不返。

秦始皇苦等三月杳无音信，但求仙之心并未打消。四年之后，秦始皇又找到一位修仙养道的方士卢生。卢生也同样无法为秦始皇找到仙山仙药，于是与侯生等其他方士一起出逃。卢生、侯生这一逃，解脱了自己，却害苦了他人。秦始皇盛怒之下，借机坑埋了460多名儒生、方士。

除了求仙，秦始皇东巡还有一个不能为外人知道的心事：灭掉东南方向的“天子气”。[①]秦始皇统一全国后，坊间流传着“东南有天子气”的谶言。东南方向历来为楚国辖地，有言谓“楚虽三户，亡秦必楚”。对于楚地，秦始皇十分忌惮：皇帝的子孙都在咸阳，东南方向怎么会出天子？借东巡之势，秦始皇在浙江、江苏一带置囚徒、断山冈、改地名，决意毁掉此地的“天子气”。

公元前210年，秦始皇第5次出巡到今山东省平原县时病倒。最终秦始皇病逝于今河北省邢台市广宗县的沙丘。对于秦始皇的死因有各种扑朔迷离的说法。到底是疾病还是阴谋，至今仍难有确断。

## 十二

秦始皇之于泰山意义重大。秦始皇通过泰山封禅，确立了泰山祭祀的地位，推进了泰山信仰的构建，深化了泰山形象的内涵。

其一，泰山祭祀的国家正统地位自此确定。“四岳”的观念在五帝时代已有雏形；西周时中国的山岳祭祀开始制度化，此间唯有周天子和鲁公方有资格致祭泰山；秦始皇泰山封禅首度确认了泰山在大一统王朝中的地位。秦始皇之后，汉武帝前后8次封禅泰山；至汉宣帝，正式诏令确定五岳之制，首次以国家政令形式明确泰山的崇高地位。秦汉以后，历代王朝都沿袭山川祭祀制度，泰山成为绝大多数王朝的“宗山”。唐高宗与武则天、唐玄宗、宋真宗都在泰山封禅，其中宋真宗先后加封泰山神为王为帝；明朝皇帝多次致祭泰山；清朝作为中原的外族政权，更以“泰山山脉来自长白山”来寻求文化认同。

---

①汤贵仁：《泰山封禅与祭祀》，齐鲁书社，2003年版，第46页。

其二，泰山信仰的体系构建和功能演化自此开始。泰山封禅开启了泰山信仰体系从神圣化到功利化再到世俗化的变迁演化进程。秦汉封禅有着浓烈的神灵迷信色彩。受其时认知能力的局限，包括皇帝在内的民众对大千世界有着太多的混沌与迷茫。在那时人们的心目中，似乎总有种超自然的力量在冥冥之中主宰着人世。人们对作为主宰者的“天”“天帝”存在着既恐惧又崇拜、既无奈又讨宠的复杂心态。秦汉时代的封禅更多的是祈愿，是沟通，是证明。无论是秦始皇的正名之意、正源之愿、正心之盼，还是汉武帝的遵信鬼神、访道求仙、明堂郊祀，都使得此时的泰山封禅既体现了国家的宏大叙事，又表达了皇帝的个人心态。

与秦汉封禅相比，唐宋封禅有了更多的政治功利特征。此时封禅的迷信色彩显著淡化，“为民祈福”“道在观政”乃至化解危机成为封禅的主要功能与目标。从唐太宗的因国事纷扰而终止封禅，到唐高宗和武则天的联袂封禅以正名分，到唐玄宗开元之治后充满自信的封禅展示，再到宋真宗为消解“澶渊之盟”后的被动而借泰山封禅来镇服四海。此间的泰山封禅更多地发挥了在国家治理中的工具性作用。

明清之后，泰山信仰日益世俗化。虽然自宋真宗之后，便没有皇帝再来泰山封禅，但朝廷对泰山祭祀仍然十分重视。自明朝开始，碧霞元君信仰逐步得到民间与官方的双重认可。至迟在1479年，明廷即开始祭祀碧霞元君。至清，甚至碧霞元君的生日，也由官方所认可的农历四月十八日变为被民间认同的农历三月十五日。与此同时，碧霞元君也从最初的送子女、治眼疾的专项之神跃升为赐福消灾、庇佑众生的全能之神。

明清以来，泰山逐渐形成东岳大帝、碧霞元君、泰山石敢当各有分工、各司其职的新型信仰格局：东岳大帝主司阴阳终始、万物润养，功用主要在国家层面；碧霞元君主司护国庇民、普渡众生，功用主要在社

泰山及蒿里山远眺，王德全摄

会层面；泰山石敢当主司守家护院、镇妖辟邪，功用主要在家庭层面。从秦汉到唐宋到明清，由神灵到功利到世俗，泰山信仰逐步从皇帝走向平民，泰山也逐步成为官民共享的敬之山、用之山、亲之山。

其三，泰山形象的思想人文内涵自此深化。泰山的存在，为中国哲学的“天人合一”思想提供了难得的形象化载体。在中国哲学范畴中，“天”的意义比较模糊而多元。一般而言，“天”的内涵可以概括为三个方面：自然之“天”——独立于主观世界的自然世界；社会之“天”——自然与社会的主宰；规律之“天”——世界万物的运行规则。在“天人合一”的意义上，泰山既是自然之“天”，又是社会之“天”，并且实现了两方面的有机结合。首先，泰山是自然之“天”。作为自然地理实体，泰山有山水松石，经风雨雷电，是独立于人的主观世界的客观存在。其次，泰山又是社会之“天”。参照人间社会的模样，人们为泰山构造了一套上下有序、左右相类的神祇系统。在这个系统中，泰山是具有主宰意义上的社会之“天”。再次，泰山实现了自然之“天”与社会之“天”的有机融合。泰山从南麓至山顶被划分为阴司、人间、天庭三重空间。以蒿里山为中心的区域为阴曹地府。这个区域是“人死为鬼，魂归泰山”的集中归宿。以岱庙为中心的区域为人间社会。这个范围大约在今泰安市财源街以北至岱宗坊以南。以泰山极顶为中心的区域为天庭上界。这里是神仙生活的地方。泰山南坡从岱宗坊至南天门的登山过程是人间与天庭的过渡带。这个登山的过程被形象地诠释为充满艰辛的登天过程。自然的人化与人化的自然，在泰山得到具象而生动的体现。

在中国历史上，秦始皇独一无二。在中国的名山大川中，泰山独一无二。独一无二的皇帝奠定了泰山独一无二的地位。两千多年来，泰山上的秦始皇，已成为泰山的一部分；而秦始皇所成就的泰山已经不仅仅属于秦始皇。秦始皇的泰山是中国。

# 封禅的逻辑

## 一

泰山封禅并不是一个大概率事件。自秦始皇至清溥仪的两千多年间，共有6位皇帝10次封禅泰山。

之所以如此少的皇帝在泰山封禅，主要是因为要完成泰山封禅实在是一件不容易的事情。不是想来泰山封禅的皇帝都有条件来，也不是能来的皇帝都来了；来泰山封禅的皇帝并不是个个让人服气，没来泰山封禅的皇帝也有不少照样青史留名。

这就是泰山封禅。一个让皇帝孜孜以求的封禅，一个让皇帝心怀忐忑的封禅，一个可以成为旷世大典的封禅，一个可以悄然而息的封禅……泰山封禅，不仅庄严显赫，而且神秘神奇。

## 二

封禅学说的理论基础是天人感应思想。古人认为，宇宙是个充满各种信息的大天体，而人本身也是一个小天体。人体小天体与宇宙大天体同类相通，相互感应：人若违背天意，上天就会降以灾异进行警告惩戒；如若政通人和，上天就会降以祥瑞进行肯定鼓励。这种跨类说理、跨界比较的方法深刻影响了中国人的思维方式。现在人们常说的一些谚语如“马善被人骑，人善被人欺”“树大自然直，人大自然长”等都是这种思维方式的体现。

这种跨范畴的直接类比虽然并不那么合乎逻辑，但在特定的历史语境下，这种天人交通呼应的思想又确实发挥了独特的效用。它客观上在天命与人世之间建立了一种制约与威慑执政者的平衡机制。尽管这种制约与威慑的功能因人因时而异，并从总体上随历史演进而呈效用递减趋势，但用则强过不用，减亦聊胜于无。天命的无形有形力量已然在中国的政治更替与历史发展中留下深刻印迹。

## 三

皇帝能否到泰山封禅，首先要看上天对自己的工作是否满意。于是封禅也就有了相应的门槛。泰山封禅的条件有三个：其一，易姓而王，国家一统；其二，事功卓著，百姓安乐；其三，天降祥瑞，时呈吉兆。三个条件中，天降祥瑞是关键，是硬件；其他两个条件是基础，是软件。没有功业基础，不干出点惊天动地的事是不好意思到泰山封禅的。但若仅具备了功业条件而缺乏祥瑞条件同样不能到泰山封禅。齐桓公成就霸业，睥睨群雄，极想封禅，但被管仲以没有祥瑞为由而制止；唐太宗开创“贞观之治”，几经参酌筹备，数次将欲成行，但不是遇天出彗星就是遇地生水灾，最终也封禅未成。

正因为祥瑞缺了不行，所以特想封禅的“聪明”皇帝便罔顾事功而专门打起了祥瑞的主意。宋真宗为泰山封禅而授意或默许了三降天书，

岱庙天贶殿，王德全摄

后人已将此视为笑柄。本来神圣庄严的泰山封禅，也因为这一出闹剧而损害了名声，败坏了形象。宋真宗之后的皇帝再也不行泰山封禅之礼，或许这也是重要的原因之一。

## 四

作为皇帝亲自参与的一项重大政治活动，泰山封禅的功能和效用是多方面的。

首先是彰显合法性。借泰山的天时地利，筑坛除地，报天之功，报地之德，皇权便取得了被上天认可的合法性。这也是泰山封禅的原初意义：封禅是君权神授的证明。皇帝贤能是封禅的基础。封禅本身让人们形成了一种逆向推理：因为封禅，所以贤能。古时候没有报纸，没有互联网，封禅便成为一种卓有成效的宣传活动。据说汉武帝曾率18万大军东巡封禅，可谓声势浩大。越是晚近的封禅，造圣君品牌的意义便越是显著。因此封禅成了圣君的宣示。

其次是体现软实力。富国强兵需要兵马粮草的硬功夫，同样需要道彰天下的软实力。唐高宗、唐玄宗封禅均邀请邻国使节首领观礼。宋真宗封禅后边境恰巧也真的平静下来，虽然二者事实上并无必然的关系。因此封禅客观上成为镇服四海的威慑。

再次是表达隐念。皇帝也是人，也有自己内心一些不便示人的想法。封禅自秦立制，但其具体程式一直十分隐秘。汉武帝在山下祭地后，独自一人带着一位10岁的孩童上山祭天，他想了什么，说了什么，无人知道。武则天随唐高宗封禅是为了彰显自己的地位，汉光武帝封禅还有祈求长寿的想法。借助封禅，皇帝们表达了内心的隐念。

既然泰山封禅的功用如此强大，有那么多皇帝梦寐以求想泰山封禅也就可以充分理解了。

## 五

其实泰山封禅这事儿一直伴随着争议。秦始皇登山途中遇雨，被齐鲁儒生奚落为不懂礼仪古法而导致老天生气。唐代的封禅屡经激辩。宋真宗为了达成封禅，竟然还暗地里给大臣送礼。对于封禅，历来一直见仁见智，看法不同。

明清以后的皇帝干脆放下了封禅这个烫手的山芋，直接将封禅改成了祭祀。相对于封禅的繁文缛节，祭祀可亲去，可派员，形式多样，且无歧义，还省心省时省钱。明代皇帝先后28次祭祀泰山；清康熙、乾隆更有20多次祭祀或登览泰山的经历。特别是乾隆，还饶有兴致地为泰山写了170多首诗，虽然好诗少，但毕竟在这位皇帝眼中，泰山越来越像座山了。

民国以后的现当代政治领袖中，在位时上过泰山的人只有蒋介石一人。1929年7月，北伐胜利取得名义上的全国统一后，蒋介石登临泰山。据蒋的日记记载，蒋与夫人在山顶上午憩熟睡，“几不知有人间矣”。现在看来，蒋一行登山主要是因心情大好而游憩观光，无须穿凿以更多的含义。

其他政治领袖不登泰山，缘由无外乎三个方面。一是不必。政治领袖登泰山，容易让人产生与封禅祭祀相关的联想。时代不同了，领袖的产生机制、评价机制均发生了根本变化。没有哪位政治领袖还需要用泰山来证明什么。二是不愿。泰山封禅历来多有歧义，现当代政治领袖的境界格局、见识已非历朝帝王所能相提并论。所以领袖们更不愿因登山而遭人议论。三是不能。即便有想借登山婉转表达良好心愿的想法，当下国家统一方面尚有历史遗留问题等情况也让人觉得时机并不成熟。

两千年来封禅祭祀从多到少、从少到变、从变到无，呈现了这样一种演进路径：从神祇本位走向政权本位，从礼仪本位走向实用本位，从神秘本位走向日常本位。泰山封禅，一步步走下神坛。时至今日，泰山更多地已成为一座风景山、艺术山、旅游山。泰山所承载的政治意蕴已逐渐成为厚重的人文底色。或可设想，将来的某一天，强国富民统一的中国梦得以实现，人们可以在泰山举行一个隆重的庆典。这个庆典既承载着国泰民安的历史希冀，更昭示着中华民族伟大复兴的光明未来。时代将赋予这个庆典以全新的意义。这已经完全不是封禅的逻辑，而是泰山的逻辑、民族的逻辑、未来的逻辑。

# 圣者仁山

## 一

泰山玉皇顶南侧有两处有关孔子的明代遗迹：孔子庙和“孔子小天下处”石碑。孔子庙位于玉皇顶西南方向约130米处，“孔子小天下处”石碑位于玉皇顶东南方向约110米处。孔子庙北依因孔子登高望远而得名的孔子崖，南接20世纪80年代重建的“望吴胜迹”石坊；崖、庙、坊连为一线，构成南北长达百米的带状祭孔区。

岱顶天街以北的祭祀类建筑目前尚有玉皇庙、碧霞祠、青帝宫、孔子庙。“孔子小天下处”石碑与以孔子庙为中心的带状祭孔区，一点一线，东西呼应，让人间孔子在泰山极顶与天帝神灵并享殊荣。

孔子庙大门东侧的石壁上，刻有清代官员汪志伊①所写《登岱诗》的摘句：孔子圣中之泰山，泰山岳中之孔子。两句诗以泰山拟孔子，以

①汪志伊，字莘农，号稼门，又尝自号实夫，清安徽桐城人。曾官至湖广总督。著有《登岱诗》。汪莹:《汪志伊年谱》，见《古籍研究》2019年下卷（总第70卷）。

泰山孔子庙，王德全摄

孔子拟泰山，言简意赅、取象精妙且形神兼具。

孔子与泰山有不解之缘。

## 二

在今曲阜市周边150公里的范围内，有三座千米以上的高山：泰山、蒙山、徂徕山。同时海拔300米以上的山还有曲阜市的尼山，新泰市的莲花山、龟山，邹城市的凤凰山、峄山等。

孔子出生在位于今曲阜市东南30公里处的尼山“夫子洞”中。尼山又名“尼丘山”，孔子因此山而得名“丘”。孔丘以孔为氏源自爷爷孔父嘉。孔父是孔子爷爷的字，嘉是孔子爷爷的名。孔子一支以祖上的字作为族名，始称孔氏。孔父是宋国贵族，在宋国任相当于今天国防部部长的大司马。孔父因宫廷争斗倾轧被杀，其后代为避祸逃至鲁国。

孔子像，王德全摄

孔子的父亲叔梁纥是鲁国郰邑的长官。传说叔梁纥高大强壮，打仗时曾力托悬门，让士兵通过。叔梁纥与正室施氏生了九个女儿。娶妾后，生了个瘸腿男孩孟皮。一直想生个健康儿子继嗣的叔梁纥又娶了孔子的母亲颜徵在。传说孔子因“野合”而生。何谓“野合”？有人说“野合”是指孔子父母年龄差距达50岁，婚姻有违习俗；也有人说“野合”是指颜徵在未经明媒正娶，成亲不合礼仪；更有人敷以想象，认为称孔子“野合”而生正好能衬托孔子后来的伟大。[①]诸说不一而足。

孔子身高1.9米以上，是典型的山东大汉。孔子腿短，腰长，背驼且凹顶，突额，黑面，大眼，翻耳，龇牙。据说颜徵在生下孔子后，曾嫌其丑陋而欲弃之。幸亏颜徵在一时心软，才为后世留下了未来的“圣人”。

①李零：《丧家狗——我读〈论语〉》山西人民出版社，2007年版，第2~5页。

孔子33岁及之前，一直生活在鲁国；34岁、35岁时到过周都洛阳、齐都临淄；36岁至50岁，在鲁国教书育人；51岁至54岁，在鲁国从政，官至大司寇；55岁至68岁，周游列国14年；68岁至73岁，重返鲁国教书直至去世。73岁的年龄，在那个时代，算是高寿。[①]

## 三

泰山是齐鲁两国的界山，也是孔子一生中所登上过的最高的山。依据现有资料，孔子一生与泰山的关联主要有七个节点：三次途径或登顶，四次言说与吟唱。

孔子登临处石坊，王德全摄

①李零：《丧家狗——我读〈论语〉》附录，山西人民出版社，2007年版，第76~80页。

孔子三次途径或登临泰山：35岁经泰山去齐国时在泰山考察，感慨“苛政猛于虎”；晚年回鲁后，与颜回登泰山，望见苏州城外的白马；在游泰山途中听荣启期讲人生三乐。

孔子经泰山去齐国是目前所知的孔子与泰山的最早关联。由鲁至齐，泰山或泰山南麓是必经之地。春秋以降，从曲阜到临淄的道路主要有四条：一是“泰山西”线。由曲阜北行至泰山，从泰山西侧绕行，经今灵岩寺以西的万德街道长城村，再沿古济水与泰沂山脉间的“济左陆桥”①东行至临淄。二是“青石关”线。由曲阜北线行至泰山南麓位于今泰安市岱岳区房村镇的阳关村，向东进入莱芜盆地后北上，再沿泰山山脉与鲁山山脉的山谷，过后来兴建的青石关，到达临淄。三是“城子要塞”线。②从曲阜北行至阳关村后，大致沿今辛泰铁路向东北方向行进，经位于今淄博市淄川区淄河镇城子村南15公里的城子要塞进入淄川，然后抵达临淄。四是“锦阳关”线。从曲阜北行至阳关村后，行至位于今济南市莱芜区雪野镇的锦阳关，再经位于今济南市章丘区龙山街道办事处的平陵城，东行至临淄。

据李硕先生分析，孔子去齐国时已经有了自己的马车。③离开鲁国前，孔子曾在鲁国三桓之一的孟孙家做家教。其间孔子陪孟孙家的孩子去周都洛阳“游学”，拜会了老子和周王室的一些高人。回来后孔子便拥有了属于自己的第一辆马车。在那个时候，有了马车便既有了方便也有了体面。马车的价值和效用不次于今天的“奥迪”汽车。

---

①张华松：《齐长城》，山东文艺出版社，2004年版，第13页。

②郝导华、董博、崔圣宪：《试论齐国的交通》，见《东方考古》2012年第9集。

③李硕：《孔子大历史：初民、贵族与寡头们的早期华夏》，上海人民出版社，2019年版，第49~50页。

孔子周游列国雕塑，王德全摄

就距离看，在曲阜通往临淄的四条路线中，“青石关”线最近，“泰山西”线最远，“城子要塞”线和“锦阳关”线居中。公元前686年，居住在鲁国的齐国公子纠为与居住在莒国的公子小白抢夺君位而急返齐国，大概率即走了距离最短的“青石关”线。由曲阜经“青石关”线赴临淄约250公里，而由莒国都城至临淄约有170公里。或许正是这80公里的近便之利让公子小白成为后来的齐桓公。就路况看，四条路线中，“青石关”线、“城子要塞”线、“锦阳关”线均需翻山越岭，只有“泰山西”线路途平坦。由鲁至齐，若非如公子纠那样有特别紧要急迫之事，不会选择需翻山越岭的三条路线。

孔子走的是“泰山西”线。《礼记·檀弓下》：“孔子过泰山侧，有妇人哭于墓者而哀。”孔子让子路过去问情况，妇人说其公公、其丈夫、其儿子都先后被老虎咬死了。孔子问妇人为什么不离开这里，妇人说，这里没有苛政。听罢此言，孔子说了一句千古流传的话：“苛政猛于虎也！”

清代学者俞正燮考证，孔子所过的“泰山侧”，位于今桃花峪上源的老虎窝、猛虎沟。[①]经“泰山西”线至齐，虽然有些绕远，但路况便于车行。当年孔子至齐并无紧急之事，走平坦道路，并顺便考察下民风民情，应亦在情理之中。

孔子到齐国，实为避乱求安。孔子时期的鲁国，三桓已掌权一百多年。所谓三桓，指鲁桓公的三个儿子。季孙氏地位最高，几乎世袭相当于今国务院总理的大司徒；叔孙氏世代执掌相当于今天国防部部长的大司马；孟孙氏世代担任相当于今天工业和信息化部部长的大司空。公元前517年，国君鲁昭公不甘心大权旁落，谋划除掉三桓家族，但因志大才疏，实力不济，最终落得个仓皇奔逃，避难齐国的下场。孔子此时已在曲阜城娶妻生子。为养家糊口，孔子在季孙氏家干些粮食征收和牲畜饲养的活计，其间穿插在孟孙氏家当家教，同时孔子还通过给别人操办红白喜事挣点外快。那个时候的红白喜事十分麻烦，特别是丧礼，规矩很多并且程序烦琐，一般人难搞明白。孔子精于“相礼”，能把这些事情办理得井井有条。

孔子这时尚人微言轻，还掺和不上官场的权斗。但时逢乱局，家国不宁，孔子还是想去齐国看看能否谋个一官半职，寻个发展机会。齐国地盘大，实力强，距鲁近。鲁国人一旦逢事，最先想到的往往就是奔齐。

## 四

孔子在泰山的活动主要集中于晚年返回鲁国之后的几年间。

西汉《韩诗外传》载，孔子晚年曾与颜回登上泰山。师徒二人站

---

①〔清〕俞正燮撰，于右、马君骅、诸伟奇校点：《俞正燮全集》第2册，黄山书社，2005年版，第80页。

在孔子崖上远眺。孔子问颜回是否看见吴国都城苏州阊门外系着一匹白马。颜回循着孔子手指的方向看，说吴国都门上好像系着一条白色的长绢。孔子听闻，突感不妙，赶忙用手挡住颜回的眼睛，不让颜回再看。师徒下山后，颜回忽然间头发变白了，牙齿脱落了。不久，颜回病逝，年仅41岁。

孔子“望吴胜迹”石坊，王德全摄

从颜回病逝的时间推算，孔子这次携颜回登泰山应在公元前481年之前不久。两人这次来泰山的路线大约为从曲阜至宁阳，再经肥城至泰安。今肥城市汶阳镇境内的“颜子坡”，相传即孔子师徒曾驻足休息的地方。

能在泰山顶上看见苏州城城门，对于从不语怪力乱神的孔子来说，的确显得颇为奇异。依凭常识，以人之目力绝难在泰山望见700公里之外的苏州城。东汉思想家、文学家王充认为此事虚妄荒诞，并不足信。

也有人推测，望远之事可能只是孔子师徒间开的小玩笑，不必太过当真。但如果不过于拘泥于细节进行分析推测，孔子师徒当年在泰山上虽然无法望见苏州，但二人望见吴地倒并非没有可能。春秋末期，吴国强势北上，其最北端已与齐国接壤。泰山距其时位于今莒县的齐吴边界约200公里。倘若天光晴好，约略望见吴国的地盘，似应不为乖谬。

颜回是孔子最喜欢的学生。颜回对孔子无比崇拜，曾感叹孔子的人品学识“仰之弥高，钻之弥坚”①，博大精深，难以悟透。孔子时常称赞“贤哉回也”②，并以颜回为榜样教育其他弟子。颜回死后。孔子悲恸痛哭，直呼“天丧予，天丧予”③：这是老天要我的命啊，老天要我的命啊！

在往返泰山的途中，孔子曾在成邑郊外遇见过成国人荣启期。成国原在陕西周原一带，是周文王儿子叔武的封地。周平王东迁后，成国先迁河南，后至山东，④最终落脚于今泰安市宁阳县华丰镇故城村一带。目前北、西、南三个故城村之间尚有东西约630米、南北约850米、最高处12米的城墙遗址。位处齐鲁之间的成国时而归齐，时而归鲁，在两个大国间受尽了“夹板气”。春秋后期，成君最终沦为鲁大夫，成国成为孟孙氏采邑。⑤

荣启期本为周室宗亲。因其先人于鲁桓公时有功被封为大夫，始居于成。荣启期的家位于宁阳县城东15公里的葛石镇葛石店村。他精通音律，博学多才，不涉世事，自得其乐。后人常将其与700年后的“竹林七贤”并称。《列子·天瑞》：“孔子游于泰山，见荣启期行乎郕之野。”

---

①《论语·子罕》。

②《论语·雍也》。

③《论语·先进》。

④郭克煜：《郕国历史初探》，见《齐鲁学刊》1981年第4期。

⑤史卫东、仲俊清：《泰安市域先秦古邦国历史地理考察》，见《泰山学院学报》2011年第5期。

荣启期时年九十岁。他衣着粗陋，腰扎麻绳，“鼓瑟而歌”①，怡然自得。孔子问荣启期为何这么高兴，荣启期告诉孔子为人有“三乐”：天生万物，以人为贵，生而为人，很快乐；人分男女，以男为尊，生为男人，很快乐；人有寿夭，以寿为福，今已九十，很快乐。孔子听后十分感慨：真是能自我宽解的智者啊！

荣启期的“三乐”标准，可以说低，也可说高。获生命、为男人、求长寿，是自然本能，可谓标准不高；而做人要真正忘掉功利，乐天知命，又确乎很难。孔子赞赏了荣启期的态度，但赞赏不等于厉行。综观孔子的价值标准和做人态度，他定然不愿、不能也不甘去做荣启期那样的隐士。

因为“三乐”的故事，荣启期竟也成了孔子的“老师”。

## 五

孔子对泰山的四次言说与吟唱为：在鲁国教书时编纂《诗经》，最早在诗歌中写到泰山；在周游列国返回鲁国时，遥望泰山唱《丘陵歌》；在晚年时讥讽季氏僭礼祭祀泰山；在临终前吟唱《曳杖歌》。

孔子整理编纂的《诗经》收集了周初到春秋中叶500多年间的诗歌作品。《诗经·鲁颂》开篇即“泰山岩岩，鲁邦所詹”。鲁国境内及周边有诸多大山，但能成为鲁国人所共瞻之“靠山”的，唯有泰山。

大约公元前484年，周游列国后的孔子返回鲁国。途中孔子作《丘陵歌》唱道，“喟然回虑，题彼泰山”，长叹一声回首远望，唯见泰山雄浑辽旷。诗言志，歌咏言。14年间，孔子一路奔波，壮志难酬。在马上要回到祖国的时候，孔子心头的千般滋味，化作了回望泰山的一声叹息。

①《列子·天瑞》。

除了直接吟咏泰山，孔子还有一些对泰山周边山形物态的描绘。《诗经·鲁颂》中有“徂徕之松，新甫之柏”的诗句。徂徕即今天徂汶景区的徂徕山，新甫指今天新泰市的莲花山。《诗经》让徂徕山、莲花山荣载史册。

相传孔子周游列国途经今新泰市龟山时作《龟山操》“予欲望鲁兮，龟山蔽之。手无斧柯，奈龟山何！”：我想回望鲁国啊，可龟山遮挡住了视野。我想凿掉障目的龟山，可手里又没有砍砸的斧柯。孔子抚琴而歌，借山抒怀，郁愤心绪，溢于言表。

孔子曾借泰山之名讽刺过一个叫林放的人。鲁国当国权相季康子僭礼祭祀泰山，让孔子十分生气。他对担任季氏行政总管的弟子冉有说“曾謂泰山不如林放乎？”：难道居于祭祀之山的泰山神还不如林放懂祭祀的礼节吗？孔子多次实地考察泰山，对封禅祭祀的规则、程式有全面了解。按照周礼，只有天子和公侯才有资格祭祀泰山。季康子是服务于诸侯的大臣，祭祀泰山不合礼制。孔子不好直斥季康子，便绕着圈子以反问的语气不说季氏说泰山，借说泰山骂林放，以骂林放责季氏。林放可能是为季氏执掌祭祀的官员，甚或就是那个出主意让季氏祭祀泰山的人。孔子在这里表达了几层意思：泰山上有知礼的泰山神；林放不知礼或明知故犯；泰山神不会接受这种不合规矩的祭祀；林放无知或故意误导了季康子；季康子祭祀泰山不对。这种指桑骂槐、隔山打牛的方式符合孔子做事的风格。孔子做事讲求方法与智慧，周游列国时即“危邦不入，乱邦不居”①。孔子从不主张做无谓的牺牲，儒家所强调的“杀身成仁”其实是东汉以后的事情。②

73岁时的一天，孔子忽有不祥预感。他早早起床，反背着手，拖

①《论语·泰伯》。

②李硕：《孔子大历史：初民、贵族与寡头的早期华夏》，上海人民出版社，2019年版，第78页。

着手杖，在屋里边踱步边吟唱他自编的《曳杖歌》：“泰山其颓乎，梁木其坏乎，哲人其萎乎！”[①]孔子唱道：泰山快要崩塌了吗？屋梁快要折断了吗？哲人快要死去了吗？在外经商的子贡闻讯，意识到孔子可能生病了。当子贡匆忙起来时，孔子已生命濒危。孔子去世后，子贡深感内疚。他破守墓三年之例，在孔子墓旁结庐而居，为恩师守墓六年。至今孔子墓前西侧仍有“子贡庐墓处”。

## 六

孔子是亚里士多德所说的“天生的政治动物”。孔子一生孜孜以求于“得君行道”，推行仁政，虽生不逢时，屡屡碰壁，但顽强执着，矢志不渝。

孔子三十多岁时在齐国待了不到两年。这期间他不厌其烦地游说齐景公和上大夫晏婴，冀望在齐国推行仁德之治。但或因与齐国当政者的识见不同、性情相异，孔子在齐国并不受待见。直到十几年后，孔子在鲁国才终于获得从政机会。公元前501年，孔子在位于今济宁市汶上县次丘镇一带的中都邑担任了行政长官——中都宰。任中都宰大约一年，孔子被提拔为鲁国分管山川土地的司空。几个月后，又担任主管司法的大司寇，进入国家权力中枢。

孔子颇具行政才能。公元前500年，孔子在泰山东约50公里的夹谷主持了齐鲁会盟。经过双方的斗智斗勇，齐国归还了鲁国几座城池，实现了两国间的政治和解。这是孔子从政生涯中最为辉煌的时刻。但随后“隳三都”行动的失败，让孔子的从政生涯画上了句号。所谓“隳三都”，即通过拆除三桓各自封邑的城墙，削弱三桓的势力。季孙家在

---

①《礼记·檀弓上》。

位于今山东省临沂市费县的费邑，叔孙家在位于今泰安市东平县的郈邑，孟孙家在位于今泰安市宁阳县的成邑。拆除郈邑和费邑城墙相对顺利，但拆除成邑城墙时却受到强烈的反对和抵制。“隳三都”行动功败垂成。

“隳三都”行动失败后，孔子开始周游列国。14年间，孔子到过卫、曹、宋、郑、陈、蔡、楚七个国家，其中先后在卫国居住近10年，在陈国居住近4年。孔子周游列国的范围总体上没有超出今山东、河南两省的区域。①虽然在今天看来，这个范围算不上很大，但在那个兵连祸结、交通不便的时代，能不辞劳苦、百折不挠地奔波这么多地方，没有执着的信念、顽强的毅力断然难以做到。在经历了过匡被围，在宋险些被杀，在陈断粮等大难之后，68岁的孔子最终返回鲁国。

孔子返鲁后又相继遭遇诸多不幸：70岁时，他唯一的儿子孔鲤去世；71岁时，他一生最喜欢的学生颜回去世；72岁时，忠心耿耿跟随他40多年的子路去世。在生命的最后几年里，孔子重回书斋直到生命的尽头。

## 七

孔子本质上是个教书先生。除去在鲁国四年的从政经历，孔子将一生的主要精力倾注于以授徒讲学培养那些有信念、有责任、有情怀的仁人君子。

孔子把理想人格分为君子、仁者、圣人三个层次：圣人指尧、舜那种能安定天下的人；仁者指微子、伯夷那种能修己安人的人；君子指那些能通过不断修习逐步近“仁”的人。圣人、仁者是做人的理想目标，

①李零：《我们的中国》第二编，生活·读书·新知三联书店，2016年版，第71~73页。

而培养君子则是教育的现实目标。孔子将儒分为“君子儒”“小人儒”两类。“小人儒”是指那些只具备某些专业技能的人，而“君子儒”则指那些既具专业技能又能心系天下的人。孔子所要培养的不是仅有“成器”之用的“小人儒”，而是具有“不器”之才的“君子儒”。

孔子认为培养君子要“志于道，据于德，依于仁，游于艺”[①]。对于君子而言，志于道，就是确定生命目标，追寻天地大道；据于德，就是寻求处世依据，建立人生基础；依于仁，就是坚定成长态度，能够达人律己；游于艺，就是致力于让精神丰满，实现人格提升。

君子所需要的技能有“小六艺”和“大六艺”。“小六艺”指礼、乐、射、御、书、数；“大六艺”指《诗》《书》《礼》《乐》《易》《春秋》。这与古希腊育人所注重的文法、修辞学、雄辩术、算术、几何、音乐、天文“七艺”有异曲同工之处。在大小“六艺”中，孔子尤重《诗》《乐》。诗教是陶冶性灵人格的方法。相传孔子曾多次到访位于大汶河南岸的泰安市宁阳县鹤山镇。《诗经》中“关关雎鸠，在河之洲”[②]所描写的即大汶河此段的美好景象。诗教的效用在于可以用诗“兴观群怨”：兴是比类，是热爱社会的艺术表达；观是洞察，是了解社会的世间情怀；群是交流，是融入社会的聚合互动；怨是批评，是劝喻社会的独立人格。

孔子把乐教作为教育的最高境界。孔子精通乐理，善于弹奏，有着很高的音乐素养。他描述乐曲演奏的四个阶段：“翕如”“纯如”“皦如”“绎如”。[③]“翕如”为开场，乐器合奏，氛围热烈；“纯如”为展开，诸音舒展，纯净和谐；“皦如”为起伏，节奏分明，抑扬有致；“绎如”为尾声，余音袅袅，连绵不绝。春秋时期，最有名的音乐有六种：黄帝

①《论语·述而》。

②《诗经·关雎》。

③《论语·八佾》。

之乐《云门》，唐尧之乐《咸池》，虞舜之乐《大韶》，夏禹之乐《大夏》，商汤之乐《大濩》，周武王之乐《大武》。孔子访齐时，在今临淄古城东南的韶院村听到韶乐，竟沉醉其中，一连三个月吃红烧肉都没有味道。

生活中的孔子并不是不食人间烟火的完人。孔子有着生动的个性。他有说有笑，也时常发脾气，训斥人；他喜欢美味，喜欢音乐，生活颇有些小资情调。孔子的弟子也各具特点，如颜回忠厚，勤奋扎实；子路性急，快人快语；子贡富有，办事通达；还有子路自负，子夏严肃，冉求多才等。在那个虽礼崩乐坏但又充满生机的时代，这些英才豪杰都有着活泼泼的真性情。

## 八

孔子与泰山的机缘并不仅仅表现在孔子言行与泰山的交集。孔子与泰山之间更为深刻与根本的通契在于孔子思想与泰山形神的气象相类与气质相合。

孔子所生活的公元前500年前后，被德国哲学家雅斯贝尔斯（1883—1969）称为人类文明史的“轴心时代”。在这一时期，古希腊、印度、以色列和中国几乎同时出现了一批对人类历史发展影响深远的伟大思想家，如古希腊的苏格拉底、柏拉图，印度的释迦牟尼，以色列的犹太教先知们，以及中国的老子、孔子等。这些文化巨人奠定了东西方文化的基础，构建了两千年来不断延续发展的人类文化传统。

两千多年前，东西方的思想家们都还没有形成以著述方式传播知识及思想的习惯，如现在所见孔子、苏格拉底的著作都是后人对他们言行的记录。孔子的思想比较集中地体现于编成于战国早期的《论语》之中。《论语》之“语”为言语，主要指孔子与其弟子的问答谈话；“论”字有编纂之义，指将孔子及其弟子的言行记载下来编纂成书。现有《论语》20篇，492章，不计重文，计15836字。[①]

《论语》是第一部儒家经典。识字不多的北宋开国功臣赵普对《论语》推崇备至，颂称“半部《论语》治天下”。《论语》深刻地影响了中国乃至东方的价值观念、思维结构乃至语言方式。从总体上看，古希腊早期的哲学家们更注重在对自然界的观察中，进行概念的辨析判断和逻辑的归纳演绎；而孔子等思想家则更擅长进行形象直观的类比与对立统一的综合。

“比德”是中国式类比思维的特征性表现。所谓“比德”，即将自然物的某种属性特征与人的品德性情联系起来进行类比推论。古人用以“比德”的自然物或自然现象往往集中于山水草木、日月星辰等，如比德于水：“逝者如斯夫，不舍昼夜”[②]；比德于风：“君子之德风，小人之德草，草上之风必偃”[③]；比德于松柏：“岁寒然后知松柏之后凋也”[④]；比德于星辰：“为政以德，譬如北辰，居其所而众星共之”[⑤]。《论语》中“山”字共出现9次，其中2次明确指泰山，4次用作以“山”比德。泰山以其独特的形神特征成为表达孔子思想的难得的比德之象。

## 九

西汉大儒董仲舒首次将儒学的价值体系概括为三纲五常：“三纲”即君为臣纲、父为子纲、夫为妻纲；“五常”即仁、义、礼、智、信。“五常”萃取了儒家所崇尚的做人应该拥有的五种品格，以极其简要明晰的方式搭建起中国传统伦理道德的主体架构。“五常”之道源于孔子。

①李零：《丧家狗——我读〈论语〉》，山西人民出版社，2007年版，第36页。

②《论语·子罕》。

③《论语·颜渊》。

④《论语·子罕》。

⑤《论语·为政》。

孔子思想与泰山形神的相类相合具体地表现为“五常”内涵与泰山形神的象喻比德：泰山以其厚、直、正、道、实的形象气质特征全方位契合于“五常”之仁、义、礼、智、信的精神内涵。

泰山以其“厚”通于仁。春秋时期，儒家所倡导的德性林林总总，如仁、孝、忠、信、知、勇、诚、敬、恕、礼、义、廉、耻、温、良、恭、俭、让、宽、敏、惠等。孔子喜欢以数字形式表达德行标准，如四教：文、行、忠、信；①三友：友直，友谅，友多闻；②三达德：智、仁、勇；③三畏：畏天命，畏大人，畏圣人之言；④还有四恶、五美、六言、六蔽、九思等。在所有这些德性中，仁是最为核心的概念。仁具有超越上述诸种具体德性的统摄性，是能通领各种具体德性的全德和首德。⑤

“仁”字在《论语》中出现109次。但对于什么是仁，孔子并没有给出一个完整准确的定义。对于其他所有的德性概念，孔子也往往只讲“怎么做”，而不说“什么是”。后人对仁及其他德性概念的界定均是基于孔子针对不同人、不同情况所做点评与判断而进行的归纳与概括。

“仁”几乎涵盖了做人所有的美好品行：其一，仁者爱人。仁，人也；人，仁也。人与他人、人与世界进行沟通与联系的前提是爱人。仁者应当遵循“己欲立而立人，己欲达而达人”⑥的原则推己及人，成己成人。其二，仁者自爱。《论语·雍也》：“仁者寿。”董仲舒认为，仁者内心清静，外无贪欲，心平气和，行为中正，所以才能接纳天地正气而养

---

①《论语·述而》。

②《论语·季氏》。

③《论语·子罕》。

④《论语·季氏》。

⑤陈来：《孔子·孟子·荀子：先秦儒学讲稿》，生活·读书·新知三联书店，2017年版，第17~20页。

⑥《论语·雍也》。

生。[①]其三，仁者施仁。《论语·学而》："泛爱众而亲仁。"仁者要以博大宽厚的胸怀来爱民众，行仁政，事王道，使民乐而安，国安而强。

仁的基本内涵与泰山之"厚"十分吻合。泰山山体基础广大，雄浑宽厚，极易让人联想到厚道、厚重、厚待的仁者品质：仁是坦荡厚道，温良无私，爱人达仁；仁是厚重沉静，内敛持守，自爱崇仁；仁是厚待容众，宽怀广大，为政施仁。

泰山以其"直"通于义。在中国传统思想观念中，很难找到一个如义一样源远流长而又充满动能的概念。义的起源与宗教仪式中的宜祭有关。宜祭指比较隆重的祀典。举行宜祭时，不同族群按贵贱、亲疏、长幼分得羊牛等祭肉。久之，由祭肉的分配规则而衍生出对不同族群具有神圣约束力的责任与义务。由"宜"而"仪"，由"仪"而"义"，义的内涵亦由祭祀而程序，由程序而惩戒，由惩戒而规则，由规则而观念，最终成为个体行为与心理的评判标准，成为做事为人的衡量尺度。[②]

德性之义，内涵有三：其一，义以为质。《论语·季氏》："行义以达其道。"义是只当如此做，不可如彼做的道德准则：可以不可以，义是依据；该做不该做，义是标准。同时义亦贯穿于其他诸多德行之中，如仁义、礼义、道义、忠义、信义、情义等。其二，见义勇为。《论语·为政》："见义不为，无勇也。"一个心系百姓、立于天地的真正君子，在大是大非面前，在应该挺身而出的时候，一定会勇于担当，毫不畏惧。在夹谷之会中，孔子不顾个人安危，维护鲁国利益；在任职大司寇期间，孔子按礼制将昭公之墓归其家族墓群中；陈恒弑齐君以自立时，孔子三次请鲁君攻打齐国。诸事均为孔子义举。其三，重义轻利。

①见董仲舒《春秋繁露·循天之道》："仁人之所以多寿者，外无贪而内清净，心和平而不失中正，取天地之美以养其身，是其且多且治。"

②桓占伟：《试论孔子的义思想》，见《齐鲁学刊》2013年第6期。

“君子喻于义，小人喻于利。”[①]孔子主张“见利思义”[②]，认为追求利益不能抛开“义”。对于利益的取舍应当有节有度，恰如其分。

泰山挺拔伟岸、直冲霄汉的气度与正直、刚直、清直的仁者品质十分匹配：义是巍峨正直，是“质直而好义”[③]，是做事为人的据义履方；义是雄健刚直，是“人之生也直”[④]，是责任担当的义无反顾；义是峻峭清直，是“直道而行”，是进退得失的利不亏义。

泰山以其“正”通于“礼”。“礼出乎巫。”[⑤]礼是由氏族社会祭祀祖先和神灵的仪式逐步演变而形成的一整套典章制度和仪节规范。虽然礼与义的起源都于祭祀相关，但二者所强调的侧重点并不相同。义所侧重的是因祭祀产生的内心体验及由此而继发生成的道德标准，而礼强调的则是祭祀的器物仪式以及由此而上升到社会与政治层面的行为规则。西周初期，周公在分邦建国基础上，总结前人经验，建立了一整套礼乐制度。孔子追慕三代，效法先王，直攀唐虞，尤崇西周。他搜集广备，损益因革，创立了其想借以“经国家，定社稷，序民人，利后嗣”[⑥]的礼学体系。

孔子的礼学思想可概括为如下三个层面。其一，礼以立国。《论语·里仁》：“礼让为国。”孔子主张以“礼”来治理国家，认为唯有君行君礼、臣行臣礼，才能实现“天下归仁”[⑦]。其二，礼以立家。任何一个人在社会中都承担着不同的角色：对于父母，是儿女；对于配偶，是夫妻；对于儿女，是父母；对于平辈，是长幼。《礼记·礼运》将人在

---

①《论语·里仁》。

②《论语·宪问》。

③《论语·颜渊》。

④《论语·雍也》。

⑤李泽厚：《论语今读》，天津社会科学院出版社，2007年版，第176页。

⑥《左传·隐公十一年》。

⑦《论语·颜渊》。

不同角色中要遵守的不同规则概括为：父慈、子孝、兄良、弟悌、夫义、妇听、长惠、幼顺。其三，礼以立身。《论语·季氏》：“不学礼，无以立。”礼是每个人安身立命的基础。只有用“礼”的规范要求自己，做到“非礼勿视，非礼勿听，非礼勿言，非礼勿动”①，才能塑造和升华人格。

泰山“居天下之广居，立天下之正位”②。三代之前的封禅之礼皆选择泰山。泰山是帝王封禅的正朔。泰山之正统、正派、正气与礼一脉相承：礼是祭祀之正统，是立国安邦的敬献之礼；礼是处世之正派，是长幼有序的传家之礼；“礼”是浩然之正气，是忠恕修身的君子之礼。

泰山以其“道”通于“智”。《论语》中的“知”主要有三种含义。③一是认识。《论语·季氏》：“生而知之者上也，学而知之者次也。”《论语·述而》：“我非生而知之者，好古，敏以求之者也。”在这里，知是“学”。二是知识。孔子重视已知的经验，强调对知识技能的切问近思。在这里，知是“识”。三是智慧。《论语·子张》：“君子学以致其道。”孔子求知的目的重在丰富人生智慧，实现人价值信念的确立和人格精神的提升。在这里，知是“智”。

登山须攀援，求知有过程。登山之“道”与求知之“道”颇可互鉴。其一，登山朝极顶，求知有目标。“朝闻道，夕可死矣。”④修道能达仁，如登山可至顶。其二，登山靠坚持，求知须定力。求知谋道需要笃定坚忍。孔子曾讲过这样的道理：“譬如为山，未成一篑，止，吾止也。譬如平地，虽覆一篑，进，吾往也。”⑤意即求知求道如同堆土造山，如果在还差一筐土就能造成山的时候停下来，山也就造不成了；而若是

①《论语·颜渊》。

②《孟子·滕文公下》。

③宗超：《孔子知论探析》，见《伦理学研究》2016年第1期。

④《论语·里仁》。

⑤《论语·子罕》。

坚持不懈地一筐接一筐堆土，即便是在平地上，早晚也能把山造成。其三，登山择路径，求知讲方法。孔子把知识的丰实与智慧的增进统一于博学、审问、慎思、明辨、笃行之中。[①]他转益多师，认为“三人行，必有我师焉”[②]。他强调学与思的统一，“学而不思则罔，思而不学则殆”[③]。他破除偏执，“毋意，毋必，毋固，毋我”[④]，认为做人应不私意揣度，不绝对肯定，不拘泥固执，不自以为是。他勤学不辍：“吾十五而有志于学，三十而立，四十而不惑，五十而知天命，六十而耳顺，七十而从心所欲，不逾矩。”[⑤]

泰山以其“实”通于“信”。《论语》中的信主要有两方面的意涵：一是诚信。《论语·卫灵公》：“言忠信，行笃敬。”《论语·为政》：“人而无信，不知其可也。”《论语·学而》：“敬事而信。”二是相信。《论语·公冶长》，“听其言而信其行”，“朋友信之”。《论语·颜渊》：“民信之矣。”诚实不欺既是内在修养，也是外在行为。取信于己是做人的根本，取信于人是交友的根本，取信于民是治国的根本。

“人”“言”为信。儒家极为重视语言的实用意义和实用价值，认为语言不仅仅是表述与记录，而且其本身即人的行动与活动。[⑥]立言与践诺一样，都具有神圣性。孔子素不喜巧言令色之人，认为“刚毅木讷近仁”[⑦]。在儒家的心目中，仁者似乎总有那么一点呆、一点慢、一点木，似乎只有那些少言、慎言甚至不言的人，才厚道、忠义、守规、能用、可信。那些口若悬河、灵巧机敏、锋芒外露的形象，总与儒家的仁者形

①《礼记·中庸》。

②《论语·述而》。

③《论语·为政》。

④《论语·子罕》。

⑤《论语·为政》。

⑥李泽厚：《论语今读》，天津社会科学院出版社，2007年版，第221页。

⑦《论语·子路》。

象相去甚远。时至今日，山东人对人的最高赞美仍然是“实在”。

泰山花岗岩构造紧密，质地硬实。泰山石的这种物理特性与信的朴实、诚实、忠实气质息息相通：保持本色，实在做人，方能获信任；待人接物，实而不欺，方能讲信义；秉持公心，实惠济民，方能有信用。

仁、义、礼、智、信，既相互区别，又有机统一。其中“仁”是贯穿其中的灵魂：“仁”之于“义”，仁为情感本体，[1]义为道德原则；“仁”之于“礼”，仁为内在情感，礼为外在约束；“仁”之于“智”，仁为人伦目标，智为谋道途径；“仁”之于“信”，仁为求道结果，信是前提基础。同时“五常”之间也存在着横向的交互关系。

“五常”之道使儒家伦理与中国人的日常生活紧密结合，使仁、义、礼、智、信的观念融入中国人的血脉之中。在新的历史时期，“五常”之道要焕发新的生命力，就必须承续传统，立足当下，丰富内涵，守正创新。唯此，讲仁爱、崇正义、尚和合、守诚信、求大同的传统思想精髓，才能融汇于时代，引领于未来。

## 十

孔子与泰山，在历史的时空中相遇相生，相辅相成。

因为孔子，泰山方得其“仁”。天不生仲尼，万古如长夜。孔子让泰山成为仁者德性的表达意象。

“泰山其颓乎”[2]中的泰山是通乎天地的生命气象。孔子对鬼神等未知事情不肯定、不否定、不问询、不评论的态度，使人们对孔子的天命观众说纷纭。但无论孔子的天命观如何，泰山之于孔子的重要性毋庸置疑。孔子十分尊崇敬重泰山。在孔子看来，泰山具有超然意志和神奇力

①李泽厚：《论语今读》，天津社会科学院出版社，2007年版，第98页。

②《礼记·檀弓上》。

孔子小天下处，王德全摄

量；每个人在泰山面前，都应知天命、畏天命、履天命。纵是在生命将要走到尽头的紧要时刻，孔子首先念及的仍是泰山。泰山是孔子心中的天命泰山。

“泰山岩岩，鲁邦所詹”中的泰山是寄望山川的家国气象。泰山是鲁国北线的天然屏障，更是鲁国人的精神高地。由“泰山”到“鲁邦”，由一山而一国；由“岩岩”到“所詹”，由视觉而心态。伴随由山到国的场景移迁，景观直觉转换为心理认知，自然审美升华为深沉情怀。两行诗句，一山为镇。泰山寄寓了鲁国人观天志、循物理、体人道的美好愿望，承担了鲁国国泰民安的福佑希冀。泰山是孔子心中的家国泰山。

“登泰山而小天下”[①]中的泰山是仁人君子的人格气象。你站在桥上看风景，看风景的人在桥上看你。[②]泰山是立身从道的德性视角：正己成仁必须立高起点，具大眼光；知大世界，有大胸襟；得大格局，至大境界。泰山是孔子心中的人格泰山。

①《孟子·尽心上》。

②卞之琳《断章》。

“知者乐水，仁者乐山”。[①]孔子此言虽非特指泰山，但泰山具有孔子所言之“山”的典型特征。为什么是“仁”对应“山”、“智”对应“水”，而不是“仁”对应“水”、“智”对应“山”？这关乎“仁”与“智”的内涵、“山”与“水”的特性。就物理特性看，山是稳固、高耸、默然、宽博的，而水是流动、低伏、喧哗、随形的。智者的品格匹配于水的权变、致密、畅达、持续，而仁者的品格则更像大山一样厚重、正直、沉静、包容。所以孔子进而讲，仁者久长，可得长寿；智者悦人，可得快乐。[②]孔子在泰山找到了人与自然的节律同构，找到了臻于至善的进益途径，找到了“五常”达德的自然之象。

因为泰山，孔子更显其“圣”。孔子当世虽不得志，但死后却殊荣日隆。尤其汉武帝“独尊儒术”之后，孔子不断被膜拜圣化。汉平帝封孔子为“褒成宣尼公”。至东汉，祭祀孔子已成为皇帝的必行公事。从汉明帝起，学校祭祀孔子成为常规。北魏时期孔子被称为“文圣尼父”。隋文帝赠孔子“先师尼父”称号。唐玄宗加封孔子为“文宣王”。宋代前加“至圣”二字，成为“至圣文宣王”。元代又前加“大成”二字，成为“大成至圣文宣王”。明代，孔子被封为“大成至圣先师”。清代顺治皇帝称孔子为“大成至圣文宣先师”，后来又称作“至圣先师”。

泰山上较大规模祭孔设施的兴建始于明朝。嘉靖皇帝之前，泰山上的祭孔设施比较零星散乱。1560年，山东巡抚朱衡在泰山登山起点处建“孔子登临处”石坊，并同时谋划在岱顶修建孔子庙。经过前后27年的断续施工，孔子庙最终于1586年建成。孔子庙取学宫形制，供奉孔子及颜回、曾子、子思、孟子。[③]1637年，山东御史颜继祖在岱顶立“孔子小

①《论语·雍也》。

②《论语·雍也》：“知者乐，仁者寿。”

③刘兴顺：《明代泰山孔子庙考论——兼论“孔子圣中之泰山，泰山岳中之孔子”主题形成》，见《泰山学院学报》2017年第5期。

天下处”石碑。泰山祭孔格局基本奠定。清代对孔子庙等祭孔设施进行修葺增建。近代以后，孔子形象几经大起大落，但孔子在泰山祭祀中的地位却随时势更易挫而复坚。

孔子，圣者；泰山，仁山。孔子与泰山已成为中华民族文化精神的双重图腾。

# 山坳里的寺院

## 一

天下名山僧占多。

佛教来到中国便与山结下不解之缘。据说全国有70%的佛教寺院建在山上或山麓，有数以千计的山成为佛山或与佛相关的山。

佛教依山建寺有着多方面的因由：印度人的天国里有神山须弥山，印度人把山岳看作通往天国的神圣之路；寺院建在山上，藏风聚气，幽静空灵，契合佛教清净脱世的教义；山路蜿蜒崎岖，险要陡峭，还能考验修行者信念的虔诚；同时大山远去巷陌桑田，可以节约农地，避免与民争利。

泰山佛教兴于魏晋，盛于隋唐。魏晋以降，泰山先后兴建寺院约20座。观察这些佛寺的选址，可以发现一个有趣的规律：这些佛寺均位于中天门以下相对偏僻的位置。中天门以上的佛教遗迹唯有山顶上瞻鲁台崖壁上未及完工的佛龛造像，并且这个位置也背崖面谷，隐蔽避人。除此之外，中天门以上再无其他佛教遗存。

如此选择寺址，实为条件约束下的无奈之举。作为儒、道、释的会聚之地，泰山首先是皇帝的封禅祭祀之所，儒家为当然的家国正统；道家是土生土长的宗教，在泰山得天时地利人和。而泰山佛教因其先天不足，在儒、道、释斗争、融合的博弈中，始终未能占据主导，泰山佛寺也始终未能在泰山占得显要之地。在强势难得的情况下，泰山佛教的传播者们便只有巧避锋芒，谋求智取了。在古代登泰山的必经之路上，佛教都建立了寺院：灵岩寺建在由北方来泰山的古驿道东侧，玉泉寺建在泰山北麓登山道路的起端，普照寺建在泰山前麓古御道的西翼。现在看来，这些寺院的选址视野宽、思路活，颇具你进我退、你明我暗、见缝插针、包抄卡位的游击战术眼光。千百年来，正是凭借这种不屈不挠的毅力、灵活机动的方法，佛教才逐渐在泰山站稳脚跟。

泰山现存规模较大的寺院尚有灵岩寺、普照寺、玉泉寺。国内叫作“灵岩”或“普照”的寺院有几十处，泰山的这两个寺院是名副其实的

泰山玉泉寺，王德全摄

“一名多寺”；而玉泉寺又叫作谷山寺、佛爷寺等，是地地道道的“一寺多名”。灵岩寺自东晋始建，至唐代成为国内寺院“四绝第一”，到宋代达到历史最大规模，是泰山存在时间最长、影响最大的佛教寺院。普照寺建于唐宋，盛极之时来自四面八方的僧众多达千人，是目前距城区最近的禅宗十方丛林。玉泉寺位于群峰环抱之中，高崖飞涧之上，与泰山山前的市井喧闹相比，确为一处清幽古远的绝佳修行之地。泰山上的这些寺院虽屡建屡毁，但毁而不灭，它们在历尽沧桑中成为泰山佛教兴衰消长的生动见证。

## 二

有僧方有寺。

僧朗是泰山佛教的第一位高僧。①尽管他不见得是第一个来泰山的僧人，但他定然是推动泰山佛教形成第一个高峰的第一人。

僧朗是佛图澄的学生。佛图澄来自印度或西域，是中国佛教史上鼎鼎大名的人物。他精通魔术，极具神通，据说腹有一孔，孔中出光，能呼风唤雨，兴云灭火。凭借神奇的法术和高超的智慧，佛图澄获得了后赵石勒、石虎叔侄的高度信任。石氏政权凶狠残暴但笃信佛法。佛图澄运用佛教教义，鼓励石勒、石虎入主中原，并在力所能及的范围内，对石氏叔侄进行谏劝。在最高统治者的保护下，佛图澄大力传教，建立佛寺八百九十三所，前后门徒达万人之多。佛图澄活到117岁，即使今天看来也十分神奇。

僧朗颇得其师真传。公元351年，僧朗来到泰山，创办了泰山东区最早的佛寺朗公寺，继而又在泰山西麓兴建了灵岩寺。僧朗同样神通广

①刘慧：《泰山信仰与中国社会》，上海人民出版社，2011年版，第276页。

泰山灵岩寺辟支塔，王德全摄

大，据说能用法力让猛虎归附；讲经至精彩之处，山石为之点头。灵岩寺即因此得名。

魏晋南北朝时期局势动荡，泰山一带政权归属更迭频繁。僧朗审时度势，进退有节，让各方政权均对其尊重有加，支持有加，一时竟形成“六帝争请”之势。这种纵横捭阖的非凡能力，让僧朗在乱世之中安身传教且声誉日隆。僧朗之后的几百年间，佛教在泰山获得空前发展，至隋唐，泰山成为山东佛教文化的中心。

佛门代有高僧出。唐开元年间来泰山的降魔藏禅师留给泰山的最大遗产可能就是饮茶习俗了。禅宗讲究过午不食，僧人夜间修禅，容易困乏，煎茶为饮便成为提神解乏的好办法。久之，寺院的禅茶习惯普及到民间，进而引领了社会风气。灵岩寺也成为中国煎茶道的祖庭。

泰山神信仰东渡日本始于日本僧人圆仁。圆仁留唐求法，足迹踏遍大半个中国。在历经磨难从山东文登回国时，圆仁请回“泰山府君”神像。泰山神信仰从此传入日本。

在泰山传教二十多年的明代朝鲜僧人满空是拓建普照寺的功臣。今天普照寺的主要建筑仍为满空住持时的格局。满空去世后葬于普照寺旁。清代住持普照寺的元玉大师通儒善文，让普照寺成为泰山僧儒诗酒徜徉、唱和往来的聚会之所，普照寺的香火亦再度旺盛。

泰山普照寺，王德全摄

僧兴寺，寺名僧。1600多年间，诸多高僧大德在泰山众善奉行，建寺传教。他们的名字与泰山紧密地连接在一起。

## 三

泰山有高僧，但佛学无大师。

僧朗时代，佛教般若学迅速发展。佛学通过格义的方法，以中国传统哲学的概念诠释佛教理念，极大地推动了佛教的中国化。同为佛图澄的学生，僧朗的同学僧道安致力于经典研究，创立了佛教本无宗，成为著名的佛教学者和僧团领袖。而相比之下，僧朗在泰山则更多地承担了宗教宣讲、组织、推动等宗教活动家的角色。隋唐时期，佛教进入本土化开宗立派的井喷阶段，八宗相继形成。但八宗大师均不在泰山，泰山未能成为如庐山、天台山、嵩山一样的宗派发生之山。

泰山佛教的主流是禅宗。隋唐时，泰山是禅宗北派的天下；至北宋，泰山成为禅宗南派的重镇。北宗神秀主张“坐禅”渐修，曾作偈云：“身似菩提树，心如明镜台。时时勤拂拭，莫使惹尘埃。”南宗慧能主张“参禅”顿悟，让别人记下自己的偈子：“菩提本无树，明镜亦非台。本来无一物，何处惹尘埃。”两个诗偈形象地表现了北宗与南宗的不同。历代泰山高僧中，除了降魔藏禅师是北宗神秀的弟子，宋后至元明清的仁钦大师、妙空禅师、古岩禅师等则均是南派曹洞宗的承嗣者。无论北宗时期还是南宗时期，泰山佛教均未产生创立禅理禅法的代表性人物。

造成泰山佛教代代有高僧而终究无大师的原因可能与泰山的区位有关。佛教开宗立派地的区位有两个显著特点，即要么偏僻得静，要么近城得便。佛教四大名山均位于当时的荒远偏僻之地，这些地方宜于潜心修法，宜于参悟创见；佛教八宗祖庭均位于都城文化集中之地，这些地方经典丰富、信息畅达，便于高僧会集，便于讨论研析。相比之下，泰山这个地方既不僻静也远京都。这使得泰山既无参修之地利，又无人和之便。特别是唐宋以后，泰山因封禅祭祀而变得愈加热闹。这时泰山佛教更为关注的是如何能够在泰山占据一席之地，至于佛学理论的创新和实践自然难以顾及。以此来看，泰山佛教无大师或许也就可以理解了。

## 四

佛入中土，历尽艰辛。

魏晋南北朝时期，儒家独尊地位渐失，佛道迎来难得的发展机遇。佛教初来乍到，要尽快融入异域，就必须找准切入点，探寻新门路。佛教弘法者们开动脑筋，找到了一个极好的方法：借助方术，谋得信誉，搭好便车，弘扬佛法。依托方术弭灾祛病的神异功能，佛学融入本土传统的矛盾得以弱化，佛教渐渐化生为熟，借土生根。

尽管佛教在融入方面下了很大功夫，但作为一种外来文化，佛教与儒道的根本不同仍然难以消解：如儒家讲入世，佛教讲出世；道教重今生轻来世，佛教重来世轻今生。这些思想的不同使三教之间的斗争无可避免。“三武一宗”灭佛让泰山佛教寺院散，经书焚，刻经停，僧人逃，但这些“法难”并没有让佛教消亡。灭佛的皇帝之后总有兴佛的皇帝。隋文帝杨坚诏令全国各县兴建佛寺，并为纪念在泰山找到其母亲而将朗公寺改为神通寺；唐玄宗、武则天尊佛，至泰山封禅时先至灵岩寺拜访。佛教在一次次的挫折后，都以“野火烧不尽，春风吹又生”的顽强生命力，获得一次次更大的发展。

至宋代，三教在泰山逐步由斗争走向融合。北宋先后有八个皇帝御书赐灵岩寺，并且规定寺院住持由皇帝直接派遣。南宋孝宗皇帝提倡“以佛治心，以道治身，以儒治世”，三教思想逐步会通。

明清以降，儒、道、释发展到你中有我、我中有你的世俗化程度。

明神宗在泰山为其母建“天书观”，供碧霞元君，同时称其母为“九莲菩萨”；红门宫住道士，供奉太上老君、碧霞元君，但又供奉菩萨，同时宫旁建有“孔子登临处”石坊；斗母宫住的是尼姑，供奉观音菩萨、文殊菩萨，但又供奉斗母和二十星宿。在泰山，儒、道、释真真切切地实现了场所合一、仪轨合一、效用合一，呈现出“敲着木鱼念佛经，烧香磕头供元君”的信仰奇观。

## 五

有人说佛教改变了中国，有人说中国改变了佛教，也有人说两者在这个过程中同时经历了改变。无论从哪个角度讲，佛教对中国的影响都巨大而深远。

佛教的思想观念拓展了中国人的认知。在佛教的观念中，每个人都面临着生死轮回，每个人都须经历善恶因果的考验，每个人都要依靠信仰、虔诚、修行来换得自己、家人、他人的来世幸福。这些观念都不是传统中国文化所具有的。今天中国人的很多日常用语都来自佛教，如烦恼、颠倒、作业、觉悟、实际等；盂兰盆节、吃腊八粥等风俗亦源于佛教。佛教的传入，使儒、道、释各有分工地妥帖了中国人的心灵：儒家讲仁礼担当，让人“拿得起”；道家讲宁静淡泊，让人“想得开”；佛家讲修行律己，让人“放得下”。儒、道、释实用周全地完备了中国人的世界观、价值观、人生观。

佛教的知识体系让泰山信仰更加系统化。泰山本无地狱之说。在泰山原初的天堂、人间、冥世三重空间中，冥世只是一个进行死人登记的档案馆。东汉时的高僧安世高在翻译佛经时首先提出“泰山地狱”的概念，并依据因果说，将地狱作为惩罚恶行的场所：如果一个人生前为非作歹就会在十八层地狱中遭受油烹笼蒸、斧劈锯割等酷刑报应。这种惩罚性地狱观念在很大程度上影响了泰山神的职司，使泰山神逐渐由主管生死的全能神转变成主管地狱、功能相对单一的冥界王。

佛教的思维方式深刻影响了“泰山学派”，并推动了宋初新儒学的理论建构。孙复、石介、胡瑗被称为“宋初三先生”，他们所创立的“泰山学派”发宋明理学先声，在中国思想史上有着十分重要的地位。三先生均有排佛倾向，但他们已开始正视佛学的思想与方法，如“泰山先生”孙复认为佛教源流已深，无法剪除，只能因势利导。在与佞佛者的辩论中，三先生自觉不自觉地运用了佛教概念分析的方法，[①]发展阐释了形上性命之学的观念，开“理学”和“心学”两脉风气。人在环境中，攻防相依从。在治学方法上，排佛的“宋初三先生”以其人之矛攻其人之盾，用武器的批判装备了自己批判的武器。或许这也正是历史进步中的相克相生与相辅相成吧。

佛教为泰山留下了令人叹为观止的艺术珍品：佛教造像和摩崖刻经。魏晋南北朝时期的山东佛教造像中心在青州，这个时期的佛教造像被名之为“山东样式”。灵岩寺千佛殿内的四十尊彩色泥塑罗汉像有三十二尊塑于宋代，八尊补塑于明代。这些塑像造型生动，表情传神，其人间化风格已与青州造像的出世风格大不相同。这些精美绝伦的佛教造像被梁启超赞誉为“海内第一名塑”。泰山经石峪摩崖刻石更是惊心动魄：在3000平方米的山涧石坪上，镌刻50厘米见方的大字，难度绝非一般。正唯其难，更见其诚。1400多年来，经石巨字以其强烈的视觉冲击力，隐喻了佛教对文化空间的介入与占据，彰显了佛教传播者不屈不挠的精神力量与宏大气魄。

---

①张义生：《宋初三先生研究》，山东人民出版社，2012年版，第185~189页。

泰山灵岩寺彩塑，王德全摄

佛教扩大了泰山的社会影响。外来的和尚会念经。魏晋以来，来泰山弘法授徒的高僧多不是泰安当地人。僧朗是陕西人，降魔藏禅师是河北人，释仁钦、释净如是福建人，僧法瓒、僧道辩是济南人，元玉是江苏人。[①]求那跋摩是印度人，满空是朝鲜人。[②]这些外来的僧人在泰山讲经传道，极大地提升了泰山的社会声望和国际影响。

## 六

千年泰山古寺院，多少山间风雨中。

岁月荏苒，山坳里的寺院兴了、废了，废了、兴了。兴废之间，全

①刘慧：《泰山信仰与中国社会》，上海人民出版社，2011年版，第284~292页。

②周郢：《泰山文化历程》，五洲传媒出版社，2019年版，第108~119页。

是历史。当今泰山寺院的香火已不复往年盛状，但它们承载的厚重历史却永远忘不了，丢不掉，抹不去。

寺在佛在。寺不在佛亦在。

郭沫若先生说，泰山是中华文化史的一个局部缩影。佛教来到泰山，使泰山形成了儒、道、释三教合一的文化结构。离开了佛教，泰山则无法成为中华文化的全息性代表，无法承担起中华文化载体的神圣使命。在这个意义上，与其说是泰山为佛教提供了发展之地，不如说佛教成就了泰山的内蕴与格局。

寺院使泰山更丰富，佛教让泰山更中国。

（原载《泰安日报》2020年7月18日第3版）

# 泰山与岳麓山的相遇

## 一

泰山与岳麓山有缘。

岳麓山为衡山七十二峰之末。《南岳记》载，“南岳周围八百里，回雁为首，岳麓为足”，故名“岳麓”。五岳之中，东岳泰山与南岳衡山相距最远但似乎关联最多：泰山与衡山高度仅差150米左右，且两山石质均为坚硬的花岗岩；两山均儒释道兼容并蓄，且帝王祭祀始于衡山，帝王封禅始于泰山；传说最早的刻石文字《禹王碑》刻在岳麓峰左侧的峰峦上，现存最早且有确证的中国碑刻为《秦泰山刻石》。

泰山与岳麓山的缘分还与一位皇帝有关。

1008年，“天书”降于泰山，宋真宗在泰山封禅；1009年，岱庙天贶殿开建；1010年，天贶殿及岱庙修建完成。1012年，岳麓书院时任山长周式奏请扩建“岳麓书院”；1015年，宋真宗召见周式，赐书“岳麓书院”匾额。

皇帝的关心使岱庙与岳麓书院大规模拓建，让一庙一院几乎同步进入鼎盛时期。相传岱庙始建于秦汉，但岱庙真正成其巨制得益于宋真宗；岳麓书院于公元976年始建，而其由最初的麓之山寺而逐步声望隆盛，亦当自宋真宗始。一个胆子小、本事不大、有点小聪明的皇帝，有意无意间成就了北方的一处庙宇和南方的一处书院。

泰山与岳麓山，名头层级似乎有别，但自然人文遥相呼应。

## 二

庙宇与书院，缘分相通，形神有异。

岱庙又称“东岳庙”，祭祀的是泰山神。皇帝来泰山封禅，泰山神功不可没，被宋真宗敕封为“天齐仁圣帝”。岱庙作为泰山神的家庙，自然神圣无上，光荣无比。

岱庙正阳门，王德全摄

而书院与庙宇不同。如果说岱庙的职能是事神的话，那么岳麓书院的职能就是育人了。宋初开科取士，需要大量人才，国子监官学远远不能适应社会需要，书院等民间办学机构便生逢其时、蓬勃发展。千余年来，岳麓书院云集了众多大师，培养了一批批杰出学生。理学大师朱熹、张栻、王阳明，思想家王夫之、魏源，政治家、军事家曾国藩、左宗棠，外交家郭嵩焘……这些英才使岳麓书院独具了“唯楚有材，于斯为盛”的浩然之气。继宋真宗赐匾之后，清康熙皇帝、乾隆皇帝先后为岳麓书院御书“学达性天”“道南正脉”匾额。自始建以来，岳麓书院历经七废七兴，但始终文脉相传，弦歌不辍，直至后来兴办学堂和1926年建立湖南大学。

岳麓书院正门，高原摄

历史或容细读。庙宇与书院的因缘巧遇，在不经意间氤氲了别样的历史况味。事神与育人，貌似风马牛不相及，然而若抛却皮相，转换视角，体悟精妙，便可在横看成岭侧成峰的顾望之中，感受到二者的殊途同归与宏旨合一：作为一个祭祀场所，岱庙见证了帝王对国泰民安、江山永固的祈愿；作为一个学校，岳麓书院培养了众多德才兼备的国家栋梁。岱庙与岳麓书院，印证了皇帝的“两手抓”：一手抓天道，一手抓人道；一手抓合法性，一手抓建设性；一手抓虚用，一手抓实功。在这里，岱庙与岳麓书院求得了历史效用的最大公约数。

## 三

近年来，我数次参访岳麓书院，心中总有个挥之不去的疑惑：湖南与山东相隔千山万水，但为什么湖湘文化与齐鲁文化之间有那么多的理念相似与精神契合？

一个发现让我万分惊奇。湖湘文化与齐鲁文化之间有着十分清晰的教学承递：“湖湘学派”的创始人是南宋著名的文学家、理学家、政治家胡安国，胡安国的老师叫朱长文，而朱长文又是泰山书院“泰山先生”孙复的学生。1132年，胡安国因躲避战乱辗转来到湖南，后与儿子胡宏一起在湘潭隐山讲学授徒，创立了“湖湘学派”。

泰山书院由泰安人石介与其亦师亦友的同道孙复共同创办。石介与孙复同为范仲淹的学生。孙复多次科考不举，石介引介其至泰山后，孙复方得以安居成家并静心教书。泰山书院成立三年后，石介因回家服丧，又在距泰山二十余公里的徂徕山创办了徂徕书院。南宋宰相范成大将徂徕、金山、岳麓、石鼓称为“北宋四大书院”。

泰山徂徕书院集中了当时国内的顶级大师。泰山先生孙复、徂徕先生石介、安定先生胡瑗被欧阳修称为“宋初三先生”。三先生以其弘德卓识，让泰山徂徕书院生徒广聚，鼎盛一时。石介深受范仲淹“先天下之忧而忧，后天下之乐而乐”思想的影响，为人耿直，敢发诤言，勇于担当，中年病逝后还遭人诬陷。20年后，石介平反安葬，欧阳修含泪为其撰写了墓志铭。

泰山书院遗址，王德全摄

从石介到孙复，从孙复到朱长文，从朱长文到胡安国，一条割舍不断的人文血脉，让齐鲁大地与湖湘大地紧密地连接在一起，湖湘大地也因之成为既有中华文化传承又富有鲜明地域特征的“潇湖洙泗”和“荆湖邹鲁”。

## 四

泰山徂徕书院与岳麓书院还共同为宋明理学的开创提供了契机。晚唐五代以来，佛道发展迅猛，儒学日渐式微。“泰山学派”高举排佛道、辨夷夏的旗帜，弘义理之学，重经世致用，为宋明理学的创建开辟了道路。创建宋明理学的使命最终由湖南人周敦颐完成。周敦颐，一位学识政事皆精绝的旷古大师。他会通形上形下，融合天道人道，探求世界本源，完成了宋明理学的创建，成为宋明理学的开山鼻祖。后经程颢、程颐兄弟与朱熹的推扩铺展，宋明理学最终成为系统化的伟大理论体系。

泰山徂徕书院聚徒讲学时间前后不过七年，然而它与岳麓书院一样，成为中国文化史上巍然屹立的高峰。

## 五

泰山与岳麓山的相遇，由东岳而南岳，由岱庙而书院，由书院而大师，由大师而思想。如果说庙宇与书院之间是物的巧遇的话，那么大师之间的承递则是精神的弘扬。这种物缘与文缘的相遇延展了血脉光华，超越了时间空间。

历史比想象更神奇。

# 天·神·仙

## 一

虽然人们常说“泰山上神多”，但实际上这些神仙绝大多数只是客居泰山或在泰山巡访。泰山土生土长的神仙主要有三位——东岳大帝、碧霞元君、泰山石敢当。三位是正宗地道的泰山神仙。

三位神祇同处泰山且各得其所，常常让后人好奇、疑惑、不解。他们各有什么来头？存在什么样的关系？他们各自的功能又有什么不同？

神仙的事情不容易说清楚，尤其对于庞杂繁复的中国神话来说。中国神话的神谱体系与西方神话有着十分不同的特点。如古希腊神话有一个高度组织化的神族系统。在以宙斯为最高统治者的奥林匹斯神系中，阿波罗为太阳神，雅典娜为智慧之神，波塞东为海神，迪墨尔为农神，等等，各位神祇职责分工明确，来龙去脉清晰，性格特征鲜明；而中国神谱中的诸神职责及关系交叉，讲不清，道不明，剪不断，理还乱。有人把泰山称作中国的奥林匹斯山，而实际上，在功能与格局方面，泰山神系与奥林匹斯神系大异其趣。如果说奥林匹斯神系是一个十分完整的金字塔式体系的话，那么泰山神系则是一种分布式体系。所谓分布式体系，是对计算机网络术语的借用，它是指在一个大的系统中，各个不同的部位承担着各有差异的任务，为各有侧重的对象服务。泰山神系中的东岳大帝、碧霞元君、泰山石敢当分别从自然、社会、家庭的角度，履行神仙之职，服务不同人群。形象言之，在这个横向的分布式结构中，东岳大帝是有神性的天，碧霞元君是有仙性的神，泰山石敢当则是有人性的仙。

## 二

东岳大帝是泰山的山神。

远古时期，人类的生存条件艰难，认知能力有限。高山、大河等自然存在以及风雷雨电等自然现象，让人们惊异、畏惧、好奇、期盼。人们以儿童般的天真由己及人，由人推物，把大自然想象为有喜怒哀乐的人，并由此幻化出具有人格特征的自然神灵。

泰山是海岱地区最高的山。在古代先民的眼里，高耸入云的山峰、云生雾绕的岭嶂、树高草深的山林、虎狼出没的沟壑，都让人由茫然而生畏，由生畏而成敬。通过对神秘大山小心翼翼的观察、思考、幻想，泰山神逐渐在先民的集体意识中形成。经过漫长的演化升华，泰山神由最初的山形石态变成半物半人的模样，最后终于演化为帝王之相。后人附会了许多东岳大帝的身世，如天帝子孙金虹氏说、氏族首领太昊说、盘古人身说、武成王黄飞虎说等，但这些都只是对泰山神的世俗化归纳与阐释。

人们因惧怕而创造了神灵，然而面对神灵，人们仍然惧怕。面对喜怒无常、不可捉摸而又用得着、离不开、惹不起的大自然，人们朴素地认为神灵一定也会与人类一样，喜欢顺从，喜爱美味歌舞，于是便想到了与神灵沟通、会谈乃至对神灵进行巴结、讨好与赎买。于是便产生了祭祀。

泰山是大汶口文化、龙山文化族群的神山。泰山崇拜的形成不会晚于大汶口文化时期。颛顼时代开始的“绝地天通”，把祭祀权归于氏族首领，避免了因群起祭祀、各领神旨引起的纷争与混乱，强化了氏族首领统治部落的权威。到了周朝，泰山祭祀已成为天子的独有与专享。

虽然相传远古时期有七十二帝王封禅泰山，但有史确证的封禅始于秦始皇。伴随皇帝的封禅祭祀，泰山神的名号不断升格。从汉明帝封泰山神为“泰山元帅”，至武则天封泰山神为“神岳天中王”，再到唐玄宗封泰山神为“天齐王”，至宋真宗时，泰山神终获帝号，被封为“天齐仁圣帝”。不同朝代的层累加封，使泰山神渐次由一个区域性的山神升级为帝王级的东岳大帝，成为主生死、司福命、固国运的全能天性之神。

## 三

相对于东岳大帝，碧霞元君信仰要晚起很多。碧霞元君信仰的直接缘起为宋真宗封禅时肇始的泰山玉女祭祀。后经道教的体系化改造，至明代，碧霞元君信仰日成鼎盛。

同为泰山神祇，碧霞元君神话的产生过程与东岳大帝显著不同。东岳大帝信仰缘起于自然崇拜与氏族祭祀，而碧霞元君则与女娲、西王母等伟大女神一样，既承载着母系社会生殖崇拜的文化基因，又凝结了后人对女性慈爱、宽厚、美丽等品质的信赖与崇敬。中国神话中的男性神有善恶之别，而中国女神则往往是单向度的至善之神。这一点，还可以从太阳神羲和、月亮神常羲以及嫦娥、嫘祖、湘妃等女神形象中得到印证。碧霞元君同样如是。

传说中东岳大帝的身世要么是开天之祖，要么是治世之帝，总之门第血统显赫。而碧霞元君的身世传说多为民女、玉女、仙女，且凡女玉叶得道成仙说影响最大。东岳大帝从形成之时便受到氏族首领及历代帝王的封禅祭祀，而碧霞元君最初的信众是女性，后来群体才逐步扩大。人们把碧霞元君称作“泰山老奶奶”“泰山娘娘”。比起“王”和“大帝”来，这些称呼显得亲切亲近、温馨温暖。如果说东岳大帝是帝王之神的话，那么碧霞元君则是老百姓自己的神。

东岳大帝与碧霞元君的历史影响此消彼长。从总体上看，伴随时间的推移，东岳大帝的职能逐渐变窄，而碧霞元君的职能逐渐扩大。汉魏之时佛教传入，佛教的“地狱”观念与“泰山治鬼”说不断融合，[①]泰山神的职司逐渐向主管阴间转化。明清以降，碧霞元君信仰成为朝野共识，其功能也由最初的单一性生育神逐步扩大为综合性的全能神；而东岳大帝的功能则朝相反的方向演进，逐渐由综合性的万能神演变成单一性的冥界王。真是此一时彼一时。今天，无论是社会地位还是社会影响，身居高位的东岳大帝都已把主流信仰让位给了平民出身的碧霞元君。碧霞元君俨然成了泰山主神。这不能不说是一个信仰的奇迹。

## 四

在泰安的民间传说中，泰山石敢当是个能驱妖除怪、镇宅护家的英雄好汉。比之东岳大帝、碧霞元君，泰山石敢当就像一位威武英俊且身怀绝技的邻家大哥。泰山石敢当与其说是神，不如说是仙。

---

①刘慧：《泰山信仰与中国社会》，上海人民出版社，2011年版，第243~303页。

泰山石敢当雕塑，王德全摄

诸多上古神话均与石头相关，如盘古化为山石、女娲以石补天、禹母感石生禹等。远古先民的生活也与石头密不可分，如用石头制造工具、打制武器、击磨取火等。石头质地坚硬，稳固牢靠，极易让人生发出与人世相关的正直、忠诚、坚毅、勇敢等高尚品格。原始的灵石崇拜与石头的审美特征融汇在一起，造就了泰山石敢当这个仙格化的人和人格化的仙。

泰山石敢当的主要本领是镇宅护家、治病驱邪。在先民智慧未开的懵懂时代，人们认为灾病皆因鬼妖作祟引起，只有震慑妖鬼才能安家护人。泰山石敢当被人们赋予了这些神威。泰山石敢当影响的迅速扩大，除了其功能适应了社会需求，还得益于其随物即形、随名附神的独特传播方式。泰山是泰山石敢当产生的基础，泰山石敢当的神力源自泰山，但泰山搬不动，移不走。于是人们便想出了简便易行的变通方法：有的以石代山，取块泰山石就代表泰山，就代表泰山石敢当；有的就地取材，在当地石头上刻写上“泰山石敢当”字样，就等于把泰山石敢当请到家来；甚至有的直接在巷口、墙壁上题写或刻画泰山石敢当的字样或形象，以让泰山石敢当名归石至。这种借代、象征、隐喻的方式极大地加速了泰山石敢当信仰的传播。唐宋以来，泰山石敢当信仰由北方到南方，从大陆到台湾，逐渐扩布到东南亚地区。

泰山石敢当还是降鬼怪、除病魔的高超神医。泰安地区流传着不少有关泰山石敢当因英雄救美而被许以婚配的美好故事。尽管泰山石敢当信仰一直未成为国家层面的祭祀，但这个信仰以其正义、单纯、生动的形象和鲜明浓郁的乡土气息而成为中华民族珍贵的群体记忆。

## 五

东岳大帝、碧霞元君、泰山石敢当，一天一神一仙，构建了泰山信仰的独特结构。

不同的历史阶段、不同的社会条件、不同的群体需求，塑造了三位神仙的不同定位、功能和作用：东岳大帝关乎国家，主社稷稳固；碧霞元君关乎社会，主人世幸福；泰山石敢当关乎家园，主顺达平安。虽然三者功能各有侧重，但其人文内蕴有机地统一在共同的精神核心中。祈愿“国泰民安”已成为对泰山信仰的代表性概括和综合性诠释。

# 第三辑

# 齐长城

# 齐长城

## 一

齐长城连接着泰山，然而泰山上并无齐长城。或者更为准确地说，在泰山主峰9公里半径之内没有齐长城城墙。

齐长城西起今济南市长清区孝里街道广里村北500米处的岭子头，东端于今青岛市黄岛开发区东于家河村东北入海。齐长城横贯山东东西，主线、复线总长度约619公里。[①]

齐长城串联起泰沂山系高高低低1500多座山峰，泰山是其中最高的山。齐长城就如同那条有着自然弯度的斧柄，而位于齐长城西端的泰山则是那块硕大坚硬的斧头。二者合在一起，形成了一把长柄斧子。然而这把斧子的斧头与斧柄间没有“斧穿”：齐长城的城墙没有贯穿至泰山主峰的核心区域之内。

今泰安市境内有齐长城遗址75公里。其中，泰山区、岱岳区境内有

①路宗元主编:《齐长城》，山东友谊出版社，1999年版，第30页。

齐长城58公里，均在泰山主峰西北钉头崖以西和泰山主峰东北的黄尖山以东。肥城市境内有齐长城遗址17公里。[①]

没有泰山，齐长城不能成为齐长城，这正是泰山之于齐长城的神奇所在。

齐长城起点，王德全摄

## 二

泰山主峰上没有齐长城，与齐国人构建齐长城的思路和方法有关。

首先，谋划齐长城，体现了齐国人以山借势的全局思维。齐国东西狭长，西为济水、黄河，东为渤海、黄海，南为泰沂山脉。因四周均有

①路宗元主编：《齐长城》，山东友谊出版社，1999年版，第40~48页。

山水阻隔，故齐国被称为“四塞之国”。但交通“四塞”并不等于国防平安。齐国人总结历次边防战事的经验教训，做出一个创造性的构想，即以泰沂山系分水岭为主线，利用地形山势，增以人工之力，修建守卫齐国南境的齐长城。这个创意将齐国的自然禀赋与人的能动作为有机结合起来，把齐国的山地防御、河流防御、海洋防御连为一体，为齐国构建起统筹山、河、海的闭合防线。这一善借山势的防卫思路，颇具大视野，堪称大手笔。

其次，布局齐长城，体现了齐国人对齐长城综合功能的深刻理解。仅有城墙还不是齐长城。齐长城沿线的关隘、城堡、兵营、烽燧都是齐长城的有机组成部分。这些设施在齐长城防御中各具功用：关隘为通行与管控之卡，城堡为守民及库备之所，兵营为进攻与退居之处，烽燧为预警与传信之台。目前齐长城沿线共发现关隘31处，城堡、山寨50座，兵营8座，烽燧约隔5公里一座。这些设施功能互补，呼应配合，层层有防，步步为营，构成一个集观察、守卫、储备及进攻于一体的防御系统。如在以沂山和穆陵关为中心的南北60多公里、东西80多公里的区域内，有5条总长400多公里的齐长城主复线。5条防御线内，即有关隘10多处，城堡、兵营、烽燧等30余处。

再者，建设齐长城，体现了齐国人因地制宜的权变智慧。从现存可见的齐长城遗址看，修建齐长城并没有整齐划一的标准模式。在齐长城修建中，建设者们最大可能地就地取材，最大可能地节省人力，最大可能地提高效率。目前可见的齐长城城墙有土墙、石墙、土石混筑墙三类：平坦地带多用土筑——宽十几米至二十余米的土墙，经多层夯打，紧实坚固；山岭之上多以石砌——沿山脊外侧修砌的石墙，外陡御敌，内平宜守；混筑多是土石并用——在石块砌成的基础上，再夯土起筑。

但以土筑、石砌、混筑方式筑墙，并不是齐长城筑墙方法的全部。在齐长城筑至险峻之处时，齐国人巧妙地运用了更为有效的连接方法：

以山险代墙。在泰山主峰以北5公里处，从西侧的钉头崖向东，有老鸦尖山、高山尖子、摩天岭、清阳台等海拔700米以上的山峰37座。这些山峰的山脊线蜿蜒横贯，连成一线，成为长约15公里的齐长城的天然“山险墙”。至今济南市长清区一带还流传着“长城修到钉头崖，一降四十里”的谚语，即言泰山主峰北面没有齐长城城墙。

齐长城城墙在泰山上的“留白”，墙断意连，意在墙先，可谓“山本非墙山即墙，城在山中山为城”。

## 三

齐国人修建齐长城，既必要，又可能。其必要性基于国防需求：周边有对手，战争有需求，军队有短板；其可能性基于建设能力：边境有条件，国家有实力，战略有引领。

齐国人修建齐长城的必要性主要表现在：

其一，周边有对手。在春秋战国的较长时期内，齐国的西北是燕国，西方是晋国，西南方是卫国，南方是鲁国和莒国。燕国实力较弱且与齐国间有济水、黄河阻隔，燕国对齐国构不成太大威胁。同时西南方、南方、东南方的各个邻国国力均不及齐国。而西方的晋国以及更远方的楚、吴、越等国则在不同时期时常单独或者联合齐国的弱小邻国侵扰齐国。春秋前期至齐桓公时代，齐国逐步成为疆域西至黄河、东至大海、北达今河北唐山、南及今江苏盱眙的春秋首霸。此时强大的齐国还不太担心他国滋扰。然而在齐桓公之后，晋国逐步跻身霸主地位，并在近百年间成为齐国的头号敌人。至春秋后期，鲁国、莒国积极援引、攀附势力北上的吴国、越国，齐国的国防压力剧增。战国中期，楚国北上灭鲁，山东只剩下齐、楚两个大国，齐国大敌当前。从总体上看，在整个春秋战国时代，虽然齐国的霸业时有起伏，但齐国一直是诸侯中的

“富裕户”。列强对齐国羡慕嫉妒恨，总有着想发财、打齐国的觊觎垂涎之心。先有晋国，后来吴越，又有楚国，在狼去虎来的情况下，齐国始终不敢不防、不能不防、不得不防。

其二，战争有需要。人类的文明史实际上就是战争史。中国古代战争经历了以石为兵、以玉为兵、以铜为兵、以铁为兵几个阶段。至少到商代早期，我国即进入以青铜为兵器的冷兵器时代。战国时期，铁制兵器成为冷兵器的主要品类。至清朝，逐步进入热兵器时代。生产力水平的提高不断改变着战争的观念与战争的形态。

战国之前的战争以车战为主。其时战车的数量与质量体现着国家的实力。战车以“乘”为单位，一般1车2马或4马。车上车兵3人，随车兵卒15人。[①]战车装备的特殊性决定了车战的自身特点：一是角力在车、兵。车战是阵法、战车、车兵之间的较量。交战双方经过布阵、挑战、对射等环节后，便展开战车对攻。因双方战车相向隔着8匹马，所以只有在两车侧逢时，双方车兵才能用手中长3米以上的戈矛进行击刺。战车上的车兵，不仅要在双方相向高速运动中控制战马战车，而且要在战车行进中进行拼杀。要完成这些高难度动作，必须有高超的个人能力和战友间的默契配合。春秋之前，只有贵族子弟才有资格代表国家打仗，平民和奴隶只能做些喂马、做饭之类的后勤保障工作。因此周代贵族子弟从小就要学习礼、乐、射、御、书、数“六艺”，其中“射”即射箭、“御”即驾车。二是交战时间短。车战对攻需要列队、编组，一旦阵形打乱，短时间内不容易重新组织。因此春秋时的车战时间都不长，如城濮之战、邲之战、鞍之战等著名战役都是一天之内即见分晓。三是战场场地大。古代的战车一般长宽各3米左右。作战时双车为一编组，横向列队迎敌。因战车体积大、列阵需空间，所以车战需要在平阔的大场地

①袁庭栋：《古代的战争》，中信出版集团，2018年版，第115页。

上进行。丘陵、山地、林地等不适宜车战。车战中双方较量的焦点主要集中于车与兵，争夺要塞、进攻城池、构筑工事则相对而言不那么紧要。

骑兵的兴起颠覆了车战模式。骑兵的大规模发展始于战国中期赵国的赵武灵王。[①]赵武灵王从与北方匈奴骑兵的屡战屡败中吸取教训，决意在赵国强力推行“胡服骑射”。赵武灵王以非凡的勇气，带头穿短衣长裤，骑马射箭，建立起赵国以骑兵为主体的军队。“胡服骑射”使赵国一改被动局面，接连取得胜利。各国纷纷效仿赵国，以战车为核心的战争方式逐渐转变为步兵、车兵、骑兵联合作战的方式，并且越到后来越以骑兵作战为主。

骑兵机动性能高，攻击力量强，反应速度快。骑战极大地改变了战争形态。一是扩大了战争规模。春秋时期，700乘、800乘兵车参战即已算大规模战争。至战国时期，晋国首先打破“野人不当兵”的限制，允许平民上场参战。各国纷纷效仿，军队兵力骤增。按照纵横家苏秦、张仪的描述，秦国、楚国已有“骑万匹”，魏国、燕国已有“骑六千匹”，再加上步兵、车兵，战国时代的军队规模动辄已有十几万人、几十万人。战争的周期也由春秋时期的一日、数日，拉长为持续一两年乃至几年、十几年。二是改变了战法战术。春秋时期的车战堪称君子之战。双方约定时间地点，事先摆好战阵，而后击鼓拼杀。而骑兵利用其速度优势，或正面突击，或侧方包抄，或远袭敌后，或断其支援，作战方式比车战时的冲击战更为灵活丰富。同时战争伦理也由车战时的循规蹈矩变成了骑战时的兵不厌诈。三是拓展了战争场地。骑战的作战地点已不局限于车战时的平阔地形。交战双方更注重利用地形地物，或扼守险要、居高临下射人先射马，或构筑工事、设置阻隔拦人先拦马。

---

①袁庭栋：《古代的战争》，中信出版集团，2018年版，第137页。

其三，齐军有短板。与齐军相比，齐国的敌人似乎个个能征善战、神勇无比：莒国人国小志大，不畏强权，齐国从来不敢小觑莒国；吴国人、越国人有古百越之风，其剽悍之势简直让齐国军人患上“恐越症”；楚国人执着拼命，是不好对付的“拼命三郎”。而与这些强敌比起来，齐军则是出名的“兵熊熊一窝”。一是战斗精神失却。齐国人生活富裕，他们爱音乐、爱宠物、爱赌钱、爱体育，但唯独不爱去打仗卖命。二是军功激励失效。在齐国的军功政策中，杀敌十人与杀敌一人奖励区别不大；奖励方式赐钱不赐田，奖赏“含金量”不够。三是组织训练失范。虽然单个齐国人往往尚勇好斗、武艺高超，但齐国军队缺乏对士兵的严格管理，士兵很像忠诚度、协同性不高的雇佣兵。四是社会约束失落。齐国是个居民从事行业多、人员地域来源广的工商社会，对士兵行为的血缘及地缘约束较难形成。人防不行靠物防。修建设施也是加强国防的无奈之举。

修建齐长城还有可能性。

首先，边境有条件。齐国人对齐鲁边境的掌控是进行齐长城施工的必备条件。泰沂山系是齐鲁分界之山。唐代诗人杜甫在其著名诗作《望岳》中曾感叹“岱宗夫如何，齐鲁青未了”。泰山山顶的天街上尚有“瞻鲁台”。但实际上，这个分界只是大致而言。在齐鲁两国并峙的近800年里，齐鲁两国的分界线伴随齐国实力变化而不断游移。春秋中期之前，齐国南部的齐鲁边界大约在汶水一线，至今泰安大汶口镇的大汶河石桥上仍有后人所设的齐鲁分界石；齐国东南一带的边线大约稳定在今临沂至日照一线。至春秋晚期，齐国夺取汶水南岸的阳关、海陉，汶水防线愈加牢固。战国时代，齐国南部边防线有时南伸到今费县与滕州一带。边境不可控，无以修长城。能沿泰沂山系施工修城，意味着齐国人在其具有话语权的南线边境构筑起一个退可守、进可攻的防卫地带。

其次，国家有实力。从姜太公开始，齐国经过近300年数代国君的励精图治，至战国时期，其盐业、渔业、冶铁业、丝织业等产业发展达到顶峰。作为齐国重要军事和防御基地的平阴邑里出现了不小于10万平方米的手工作坊群。齐都临淄已成为最为繁华的国际大都市。按照纵横家苏秦的描绘，其时临淄的街道上车水马龙，市民摩肩接踵，人们把衣襟连起来能够成为帷帐，把袖子举起来能够成为幔幕，每一个人擦一把汗就如同天上下雨。齐国的富庶为修建齐长城奠定了坚实的经济基础。同时齐国还具备修建长城的技术实力。齐国的冶铁技术发达，铁制工具普遍应用；齐国人具备了勘察、测绘、结构、材料等方面的技术知识；齐长城的工程组织也经过了精心筹划，如施工时间一般安排在雨少、农闲的春季。

再次，战略有引领。齐国具有修建齐长城的思想基础。姜太公、管仲、司马穰苴、孙武、孙膑等都是齐国的著名军事家。传为姜太公所撰的《六韬》被称为我国第一部兵书；孙武的《孙子兵法》更是我国古代兵家谋略的典范之作；《管子》中亦有许多高超精妙的战略思想。齐国兵家文化把“不战而屈人之兵”的全胜战略作为最高境界。修建齐长城即这种强防御、求智取思想的重要体现。

天时、地利、人和，让齐长城的修建应势而成，顺理成章。这一举全国之力实施的浩大工程，不仅激发了齐国人的灵感与智慧，调动了齐国人的金钱与物资，汇聚了齐国人的技术与汗水，而且在更大的程度上，彰显了齐国人的霸气与功业，守护了齐国人的家国与河山，创造了齐国人的传奇与辉煌。

## 四

对于齐长城的始建时间，历来说法不一。有人认为在公元前685年的齐桓公时期就已开始修建齐长城，有人认为在公元前555年的平阴之战时开始修建齐长城，也有人认为迟至公元前301年的齐宣王时期才开始修建齐长城。这些说法虽各有据但亦各存疑问。齐桓公时期齐国称霸诸侯，似无修建长城之必要；平阴之战时在平阴邑西南挖沟筑防，但不一定就是在大规模修建长城；至于战国时期齐宣王修长城则更可能是对齐长城的修复加固，而不会是刚刚开始建设齐长城。

清华简的发现解开了齐长城始建之谜。清华简是清华大学于2008年7月获得的一批战国竹简。清华简在秦之前被埋入地下，最大限度地保存了先秦古籍面貌。综合清华简所提供的时间线索及各种信息判断，齐长城的大规模修建应在公元前441年的齐宣公时代。①

齐宣公是姜姓齐国的倒数第二位国君。从其父齐平公开始，齐国的大权已落入田氏大臣之手。此时齐国70多座城池的“一把手”基本上全是田氏的人，齐国事实上已为田氏家族实际掌控。然而虚君强臣的治理结构似乎并未影响齐国的国势，反而让齐国步入罕见的强盛时期。这个时期的齐国对外战争接连胜利，国土得到迅速扩张。公元前441年至公元前430年期间应是齐长城的集中修建期。修建齐长城与晋国、越国伐齐有关。清华简《系年》第二十章记载，公元前441年，晋国与越国联合伐齐，“齐人焉始为长城于济，自南山属之北海”。结合相关资料印证，这段记述即明确地标明，公元前441年齐国人开始在平阴邑南修建齐长城。

古平阴邑位于今济南市长清区孝里街道东障村。中国古代有江、河、淮、济“四渎”之说，“四渎”即今天的长江、黄河、淮河、济水。“四渎”中的黄河、济水从古平阴邑的西侧流向东北方向。至今济水因被黄河抢道而不见踪影，唯在济源、济南、济阳等地名中尚存依稀痕迹。古平阴邑地势低洼，长年饱受水患之苦。为防范洪水，至少在公

①张溯、梁洪燕：《清华简〈系年〉与齐长城考》，见《中国国家博物馆馆刊》2017年第1期。

元前555年之前，齐国人便在古平阴邑西南约2.5公里处的广里村修筑环城堤。为方便车马行人，还在堤上开辟了便于通行的“防门”。这道防洪的长堤极可能就是齐国人后来修建齐长城的基础。通过对这道防洪长堤进行加固、扩建、延展，齐国人将这条本来用以防洪的“巨防”改造成用以御兵的齐长城。公元前441年的晋、越伐齐，为这条长堤由水防变兵防提供了历史契机。此后齐长城的修建由西段至东段，建单线增复线，各类配套设施陆续完善。齐长城的整个建设过程有集中突击，有分期间歇，前后大约持续了150年。

齐长城遗存，王德全摄

以修建长城的方式进行防御，可能并不是齐国人的首创。有资料表明，楚国人在春秋早期修筑的全长500多公里的楚长城，是目前已知的中国最早的长城。齐国人修建齐长城也影响带动了诸侯各国修建长城。至公元前300年左右，秦国、赵国、燕国各自沿400毫米降水量线修建长城，以抵御匈奴侵扰。秦帝国建立后，秦始皇集聚大量人力、物力、财力，将北方各国修建的长城串接起来，使秦长城成为国家疆域的边界线，也成为农耕民族与草原民族的分界线。

以修建长城的方式进行防御，也并非中国独有。约公元前5世纪，古希腊人就已修建了古希腊长城。古罗马皇帝哈德良曾沿英国与苏格兰分界线修建了著名的哈德良长城。巴基斯坦长城、高句丽长城、古罗马长城、伊朗长城、中国明长城被称为世界五大长城，其中绵延2万多公里的中国明长城是世界上最长的长城。

## 五

关隘是齐长城的冲要所在、枢纽所在，也是齐长城的命脉所在、活力所在。齐长城上有关隘30余处，其中较为重要的关隘10余处。这些关隘要么设在高山峻岭之间，要么设在深沟峡谷之内，要么设在江河要津之畔。它们有的随修建齐长城而建，也有的先于齐长城修建。穆陵关、青石关、锦阳关被称为“齐长城三大关隘”。

穆陵关位于沂山东南，是齐国通往南方的第一雄关。穆陵关西北方与沂山主峰相隔五重千米高山，东北方为海拔500米的太平山，西边、东边分别为海拔近500米的大岘山和黄墩顶，正南方2000米处有海拔487米的小岘山。[①]穆陵关关口与小岘山之间是一片开阔的口袋样谷

①张华松：《齐长城》，山东文艺出版社，2004年版，第71页。

地。穆陵关关口扼南北咽喉，进可攻，退可守，堪称“一夫当关，万夫莫开”。或许是穆陵关过于易守难攻，先秦时并无大的战事发生于此地。一些为数不多的战事均发生在秦汉之后。

青石关位于今济南市莱芜区和庄镇青石关村，被称为临淄南大门。青石关距泰山主峰约70公里。青石关以东即沂山地区。青石关原有南、北、西三座城门楼，现仅存北门，是齐长城遗存中的唯一关门。北关门以南约100米长的路石上现有8厘米深的车辙痕迹，由此可见关口当年车水马龙之繁荣景象。许多战事与青石关相关：公元前684年的齐鲁长勺之战的战场距青石关7公里；952年，后周讨伐慕容彦超之战、咸丰同治年间的御捻之战乃至1947年的莱芜战役都发生在青石关附近。

锦阳关位于今济南市莱芜区雪野街道，距泰山主峰约60公里。锦阳关东西两侧分别为磨池岭和曹峪顶。锦阳关原称“近阳关”，因距位于今泰安市岱岳区房村镇的“阳关”不远而得名。[①]锦阳关战略地位重要。以锦阳关为支撑点，齐可近取汶北嬴博之地，远制泗上邹鲁诸侯。同时在周围山峰或制高点上修筑城堡、烽燧等军事设施，可御吴楚于国门之外。锦阳关距青石关约10公里。发生在青石关附近的战事也与锦阳关相关。

关隘的首要功能是军事防御。在较长的时间里，齐国的劲敌首要来自中原。因此齐长城西部防线上的关隘要多于中东部防线。就齐长城三大关隘而言，锦阳关重点保卫位于今济南市章丘区的东平陵城，青石关主要守卫齐国国都临淄城，穆陵关主要守卫齐国的中部腹地。至战国时代，随着齐国边防线的南移，齐长城关隘又在齐国向南扩张中充当了跳板与基地的角色：它既是为齐军南下作战输送兵力和给养的兵站和仓库，又是齐军在前线作战溃退时的避难所。公元前484年齐军在与吴国

①张华松：《齐文化与齐长城》，中国戏剧出版社，2000年版，第217页。

进行的艾陵之战中大败，正是靠逃入锦阳关自守才躲过一劫。

在军事功能之外，齐长城关隘还具有重要的经济功能。齐国与周边各国沟通往来的16条道路，大部分要通过齐长城上的关隘。战时防御、平时通商是这些关隘的功能常态。管仲所策划的齐鲁“织绨之战”，即为发挥关隘作用、施以“轻重之术”的商战经典案例。鲁国的百姓善于织绨——纺织丝绸。齐桓公率先垂范，引领齐人争相穿着丝绸。同时齐国人以高价从鲁国购买丝绸，导致鲁国人纷纷养蚕织丝，荒废了农耕种粮。一年之后，齐国人突然封关，严禁鲁国丝绸入齐。结果鲁国既卖不出丝绸，又没有粮食可吃。齐国人开始高价售粮，致使鲁国的粮价比齐国高近百倍。鲁国百姓为口粮所迫，纷纷迁到齐国。鲁国经济迅速崩溃。最后鲁庄公主动言和，从此听命于齐。管仲所策划的“织绨之战”的核心在于：利用民有余则轻之，民不足则重之的手段，以关卡控制物流余足，以余足控制民心向背。在齐长城修建前后，齐国人多次采用此类开关闭关的商战办法对付敌国并且屡试不爽。

## 六

春秋战国是一个大冲突、大动荡的时代。史载各国间所发生的规模不同的战争达480多次。或由于特殊地理环境，在齐国所参加的近150次战争中，除去晋鲁联军侵齐、燕将乐毅攻齐等少数几次浩劫，齐国本土始终未成为主要的战场。在绝大多数时候，齐国与外国的战争发生在齐长城沿线外侧的几道防线上。发生在齐长城南侧的著名战事或会盟有“三战一会”：平阴之战、艾陵之战、廪丘之战和夹谷之会。“三战”中齐国的主要对手是晋国、吴国、赵国，“一会”中齐国的主要角力对象是鲁国。平阴之战、艾陵之战和夹谷之会都发生在大规模修建齐长城之前，唯有廪丘之战发生在大规模修建齐长城之时，并且战场还距齐长城比较远。

平阴之战发生在古平阴邑。这个距泰山主峰约95公里的城邑是齐国沟通中原诸国的重要通道乃至必经之地。从齐都临淄西行经今济南市章丘区、历城区，过古平阴邑，沿泰安市东平县、宁阳县，济宁市汶上县向西南可直通中原。古平阴邑是齐国的西大门，敌国一旦突破古平阴邑，便可沿泰山以北与济水、黄河之间的走廊，直扑齐都临淄。

公元前555年，以晋国为首的诸侯联军讨伐齐国。为御敌于国门之外，齐灵公调集重兵，亲自到平阴邑坐镇。齐灵公下令在堤防外侧挖壕护城，并以堑壕之土加固堤防。诸侯联军在强攻防门无效后施以攻心之术，进行威胁恐吓。晋军佯告齐灵公，鲁国、莒国已分别从齐国的南面和东面夹攻齐国；诸侯联军还在平阴城外遍插旌旗，以战车拖树枝营造尘土飞扬、调防布阵的假象。齐灵公登山观望，担心腹背受敌，便临阵脱逃。随后齐国守军悄然撤退。晋国联军兵不血刃地占领平阴邑。此后晋国联军又兵分两路，向东、南两个方向的齐国腹地扫荡抢掠。至次年正月，方收兵撤离。平阴之战以齐国大败而告终。

艾陵在今济南市莱芜区西北约20公里的城子县村附近。城子县村的所在地嬴邑，相传为秦始皇先祖伯益的封地。公元前484年，齐军在这里与吴国、鲁国联军展开大战。在今天人们的印象中，齐国与吴国似乎相隔甚远，吴国怎么还能千里迢迢来进攻齐国呢？今天泰山顶上有一个叫“望吴胜迹”的景点，说孔子曾在泰山上望到了吴国国都苏州的城门；泰山距苏州700多公里，孔子能看得那么远吗？其实，这是当代人对历史地理的想象误区。春秋末期，吴国实力强大，极盛时的吴国最北端疆界已与齐国、鲁国在今天的莒县城一带接壤。泰山距齐、吴、鲁边界的直线距离约200公里。在天朗气清的时节，孔子站在高处，约略望见吴国的地盘应不是没有可能。

公元前484年，齐国权臣田乞唆使即位不足一年的齐简公出兵伐鲁。

孔子派子贡给田乞秘密进言，让其不要讨伐国力弱小的鲁国，而去攻打实力强大的吴国，以损耗其内部政敌的力量，达成借刀杀人之效。田乞转而伐吴。吴王夫差倾国而出，迎战齐国。吴鲁联军攻克位于今泰安旧县村的博邑，然后沿嬴汶河谷地向东北挺进，攻克位于城子县村的嬴邑。

在嬴邑附近的艾陵，吴鲁联军与齐国军队对峙。艾陵之战爆发。在双方互有胜负后，吴鲁联军诱使齐军进入包围圈，最终歼灭齐国甲士3000余名，俘获齐国兵车800辆。然而吴鲁联军取得胜利后，却没有继续北上深入齐国腹地扩大战果，而是“葆之大山”，屯驻大军于泰山脚下。据说吴王夫差不贸然前进，就是因为对齐长城有所顾忌。[①]

廪丘之战是齐军伤亡极为惨重的一次战役。公元前405年，齐国执政田悼子去世，田和出任齐国国相。田氏贵族田会心有不服，在位于今山东省菏泽市郓城县西北的廪丘邑举兵叛齐，投靠赵国。齐国派大夫田布前去平叛。田会见寡不敌众，便向赵、魏、韩三国求援，三国联军与田会内外夹击，大败齐军。齐军死亡3万余人，损失兵车2000余辆。次年，三国联军乘胜攻陷齐长城，占领平阴。赵国此后占据平阴约10年之久。

齐鲁夹谷之会是发生在齐长城一线的著名事件。春秋时代，诸侯列国首脑经常以会盟方式沟通、商议军政大事。会盟的召集人往往是那些有实力和号召力的霸主国家。如齐桓公在位40多年，就主持诸侯会盟15次之多，俨然成为实际上的天下“共主”。

公元前500年春天，鉴于晋国内讧激烈已不足恃，鲁国主动修好于齐。齐景公约请鲁定公来夹谷相会，想借机压服鲁国。鲁定公与孔子共同赴会。孔子作为司仪主持会盟。会盟开始后，齐国安排一群莱人舞矛

①张华松:《齐长城》，山东文艺出版社，2004年版，第98页。

弄剑，鲁定公处境危险。孔子迅速带两员大将上前护卫并直接指斥齐景公，鲁定公方化险为夷。在订立契约时，齐国又突然提出，齐国出征时鲁国必须出兵车三百乘相从。加上此条实际上意味着鲁国成为齐国的附庸国。孔子快速反应，提出若增加此条款，齐国必须同时将侵占鲁国的汶阳田归还鲁国。经过双方你来我往，最后齐国无奈将位于今菏泽市郓城县、泰安市宁阳县、新泰市的三处地方归还鲁国。孔子在外交场合针锋相对，在国势不如人的情况下，以其大智大勇维护了国家尊严。[①]

对于夹谷的具体位置，历来众说纷纭。一般认为夹谷在今淄博市淄川与博山两区交界处的城子村。这个地方的东、西山上均有齐长城遗址。

## 七

泰山和齐长城是齐国和鲁国的地理分界，也同时是齐国和鲁国的文化分界。

周武王分封是齐文化、鲁文化形成和发展的历史起点。齐国、鲁国的不同角色定位、不同治理方式、不同文化承继，是导致齐文化、鲁文化根同枝别的关键因素。

其一，齐国和鲁国的立国定位不同。姜太公和周公旦都是周朝的建国功勋。对如何分封二人，周武王进行了深思熟虑。最终周武王决定将泰山东北的临淄一带分封给姜太公，而将泰山以南的曲阜一带分封给周公旦。临淄一带地“方百里”，区域狭小且多为人烟稀少，五谷不生的盐碱滩。据说姜太公祖先为东夷人。周武王封姜太公于此，主要是想“以夷制夷”，让姜太公镇抚诸夷，拱卫中原。曲阜一带地处汶河流域，

①张华松：《齐长城》，山东文艺出版社，2004年版，第91~94页。

“方七百里”，地势平阔，物产富饶。周公旦是周武王的同胞兄弟。周武王封周公旦于此，主要是想在鲁国建立一个周文化中心，在东方树立一个具有完整性、代表性、示范性的宗周样板。在区位之外，周王朝对齐国、鲁国的治理政策也不相同。对于齐国，周王朝主要是嘉名与放权，如给姜太公以“首封”荣誉，齐国君主逝世后可归葬于周，赋予姜太公讨逆征伐、自定国策之权等。而对于鲁国则主要是宗正与扶持，鲁国可以使用天子礼乐进行祭祀，给鲁国以大量的人、财、物陪送等。所有这些制度安排，都体现了周王朝对齐国、鲁国的不同功能定位和不同深层心理：以齐为“用”甚或抑齐薄齐，让齐重在靖边，重在开发，重在尚武，以折冲周王朝的现实忧虑；以鲁为“本”乃至亲鲁厚鲁，让鲁重在屏周，重在守成，重在崇文，以体现周王朝的未来理想。

其二，齐国与鲁国的治理思路不同。姜太公与周公旦都是具经天纬地之能的治国英才。姜太公被称为“兵祖”，且被后人神化；周公旦被称为“元圣”，被誉为让“天下归心”的完人。虽然二人都杰出非凡，但不同的国家定位以及他们二人不同的人生经历、志趣性格、价值偏好都让他们治国理政的方式迥然不同。

姜太公早年当过屠夫，摆过地摊，做过小吏，后自甘贫寒，垂钓乡间。直至80多岁时，姜太公才被慧眼独具的周文王发现并任用为相。大器晚成的姜太公竭力辅佐周文王、周武王灭殷兴周，为周王朝立下赫赫功业。姜太公性格坚韧刚毅，会通百家韬略，善于安人理政。获封齐地后，姜太公数经征战，制服莱夷，稳定政权；然后审时度势，因地制宜，以务实开明的策略治理齐国：通过“因其俗，简其礼”管理社会，通过尊贤达、尚功业激励人才，通过“通商工”“便渔盐”发展经济，使齐国迅速成为诸侯各国中的经济社会发展高地。

周公旦生为王子，长于宫廷。他温文仁厚，严谨执着；多才多艺，文武双全。周公旦封鲁后，因需在朝廷辅佐幼主成王而让儿子伯禽代自己到鲁国就封。周公旦制定了治鲁的大政方针并亲赴鲁国解决重大问题。在政权巩固方面，他东征残奄，外迁反抗移民；卜居曲阜，规划鲁城布局。在经济发展方面，他注重发挥自然条件优势，推行重民好农政策，发展农业生产。在社会管理方面，他“变其俗，革其礼”，建立新制度，实行周文化，使鲁国成为“周礼尽在鲁”的礼乐文化中心。不同的治理思路产生了不同的治理效果：姜太公受封齐地之后，仅五个月即向周公旦报告政绩，而伯禽向其父周公旦报告政绩比齐国要晚三年。周公旦为此而感叹：今后鲁必弱、齐必强，鲁后世必“北面事齐”。

其三，齐国与鲁国的文化承继不同。从总体上看，齐鲁两国都位于海岱东夷族聚居区域内。从北辛文化到大汶口文化，再到龙山文化、岳石文化，两国有着共同的文化谱系。尽管海岱不同地区间的文化存在着程度不同的差异，但比之以农耕为主的周文化，这些差异只能算作大同中的小异。但在齐国、鲁国各自立国后，两国文化的发展开始明显分化。姜太公的因俗简礼使齐国更多保留了东夷文化的特性，而周公旦的变俗革礼，则使鲁国在文化上去夷归周。

历经近800年，齐文化、鲁文化发展成为各具特质、各存特征、各具特色的文化体系。鲁文化尊礼、崇德、重农、上恩。一是尊礼。礼是由周公整理、改进、弘扬的一套包括饮食、起居、祭祀、丧葬等内容在内的具体可操的社会典章制度和行为规范。鲁国是典型的周礼的保存者和实践者。二是崇德。鲁国强调构建合乎传统的个人伦理、家庭伦理、社会伦理，治国强调德政，社会崇尚德义，做人讲求德行。三是重农。汶泗流域田野肥沃，适宜农耕，“宜五谷桑麻六畜”，具有发展农业的优势。四是上恩。鲁国用人讲求血缘门第，宗法贵族势力强大。

而齐文化则更为尚功、包容、求变、贵民。一是尚功。姜太公“尊贤尚功”，以建功立业为标准发现人才、激励人才、评价人才。齐国涌现了以管仲、鲍叔牙、晏婴等为代表的一大批治国栋梁。齐国实施“士农工商，四民分业”政策，大力发展工商经济，各行人才在各个岗位上匠艺传承，大显身手。二是求变。齐国人“不慕古，不留今，与时变，与俗化”，在治国理政诸方面均有创新：在政治上创设宰相制度、五官行政制度；在经济上创制“井田畴均”“官山海”制度；在军事上创立军政合一制度；在科技上创造鼓铸山铁技术等。至于准允男子同性恋、女子服饰男性化等，更是开一代新潮。三是包容。齐国人思想开明，大度宽宥，涵容八方。稷下学宫为百家争鸣提供了平台；齐桓公不记一箭之仇，任用管仲为相；齐都临淄兼容并包，学者士人、富商大贾、侠客武生纷至沓来；司马迁曾感叹齐国有大国气度。四是贵民。姜太公具有“天下非一人之天下也，天下之天下也”的思想；管仲也明确地提出“王者以百姓为天”；晏婴主张“以民为本”。齐国制定了一系列顺民利民、爱民恤民、富民安民政策。这些民本思想虽然与现代民主观念有根本不同，但在两千多年前能有这种重民理念，实属难能可贵。

齐文化与鲁文化的重要区别还体现在教育与办学方面。鲁国以“兴于诗，立于礼，成于乐”作为教育手段。孔子是中国历史上大规模兴办私学的第一人，致力于通过启发诱导、因材施教、学思并重、教学相长，培养治理国家的贤人君子。儒家学派也正是在孔子私学教授的过程中而形成。而齐国教育的辉煌之处更在于稷下学宫。田齐桓公田午在国都临淄的稷门附近设置了具有“三合一”功能的学宫。稷下学宫既是一个官办高等学府，又是一个学术研究中心，还是一个政治参议机构。首先，稷下学宫是一所学校。学宫有条件优越的校舍，有来自四面八方的师生，有周密严格的制度规训，真正变一人之教为众人之教，变一家之学为百家之辩。其次，稷下学宫还是一个学术研究中心。稷下学宫趋士、贵士、好士、养士，兴盛时人数上千。儒、法、道、阴阳及农、名、兵等不同学派学者在这里衣食无虞，享受礼遇。他们以觉醒的主体精神、积极的创造意识围绕王霸、义利、天人、善恶等课题切磋驳难，推动了先秦思想学术的大发展、大集成、大融合。再次，稷下学宫有着重要的参政议政功能。稷下先生既善于表达政治主张、治国方略，又敢于坦陈时政利弊、逆耳谏言。为鼓励学者广开言路，齐宣王曾一次赐76名学者“上大夫”官职。

几乎与兴办稷下学宫同时，柏拉图于公元前387年在古希腊雅典创办了希腊学园。稷下学宫与希腊学园都是其时最伟大的头脑、最伟大的思想的汇聚地：稷下学宫集合诸子百家，希腊学园传承苏格拉底、柏拉图、亚里士多德的思想。两个机构都注重培养治国理政的优秀人才，但稷下学宫更专注于国策、人性等时政及伦理问题的探讨，而希腊学园则更注重对数学、天文、音乐、哲学等科学及思想的学习与传播。稷下学宫与希腊学园是轴心时代东西方文化的双璧。

齐文化、鲁文化是那个时代的文化高峰。齐文化重变革，尚多元，是智者式的开放型文化；鲁文化重德义，尚一统，是仁者式的守成型文化。二者各有其长，亦各存其短：齐文化能动尚功，但有时会流于重利轻义；鲁文化崇礼明德，但有时易导致僵化虚繁。唯有双方相互观照，相互融通，实现创造性转化、创新性发展，方能催生齐文化、鲁文化的聚变升华。

## 八

齐文化、鲁文化伴齐长城的形成而发展，亦随齐长城的隳废而汇合。伴随秦始皇统一中国后的“决通川防，夷去险阻”，齐长城被拆除，齐文化、鲁文化逐渐融合为统一的齐鲁文化。

齐鲁文化的形成伴随齐文化、鲁文化产生、发展、融合的全过程。这个过程表现为时间的全周朝与内容的双向度。从时间看，齐鲁文化的形成奠基于春秋战国，决定于秦朝统一时期，完成于两汉时期。从内容看，齐文化、鲁文化的融合既有鲁文化对齐文化的兼收，也有齐文化对鲁文化的并蓄，如春秋时期孔子到齐国避乱，齐文化中“尊贤尚功”的观念成为孔子尊贤思想的直接来源；荀子战国时期久居齐国，其“尊君爱民”思想和积极进取精神便是对儒家观念的申发承继。

齐鲁文化的形成并不是齐文化、鲁文化内容的均等相加。齐鲁文化之于齐文化、鲁文化，有主选、有次选；有强化、有遮蔽；有申发、有消解。在董仲舒所构建的以儒家文化为中心的齐鲁文化体系中，鲁文化是主干，齐文化是从属。

至汉武帝时期，董仲舒以鲁文化中的尊君思想为核心，将齐文化中的阴阳五行学说与鲁文化中的仁、义、礼、智、信伦理相结合，提出“天人感应说”，并依此构建了将神权、君权、父权、夫权贯穿在一起的“三纲五常，君权神授”帝制神学体系。齐鲁文化的一体化宣告完成。

在汉武帝确立“罢黜百家，独尊儒术”的政策之后，董仲舒所构建的齐鲁文化体系跃升为国家主流文化体系。至东汉郑玄遍注儒家经典，打通古今经学，齐鲁文化则作为基础与骨干融入多元一体的中华文化洪流之中。

新的时代呼唤具有新内涵的新型齐鲁文化。唯有基于原来、借鉴外来、放眼未来，才能以新的格局、新的视角、新的理念挖掘齐文化、鲁文化中具有时代价值的精神内涵，让齐鲁文化所蕴含的自强不息的刚健精神、崇尚气节的爱国精神、包容开放的创新精神、厚德仁民的人道精神，在新时代焕发出更加强大的生机活力。

## 九

齐长城的修建历时漫长。这项费力、费钱、费心的大工程深刻地影响了齐国人的生活。那些有关修建齐长城的人与事也随着时间的推移逐渐渗透并嵌入老百姓的深层记忆之中。这份记忆由国防工程而生活事件，由生活事件而社会现象，由社会现象而文化存在，由文化存在而心理积淀。孟姜女哭长城传说的演变过程，清晰地印证了这一点。

孟姜女哭长城与牛郎织女、梁山伯与祝英台、白蛇传一起被称为“中国民间四大爱情传说”。从唐代开始，民间传说中就已把孟姜女所哭的长城当作秦长城。

孟姜女所哭的到底是秦长城还是齐长城？史学大家顾颉刚研究考证后，认为是齐长城。孟姜女的故事最早可追溯到《左传》。前549年，齐庄公为报平阴战败之仇，率大军偷袭晋国。因晋国防备，偷袭未成。返回时齐国顺路偷袭莒国。齐将杞梁在战斗中身亡。齐庄公返回齐国途中，在临淄城外遇见杞梁的妻子，就想就地祭吊杞梁。杞梁的妻子认为在郊外祭吊是失礼。庄公只好到杞梁家中祭吊。这是一个并不复杂的故事。至春秋末年，孔子的弟子曾子在讲述这个故事时衍生出杞梁妻子大哭；到战国时代的叙述中，杞梁妻子的大哭变成悲歌；汉代以后，开始出现杞梁妻子哭倒城墙并投淄水自尽的情节。由哭丧而悲歌，由悲歌而崩城，由崩城而投水，杞梁妻子的故事日渐丰富。

现在看来，孟姜女哭长城故事的发生有其客观历史原因。公元5世纪至7世纪的200年间，北方各国相继修长城。巨大的人力、物力、财力投入转嫁为百姓的重负，引起巨大民愤。孟姜女哭倒长城的传说也借杞梁妻子的故事应时而生。至隋唐，孟姜女哭长城的故事已基本成型。

流传在齐长城沿线的孟姜女哭长城的传说故事十分生动：古时一孟姓人家种南瓜，瓜秧爬到隔壁姜姓人家开花结果。收获时，南瓜中奇异地生出一个白胖美丽的小姑娘。因为瓜是两家的，所以给小姑娘取名孟姜女。孟姜女长大后知书达礼，勤劳贤惠。后因齐楚交战，一名叫万喜良的楚国武官出逃后藏到孟老汉家养伤。孟姜女、万喜良两个年轻人渐生情愫。可在两人成亲时，官府将万喜良捉走。后来孟姜女打听到丈夫在齐鲁边境修长城，便费尽千辛万苦寻夫。孟姜女来到丈夫修长城的地方，却得知丈夫已死。孟姜女大哭三天三夜，一下子哭倒了三十里长城。坍塌后的长城下露出了丈夫的白骨。孟姜女悲痛万分，跳河自尽。

据说泰山主峰西北约20公里处的今济南市长清区万德街道的长城村是孟姜女哭长城传说的发生地。今泰安市岱岳区的下港镇、济南市历城区、济南市莱芜区等地均建有多处孟姜女庙。

孟姜女故事由齐长城而至秦长城的演变与人们对长城的了解和认知相关。虽然齐长城修筑很早，但齐长城并不是中国历史上名气最大的长城。中国名气最大的长城是从秦始皇时开始修筑的秦长城。公元前221年，秦统一六国后，秦始皇为了抵御匈奴的骑兵，于公元前215年开始，在秦、赵、燕原修长城的基础上，大规模修建秦长城。秦长城西起今甘肃省岷县东，至今朝鲜平壤西北的清川江入海处。后来的明长城又在此基础上，西延至嘉峪关，东延长到鸭绿江。因为秦长城东西沿线更长、劳役强度更大、修建时间更久，所以秦长城的综合性历史影响远大于其他各国所修的长城。随着时间的流逝，一些有关长城的信息也逐渐聚焦，一些口口相传的故事传说也逐步附和、集中到秦长城上。

## 十

1996年11月至1997年10月，路宗元等泰安五位花甲老人对齐长城进行了徒步考察。考察全面翔实地掌握了齐长城的基本现状，编纂出版了《齐长城》一书。这一考察活动，开创性地拓展了社会各界对齐长城关注的深度与广度，有力地推动了齐长城的再发现。

齐长城遗存，王德全摄

齐长城的再发现，构建起齐鲁文化“山、水、城、人”的形象化体系：“山”即泰山，“水”即泉城，“城”即齐长城，“人”即孔子。在“山、水、城、人”中，泉城、泰山、孔子连接成南北一线，而齐长城横亘为东西一线。南北、东西两线架构起一个可借以承载齐鲁文化内涵的实体化“十字结构”。

齐长城的再发现，进一步凸显了泰山在齐鲁文化中的枢纽性作用：泰山既是南北一线的中点，又是东西一线的西方端点，还是向垂直第三维方向探寻天道的基点。在南北一线，泰山与泉城山水相依，无泰山之地理则无泉城之泉脉；泰山与孔子相映生辉，泰山被称为“岳中之孔子”，孔子被称为“圣中之泰山”。在东西一线，泰山与齐长城珠联璧合：泰山强化了齐长城的力度，让齐长城护国防线更加风姿凛然；齐长城深化了泰山的气度，让泰山的历史内涵更为丰富。在垂直一线，泰山成为沟通天人之际的阶梯，承载起齐鲁文化是什么、从哪里来、到哪里去的终极之问。

齐长城的再发现，让齐鲁文化的历史时空得以全方位立体呈现。

# 泰山泉梦

## 一

泰山有山、有水、有泉。相对于泰山山势的雄奇壮美，泰山水、泰山泉的名声远没有泰山的山名那么显赫隆盛。

济南位于泰山山北，泰安位于泰山南麓。两城直线距离仅50公里。同样依偎一座大山，但泰山的水、泰山的泉似乎更多地成就并衬托了济南的“泉城”美名。

为什么泰山上的水更多地流向了山北的济南？

## 二

济南能成为百泉争涌的灵秀“泉城”，源自其得天独厚的地理地质条件。

济南市区南部是泰山，北部是鲁西北冲积平原，济南老城恰好处于南部山区丘陵与北面平原的交界处。济南的地势北低南高，由南至北

30°左右的下倾斜度为南水北流创造了良好条件。南部山区地表为约1000米厚的石灰岩层，且石灰岩层下是坚硬的不透水岩浆岩。可溶性石灰岩岩体中有大量的溶隙、溶孔、溶洞。雨水、雪水渗入地下，沿石灰岩中纵横交错的脉状通道向北涌至市区。而济南市区北部恰好有体量巨大的不透水岩浆岩体。这个岩浆岩体如同一个拦水坝挡住了北去的地下水。受阻的地下水不断积累，水位升高，水压增大，最终穿过石灰岩间的溶隙冒出地表，形成天然涌泉。①不同的地表条件造成了泉水不同的喷涌方式及观赏效果：趵突泉从岩石裂隙涌出，呈蘑菇形；珍珠泉穿渗过沙砾涌出，呈珍珠状。

济南名泉历史久远。《春秋·桓公十八年》中即有对济南泉水的记载。元代已有济南72名泉之说。至清代济南泉名已逾百。据统计，济南全市有700多处天然涌泉，仅济南老城区2.6平方公里的范围内，就有包括趵突泉、黑虎泉、珍珠泉、五龙潭四大泉群在内的泉水133处。②

济南趵突泉，王德全摄

①郭胜昔：《泉城话泉》，《山东水利》2001年第7期。

②鲁春晓：《济南泉文化旅游开发研究》，山东大学硕士学位论文，2006年。

## 三

同一大山下，奥妙各不同。泰山南麓的地理地质条件与济南存在很大差异。

泰山南坡以坚硬致密的变质岩及花岗岩为主。云步桥断裂、中天门断裂、泰前断裂三条断层让南坡形成了南天门、中天门、一天门三大台阶式地貌。泰山南麓至徂徕山一带的岩石主体为泰山杂岩。这个基底之上原有的石灰岩层，在漫长的地质演化中被风化剥蚀。泰山红门西南大约4公里处的蒿里山就是泰山南麓石灰岩剥蚀的局部残留。

有无石灰岩层是泰山南麓泰安与泰山北麓济南的最为本质的区别。没有石灰岩，就无法形成含水层；没有含水层，就不具备形成大规模泉群的基础条件。简而言之，没有石灰岩，难以成名泉。而一旦有了石灰岩条件，泰山南麓也能形成泉群。距山麓25公里的大汶口镇上泉村一带存在着约20平方公里的石灰岩。这个相对独立的地理单元与济南颇为相似。泰山南麓著名的上泉古泉群就形成于这里。

不同地理地质条件下的泉有不同的形成机理和表现形态。从泉水的承压状况看，泉可以分为上升泉和下降泉两种类型。上升泉是指泉水在压力下沿岩石裂隙冒出地表所形成的泉；这种泉由地下喷涌而出，翻水花，冒气泡。下降泉是指泉水在没有压力时因重力作用而自由流出地表所形成的泉；这种泉往往为自流状态，水面平静，不见水泡。济南的绝大多数泉为上升泉；只要无地下水大量开采，泉水一般不会干涸。而泰山南麓的泉除了上泉古泉群，其他绝大多数泉为下降泉；这种泉的泉水来源主要来源为降雨，其出水状况受季节和气候影响较大。

泰山泉的出水量比之济南泉亦悬殊。据测量统计，泰山景区内诸泉累计日出水量不超过2000立方米，而济南市城区平均累计泉水日出水量为14万立方米。泰山泉的日出水量不足济南泉的百分之二。济南地洼水旺，泰山山高水稀。

## 四

如同泰山上的其他景观物产一样，泰山泉的魅力同样在于文化。济南城人多，泰山上神多。几乎每一处泰山名泉都关乎神事仙迹。许多泰山名泉也因之成为“神泉”“仙泉”。

1993年版《山东省志·泰山志》载，泰山有72名泉。泰山素有三大名泉、五大名泉乃至十大名泉之说。宋元时泰山三大名泉为白鹤泉、玉液泉、王母泉；增加广生泉、醴泉后形成五大名泉。2007年，泰安市评选出十大名泉。几乎每一处名泉背后都有着神奇的故事。[①]

王母泉位于王母池西侧。王母池原称王母庙，又称群玉庵。庙庵不分，是泰山三教合一的特色表征。王母池虽名为“池”，但其实是庙宇建筑。王母池内曾依山临水，建有西王母梳洗楼。经历代重修，现已建成三进式庭院式建筑。传说王母泉是西王母赐予人间的长命之液。王母池内原建有“眼光殿”，因之王母泉又被称为“眼光泉”。能洗脸明目的王母泉至今泉脉仍旺。

醴泉位于泰安上河桥西侧的天书观遗址内。开启宋真宗泰山封禅大幕的祥瑞最先出现于这里。出现祥瑞是古时帝王举行泰山封禅的必备条件之一。为平复辽国“澶渊之盟”的耻辱，宋真宗想用泰山封禅来挽回面子。大中祥符元年（1008），王钦若奉命来到泰山，天书观先是醴泉如喷，宋真宗闻讯在泉上敕建灵液亭；后有灵液亭北树枝上见“黄素书”，

①马辉：《泰山历史名泉与名泉文化》，见马辉主编《泰安史话》，方志出版社，2012年版，第121~132。

宋真宗又诏令在此建天书观。如今，曾占地数十亩的天书观已不复旧存，唯有街边游园里斑驳的“醴泉”石碑仿佛还在讲述着千年之前曾经发生这里的奇妙故事。

广生泉建成了目前泰安城区内唯一因泉而成的小型园林。广生泉的得名依然与宋真宗有关。隋文帝杨坚曾于公元595年祭祀泰山。因认为自己功不高、德不显而不敢封禅，隋文帝只是在山下有泉处举行了祭祀东方青帝的仪式。后人便在此建造了青帝观。青帝主生，宋真宗封禅泰山时，封青帝为“广生帝君”。邻近青帝观的泉便易名为“广生泉”。

无论是从泉的位置还是泉的水量看，白鹤泉都堪称泰山第一名泉。白鹤泉比邻岱宗坊，位于登山起点处。据说古时泉边常有白鹤集聚，故得此名。至明嘉靖年间，白鹤泉仍独泉成渠，蔚为壮观。后因居住于此的一名举人不堪来客纷扰，便用大铁锅装沙、大杉木贯穿连接，把白鹤泉封死。2003年岱宗坊西兴建楼宇开挖地基时，复见众多泉眼。但最终泉眼又被覆于钢筋混凝土之下。名泉被扼，可惜可叹。

上泉古泉群因被清乾隆皇帝赞誉为“上乘之泉”而得名。这个泉群由驴带泉、灵应泉、郑家泉、荆枣泉、龙泉五大主泉和数十处小泉组成。传说驴带泉是八仙之一张果老的小毛驴卧地立起后带出来的。据专家勘测，上泉古泉群已形成约300万年。丰水期泉群日流量可达4万立方米以上。令人遗憾的是，2014年后，上泉诸泉也已干涸停喷。

风雨沧桑间，名泉命多舛。由于对地下水的过度开采和保护措施的缺乏，泰山及泰山周边已有不少的历史名泉已经消失或正在消失。近年来，在一些有识之士的呼吁和政府的推动下，泰山泉保护已成为社会共识。越来越多的泰山泉得到保护疏浚，越来越多已经湮灭的泉重新焕发生机。

## 五

在汉语语境中，“山水”一词意涵丰富。它既可以指“山”和“水”，也可以单指“从山上流下来的水”，还可以指代“以山和水为内容的风景画”。从“山水”一词的多意性中，可以释读出中国人对人与自然关系的多层次、多角度理解。山水，是山是水还是画。它是大自然最美的景致，是人类诗意栖居的家园，是安放心灵的空间所在。

泰山位于北温带气候区。正常情况下，泰山山顶平均年降雨量1125毫米，山下平均年降雨量715毫米。[①]泰山的季节河和塘坝库湖较多。以泰山玉皇顶为分水岭，泰山北有玉符河、大沙河，东有石汶河，南有梳洗河、奈河，西有泮汶河，东北有麻塔河。除了山北之水注入黄河，其余河水皆流入大汶河。泰山上有61座塘坝，总库容达1亿立方米。山下及周边比较大的水库有黄前水库、安家林水库、虎山水库、龙潭水库、大河水库等。溪涧潭湖构成了泰山山水的独特风貌。

水添山灵气，山增水精神。泰山山水承载了先人的哲思和审美。孔子“登泰山而小天下”，感悟到“智者乐水，仁者乐山”：仁者安于义理，厚重稳健，有似于山；智者通达世事，周流无滞，有似于水。古人还将自然山水引入诗歌，杜甫畅想登上泰山，“一览众山小”；李白“四月上泰山”，惊异于“飞流洒绝巘”；苏辙来泰山，品味了白鹤泉水“甘芳胜醇醴”。山水成为古人表达社会伦理之则、宇宙万物之美的形象化载体。

①山东省地方史志编纂委员会编：《山东省志·泰山志》，中华书局，1993年版，第83页。

泰山云步桥瀑布，王德全摄

山石为骨，清泉为心。山水的互为表里、情景交融，让泰山成为风景，成为历史，成为诗酒，成为人生。

## 六

泰山泉水的匮乏似乎成为泰山的一种缺憾。但对此我们也不必耿耿于怀。如果转换一种视角来看，泰山的此种缺憾或许正是一种特色和优势。泰山就是泰山。这其中包含了泰山所富有的东西，同时也包含了泰山所缺少的东西。正是这些丰富与稀缺的集合才构成了一个完整的、不同其他山水的泰山。倘若泰山有了那么多的泉，那么多的水，那泰山可能也就不是泰山了。

一方山水，设一方景，养一方人，圆一方梦。

# 高山上的深海鱼

## 一

多数深海鱼如三文鱼、金枪鱼、沙丁鱼等都含有丰富的EPA和DHA等不饱和脂肪酸。EPA和DHA具有改善血液循环促进大脑发育等作用，被形象地称为“血管清道夫”和“脑黄金”。这两种不饱和脂肪酸，人体不能自我合成，陆地上的植物及牛、猪、鸡等动物肌肉中没有，常见的鱼类中含量也较低。唯有深海鱼和以泰山赤鳞鱼为代表的多鳞铲颌鱼鱼肉中有较高的含量。据检测、泰山赤鳞鱼肌肉中EPA和DHA占脂肪酸总量的16.37%，①远高于海中的大鲨鱼。

泰山赤鳞鱼生存于泰山海拔270—800米山溪之中，称之为“高山上的深海鱼”，可谓名副其实。

①张安才、陈红菊、邹兰柱、鹿海峰、宋憬愚：《泰山赤鳞鱼肌肉营养成分分析与评价》，见《齐鲁渔业》2010年第9期。

泰山赤鳞鱼，王德全摄

## 二

鱼是地球上最古老的脊椎动物。地球上最早的鱼形动物出现于约5亿年前。3亿年前，具有今天鱼类基本要素的真正意义上的鱼产生。目前，分布在全世界各水域中的鱼类约22000种，其中海水鱼类约占58.2%，淡水鱼类约占41.2%。我国现有鱼类有2831种，其中海水鱼类约占72%，淡水鱼类约占28%。[①]我国淡水鱼中，鲤科有528种，数量最多。[②]鲃亚科是鲤科中的一科，在中国又有14属80种和亚种。[③]泰山赤鳞鱼是鲃亚科白甲鱼属中的多鳞铲颌鱼种。

①谢从新主编：《鱼类学》，中国农业出版社，2009年版，第170页。

②谢从新主编：《鱼类学》，中国农业出版社，2009年版，第214页。

③谢从新主编：《鱼类学》，中国农业出版社，2009年版，第227页。

多鳞铲颌鱼，一个比较拗口的名字。但如果把这个名字进行拆分，倒也比较易于理解。“多鳞”是说鱼肤上有密实的细鳞，“铲颌”是指上下颌像铲子一样。铲形上下颌的最大好处是便于鱼儿刮食石头上的青苔。这样分而读之，这个拗口的名字也就比较形象易懂了。多鳞铲颌鱼分布于北纬30°—40°，东经102°—117°之间。这个范围大致为北至海河水系，南至长江中游水系，西至嘉陵江上游水系，东至大汶河流域。多鳞铲颌鱼分布地域跨度大但生存地点却相对集中。我国的多鳞铲颌鱼主要生存在鄂西山地、秦巴山区、太行山脉、鲁中南山区。

绝大多数鲃亚科鱼类为生活在长江以南的亚热带和热带地区的暖水性鱼类。多鳞铲颌鱼为鲃亚科鱼类中唯一生活在长江以北的鱼种。

多鳞铲颌鱼虽然分布广阔，但血统却统一而纯正。根据专家们的调查，分布在全国各地相对隔离状态下的多鳞铲颌鱼仍为一个单型种。它们形态差异不大，并未出现亚种分化。多鳞铲颌鱼约形成于3000万年前。相对于鱼的历史，多鳞铲颌鱼算作一个年轻的鱼种。因为相对年轻，所以比较纯正。对于这些多鳞铲颌鱼来说，虽隔千山万水，但依然亲如兄弟。泰山赤鳞鱼并不孤单。

## 三

多鳞铲颌鱼对生态环境的要求十分苛刻。泰山赤鳞鱼亦是如此。多鳞铲颌鱼的生存环境具有显著特点：一是海拔高。大多数多鳞铲颌鱼生活在海拔1000米左右的山区。泰山赤鳞鱼生活在泰山海拔270—800米的范围内。[①]二是水流急。这些地方溪水切割强烈，常形成小型跌水瀑布。三是水温低。泰山赤鳞鱼越冬温度在0—3℃，18—20℃为其最适宜

①山东省地方史志编纂委员会编：《山东省志·泰山志》，中华书局，1993年版，第603页。

温度，夏季水温高于28℃则无法生存。四是溶氧多。泰山赤鳞鱼喜欢溶氧环境。五是食性杂。泰山赤鳞鱼既食素也食肉，既刮食附着于石头上的苔藓，也喜食藻类、水生昆虫幼虫。这些习性相辅相成：只有海拔较高，才能水流湍急；只有水流湍急，才能溶氧丰富；只有积水成潭，才能水温稳定；只有水温稳定，才多昆虫幼虫。

泰山主峰下的各溪流中均有泰山赤鳞鱼生存。泰安当地群众有泰山赤鳞鱼“东不过麻塔，西不过马套”的说法。“麻塔”和“马套”为泰山主峰南侧东西直线距离相隔约15公里的村子。以泰山主峰为中心，其西北的三岔山谷、西部的黄溪河、东部大津口延岭河、北部卖饭棚子附近的山谷、西南部的樱桃园山谷，均是泰山赤鳞鱼生存的乐园。

## 四

在野生条件下，泰山赤鳞鱼前4年生长较快，第5至10年，生长变慢，第11年后则进入老龄期基本不再生长。一般赤鳞鱼雄鱼3岁、雌鱼4岁之后具备繁育能力。泰山赤鳞鱼具有特殊的产卵习性。雌鱼约每年5—7月份将卵排到水底的细沙中，雌鱼产卵时，雄性占巢护卵。雄雌鱼并列紧靠，身体急剧摆动。产卵后，亲鱼迅速游走，荡起细沙将受精卵掩盖。受精卵孵化5至10天后，仔鱼便破膜而出。①

泰山赤鳞鱼为小型野生鱼种，成鱼身长一般不超过20厘米，体重在百克左右。虽然小巧玲珑，但身姿俊美，独出其类。泰山赤鳞鱼身体窄长，呈织梭形。鱼头部钝圆，口偏下位，鱼吻较宽，有短鱼须两对。泰山赤鳞鱼背部和鳍呈黄褐色，腹部呈银白色。至生殖季节金黄色边缘扩

---

①宋憬愚、岳永生、丁雷、王慧、张玲、陈红菊：《泰山赤鳞鱼的生物学特性及养殖技术》，见《水利渔业》1997年第1期。

大，鱼整体金黄中透灰白，灰白中透金黄，令人赏心悦目。

泰山赤鳞鱼天性机敏，游速迅捷。平时泰山赤鳞鱼喜欢躲藏在光线暗处，在避敌害、捕食饵时能神速地跃出水面，甚至能在垂直的瀑布中逆水而上。如同花刺海参能吐出肠腔脱身、五角海星能断腕求生一样，在长期的自然选择中，泰山赤鳞鱼练就了能迅速改变体色的自我保护本领。在光线较亮的浅水中，泰山赤鳞鱼鱼体呈沙黄色，而在长有青苔、光线较暗的深水中，泰山赤鳞鱼鱼体颜色变深。当鱼由暗处移向亮处时，鱼体颜色能随光线变亮而在4—5分钟内变浅。因这种逢光变色的奇门绝技，人们把泰山赤鳞鱼称为“水中变色龙”。

## 五

泰山赤鳞鱼成鱼肉质细嫩。据说盛夏季节，将泰山赤鳞鱼放在石头上，鱼肉能化油而流。泰山赤鳞鱼除了富含EPA和DHA，还含有12种以上的矿物质，18种以上的氨基酸，18种以上的脂肪酸。[①]据《泰山药物志》载，泰山赤鳞鱼性温，去鳞去内脏入药，味甘而清，可益智补脑，升清降浊，养颜补气，明目聪耳，坚齿健身，并且可主治头晕、男子小便不利、女子宫冷腹病等疾病。泰山赤鳞鱼与富春江鲥鱼、青海湖湟鱼、洱海的油鱼和弓鱼并称中国五大名鱼，是皇帝封禅泰山时的御膳必备菜。野生的泰山赤鳞鱼被列为国家二级保护动物。也只有在二十世纪九十年代初人工繁育成功之后，“油炸赤鳞鱼”“清氽赤鳞鱼”等宫廷名菜才能端上寻常百姓的餐桌。

千百年来，在泰山的文化氛围中，泰山赤鳞鱼俨然成为“文化鱼”。

---

①岳永生、李全阳、张庆朝、张玲、宋憬愚、王慧、刘道芝：《泰山赤鳞鱼肌肉品质的研究》，见《山东农业大学学报》1994年第2期。

有人把泰山赤鳞鱼写作“泰山螭霖鱼”，意喻泰山赤鳞鱼有龙须龙目，得喜雨甘霖。民间也有许多关于泰山赤鳞鱼的神话传说。好吃的鱼很多，但好吃且具有文化底蕴的鱼不多。若沿用“文化搭台，餐饮唱戏”的套路，对于具有食用价值的养殖泰山赤鳞鱼来说，“高山上的深海鱼”倒不失为绝妙推介广告词。

# 双山记：泰山与徂徕山

## 一

泰山与徂徕山相距20公里。但地质学意义上的徂徕山实际上是泰山的一个组成部分。燕山运动奠定了泰山的基础。7000万年前的喜马拉雅山运动使泰山与徂徕山主峰大幅度抬升。至3000万年前的新生代中期，今日泰山与徂徕山的轮廓基本形成。

虽然生同时、成同步、石同质，但大自然的鬼斧神工和历史的陶冶塑造却使泰山与徂徕山呈现出迥然有异的自然形态和人文面貌。

泰山与徂徕山，本是同根生，形神大不同。

## 二

泰山与徂徕山有着不同的自然形态。

泰山山雄，云阔，瀑叠，林茂。泰山风景区内的156座山峰、138座崖岭分布在山顶、山阳及山阴。泰山主峰玉皇顶海拔1532.7米，其周边的天柱峰、日观峰、天烛峰地表切割深度大、山势崖谷对比强。泰山山麓的傲徕峰、摩天岭、歪头山与玉皇顶高差达700米至400米。众山的拱卫使泰山尤显高旷挺拔。

泰山地处北暖温带气候区，山顶较泰安市区雨量偏多、气温偏低、风速偏大。每年七八月雨后初晴，大量水汽上升，山上常现云海奇观。此时当凌绝顶，举目四望，则能一览白云浩渺、峰如浮舟的壮阔景象。倘若有幸看到日出，那破云而出、铺金溢彩的旭日之升，会更让人在氤氲晨光的沐浴中身心交融、物我两忘。

雨季时泰山溪多长，水多长。那些涧溪潭瀑，要么曲折迂回，时缓时急；要么临崖飞泻，如绢如练。在泰山每年水量最为丰沛的八九月份，龙潭瀑布、三潭叠瀑、彩石溪等都是泰山观水的绝好去处。

泰山的森林覆盖率达95.8%。这些植被的形成主要利益于20世纪50年代的人工植树造林。泰山山前山后针叶林遍布，其海拔1000米以上生长着胡枝子、连翘、山葡萄等灌木丛。生长于泰山的油松和黑松被人们泛称作“泰山松”。因泰山松不畏严寒，四季常青，人们赋予其贫贱不移、威武不屈、忠贞坚强、秉持节操的人格意义。

相对于泰山，徂徕山峰异、沟美、石奇、土厚。徂徕山主峰太平顶海拔1028米，其周边的骆驼山、九龙岭、龟爬山等峰岭形如其名，分别呈驼行、龙舞、龟伏之态。这些奇异的峰岭让徂徕山如同一座门类齐全的天然山形动物园。

徂徕山沟壑盘旋，比较著名的有龙湾沟、花叶大沟、羊栏沟等。这些沟壑中有秀石郁木，有飞水叠瀑，有鸟语花香，可谓步步有景、景景不同。

徂徕山奇石众多，秋千架、金鱼石、鹰嘴石、仙人桥……状物肖形，活灵活现。太平顶东南有贵人峰。峰巅巨石，犹如人立。俗语有“泰山有丈人，徂徕山有贵人”之谓。

徂徕山约占一半的面积覆盖有厚度大于30厘米的土层。这使得徂徕山成为宜草宜林的“土山”。《诗经》中有“徂徕之松”的诗句。与泰山一样，徂徕山现有的森林亦因20世纪50年代人工造林而成。

徂徕山秋千架，王德全摄

## 三

泰山与徂徕山的人文禀赋亦不相同。

泰山是帝王的封禅山，民众的信仰山。自秦以降，历代皇帝均封禅或祭祀泰山。在中国乃至世界上，没有哪一座山能像泰山一样与江山社稷有着如此紧密的关联。至少在大汶口时期，泰山已在先民生活中占据重要而特殊的地位。泰山信仰亦滥觞于这个时期。在普通民众的眼中，泰山是神灵的居所，是命运的主宰。“泰山老奶奶”“东岳大帝”“泰山石敢当”等神灵无一不寄托着老百姓虔诚而朴素的愿望。

而与泰山相比，徂徕山则是佛道的修行山、文人的寄居山。因相对位置僻静，徂徕山历来受佛道青睐。相传徂徕山有七十二寺观，其中比较著名的有北魏时创建的光华寺、北齐时创建的法云寺，还有隐仙观、二圣宫等。唐代僧人怀晖、元代道姑毛仙姑均曾在徂徕山修行。诸多文人喜欢到徂徕山隐居。唐开元年间，被人称为“王野人”的王希夷曾隐居徂徕山。据说唐玄宗封禅泰山时，王希夷已90多岁。元代的许衡也曾弃官隐居于徂徕山。徂徕山最为著名的隐居者当属唐代诗人李白。据考，李白从公元736年由湖北迁居山东，至天宝初年赴长安任翰林供奉，共在山东生活了7至9年。李白一生游历过许多名山大川，但多是足迹所至，匆匆而过。除了年轻时曾在岷山隐居过，徂徕山应是李白在山东居住时间最长的地方。李白与他的朋友们被人称为“竹溪六逸”。六人在徂徕山过着“俱与云霞亲”“云弄竹溪月”的诗酒唱和生活。据泰山文化研究学者周郢考辨分析，李白在徂徕山实为以隐求仕。这种以隐暴名、以名增誉、以誉谋官的方式是特殊历史条件下求官的一种途径。李白以静制动，并且还真的达成了意愿。

## 四

虽然泰山与徂徕山形分神别，但它们分而不开、别而不离乃至错位相得、不能分割。泰山与徂徕山犹如地球与月亮一样，它们形态互衬、功能互补、风格互生。

泰山与徂徕山自然形态互衬。泰山有高旷磅礴的主山气度，徂徕山呈低伏舒缓的伴山姿态。“泰”者“太”也，“太”者“大”也。而“徂”者“去”也，“徕”者“来”也。在空明澄澈的时候站在泰山上眺望徂徕山，徂徕山若孤兔伏野，轻舟曳海。“徂徕”之名，或亦得于此。

泰山与徂徕山社会功能互补。泰山让人“敬”，徂徕山让人“净”。泰山上神祇威严端庄。对于泰山，人们的心态更多是崇敬、膜拜、敬畏。而在徂徕山，人们没有那么多沉甸甸的祈愿和诉求。徂徕山让人净心涤虑。泰山让人“思”，徂徕山让人“诗”。泰山处处有文化。各种皇帝故闻、世间传说、摩崖题刻、诗词歌赋，十分自然地切入历史、导入文化，让人进入思考。而对于徂徕山，似乎“泰山一思考，徂徕山就发笑”。徂徕山能让人在乐山乐水的诗境中轻松一回。泰山让人“贤”，徂徕山让人“闲”。在泰山，人们可以感受到圣贤的激励、进取的动力、入世的情怀，而在徂徕山，人们获得的是一段闲游、一种闲适、一份闲情。

泰山与徂徕山审美风格互生。泰山与徂徕山有着不同的美学气韵：如果把两山比作诗歌，那泰山就是阳刚的豪放派，而徂徕山则是秀美的婉约派。如果把两山比作音乐，那泰山就是宏大磅礴的交响乐，而徂徕山则是曼妙抒情的小夜曲。如果把两山比作绘画，那泰山就是质感强烈的写实油画，而徂徕山则是简约轻盈的写意水墨画。如果把两山比作学派，那泰山就是坚毅刚劲的儒家，而徂徕山则是旷达逍遥的道家。如果把两山比作师徒，那泰山就是正襟危坐的先生，而徂徕山则是活泼顽皮的学生。如果把两山比作年轻人，那泰山就是堂堂正正的山东大汉，而徂徕山则是娉娉婷婷的小家碧玉。

泰山与徂徕山，诞生于一起，差异于一起，互动于一起，和谐于一起。它们是与生俱来的天生一对，地设一双。有了泰山，徂徕山就强壮了骨气与底气；有了徂徕山，泰山则增添了张力与活力。泰山与徂徕山，你中有我，我中有你，珠联璧合，缺一不可。

# 第四辑

# 人生的洞开

# 一个人的尴尬？
## ——“党怀英之问”之一

### 一

历史上出生于泰安的朝廷高官中，人们耳熟能详的大约有晋朝的羊祜、金朝的党怀英、明朝的萧大亨及清朝的赵国麟等。与其他几位高官相比，党怀英留给后人的印象似乎有所不同：党怀英的形象近于无所谓好也无所谓不好，其地位大约无所谓高也无所谓不高，与之相关的资料史迹好像无所谓多也无所谓不多。

为什么党怀英的影子那么模糊不清？为什么党怀英总让人觉得难以言说？为什么党怀英的角色会显得有些尴尬？这是后人历史思考中难以绕过的“党怀英之问”。

### 二

党怀英生于金，长于金，故于金。终其一生，党怀英都是一个地地道道的金朝人。倘若金朝如前朝宋朝一样是一个大一统国家，倘若元朝对金朝寇仇式的征服没有那么惨烈，倘若明清对金朝的态度不那么犹疑暧昧，关于党怀英的许多问题可能也就不复存在。

但历史总以它自己的方式前行：北宋的北方成为金朝，北宋的南方成为南宋。金朝从建立到消亡，便一直处在历史的夹缝之中。夹缝中的时代往往面临尴尬。生活于这个时代的党怀英也就成为尴尬时代里的尴尬之人。

## 三

历史叙述者总以自己的价值观来叙述历史。在金朝与南宋谁为正统的争论中，南宋正统观总体上占据上风。在这样的历史背景下，党怀英的历史位置被有意无意地淡化、简化、消解、过滤也就变得不再奇怪：作为金朝的正三品官员，党怀英祖籍何在无法确认；党怀英子女及后代的情况不甚明了；党怀英存世的诗文书法作品为数甚少且少人关注；党怀英与辛弃疾并称“辛党”，今天的辛弃疾研究成果汗牛充栋，研究态势热火朝天，而党怀英研究则门庭冷落，少人问津……

索解“党怀英之问”，需要钩沉寻觅党怀英个人的资料与史迹；但更应当探究与叩问的，是党怀英所处的那个时代。

# 党怀英是谁？

## ——“党怀英之问”之二

### 一

党怀英生于1134年，卒于1211年。党怀英生活的年代伴随了金朝的初起与鼎盛，占据了金朝120年国祚的一多半。目前有关党怀英的史料零星，文献匮乏。我们只能依据一些有限的信息，大致勾勒党怀英的人生轨迹。

一般认为，党怀英的祖籍为今陕西省大荔县。党怀英在他的诗中写道：“苡珠散遗胄，我姓出冯翊。空闻华山名，未始见颜色。”冯翊为古郡名，其治所在今陕西省大荔县。也有考据说党怀英祖籍为位于今山西省朔州市的古马邑，认为“冯翊”为“马邑”之讹误。冯翊，马邑？陕西人，山西人？目前尚存疑议。

金初，党怀英的父亲党纯睦来泰安任录事参军。这个职位从事的大约是类似今天纪检监察一类的工作。泰安本属奉符县。北宋末年，泰山一带曾短时间归属抗金的刘姓大齐国。大齐国在泰安首设泰安军。此为“泰安”地名之始。党纯睦任职泰安军，使党怀英的命运与泰安结缘。

## 二

党怀英有一位好母亲和一位好妻子。

据说党怀英母亲怀党怀英时，曾梦到唐代一位著名道士托宿。党怀英出生后果然“仪观秀整，如神仙然”。这些玄幻之事可能来自党母的说法，也可能来自后人对官宦名人行迹的夸张和附会。

党怀英四岁左右的时候，父亲去世。古时为官，退职后一般都要返回老家。党父去世后，党母并没有携子返家，这在当时应属少数。党母留居泰安，或是经济原因：党父为基层官员且去世较早，党母没有足够的财力拖儿带口返乡修房置家；抑或还有文化原因：金朝的陕西或山西，均比较偏僻，而泰安一带是儒家文化的源发之地，居住在泰安能让孩子接受更好的教育。

在那个时代，家境好的孩子自然会去读书，而家境一般的孩子是否读书则要看父母的想法。读书需要天赋，需要投入，需要时间。能否靠读书改变家境，过程充满了风险。党怀英的母亲无疑是敢于“风投”的，她选择了让孩子读书，虽然这样意味着她要付出更多的艰辛。从已有资料来看，党怀英兄弟三人中，至少他那个叫党世华的弟弟读过书并曾到外地为官。

党怀英的妻子是“宋初三先生”之一的石介的重孙女。党怀英屡试不第时，屋破窗虚，穷困潦倒。党怀英在诗中描述其时的无奈情景：“霜风入户寒割肤，生薪槎牙供燎炉。”作为名门之后的石氏，能安贫守分，与党怀英糟糠同哺，殊为不易。

两位女性的勤劳奉献，奠定了党怀英一生功业的基础。

## 三

党怀英和辛弃疾的第一任老师是安徽亳州人刘瞻。刘瞻是金朝进士，曾在朝廷为官。辛弃疾从小跟曾在亳州谯县当县令的爷爷辛赞长大，其在亳州求学可以理解。泰安距亳州千里之遥，党怀英怎么就师从了刘瞻呢？是刘瞻到山东讲课授徒，还是党怀英去亳州拜师求学？目前还不清楚。

至于党怀英和辛弃疾是否师从蔡松年，则更是一桩公案。蔡松年是金朝要员，曾任户部尚书，后官至丞相。以高官为师自是徒生荣耀。但蔡松年长期生活在今北京，党怀英、辛弃疾其时尚为山东少年。两人偶有机遇求教蔡松年或有可能，但若说他们长时间从蔡松年为师则难合情理。

## 四

党怀英先后五次参加府试、会试、御试，最终在大定十年（1170）及进士第。及第同年，党怀英赴今日照任军事判官，负责粮运、家田、水利等事务。两年后，党怀英调任今属泰安市的新泰县县令。后党怀英被召入京师。此后除了在兖州短暂任1年节度史，其余时间均在北京为官。党怀英在京期间主要供职于翰林院，并先后任侍讲学士、翰林学士承旨。

公元1211年，78岁的党怀英在泰安家中去世。据说党怀英去世的那天傍晚，一块很大的陨石落在他家房屋的台阶上。“人生七十古来稀”，党怀英的年龄在那个时代也算高寿。党怀英去世后，安葬于今天泰安市南二十公里的北集坡街道西旺村。该村旁的“党家林”至今尚存石羊、石马等。

从元人的一些记载看，党怀英的儿子在党未及第时曾为别家放猪打工。儿子少不读书，或因家贫，或因才疏。今天，当年党怀英的居住地已无党氏后人。家族男性传承的自然中断固有可能，但更可能的原因或是党氏一族遭遇了金末战乱，或是党氏族人为避祸而迁居他乡。无论什么原因，党怀英一家已在泰安来无影，去无踪。

历史，就是这样无情。

# 正统还是僭伪?

## ——“党怀英之问”之三

### 一

对于那些入主中原的异族王朝，正统与否一直是一个十分敏感的话题。特别是对于那些未能实现国土一统的少数民族政权，正统问题更是一个殊难释怀的心结。金朝尤其如此。

金朝的创立者是源于黑龙江中下游地区的女真族。“白山黑水”间的女真族先世可以追溯到肃慎、挹娄、勿吉、靺鞨等部族。后来建立金朝的主体部族是“生女直”完颜部。完颜阿骨打在统一女真诸部之后，于1115年在今黑龙江哈尔滨建国立都，国号“大金”。1125年金朝灭辽朝后，于1126年攻破开封，次年俘获宋徽宗、宋钦宗，史称“靖康之变”。北宋至此灭亡。数经战和，至1161年，金朝与南宋最终形成以淮河—大散关为南北界的基本稳定局面。经金世宗、金章宗三十余年励精图治，金朝迎来世章盛世。此后金朝国力渐衰，最终于1234年在宋、蒙古的南北夹击下灭亡。

1127年，宋徽宗第九子康王赵构继承大宋皇位，仍定国号为“宋”，史称“南宋”。1267年，大蒙古国征服金朝后大举攻入南宋。1276年，临安府行在被元军攻占。1279年，宋军在崖山海战中失败，南宋灭亡。

金朝与南宋并立120年。两朝谁为正统，谁才代表“中国”？这个问题近800年来一直被激辩不已。谁正统，谁僭伪，成为关乎王朝合法性的天大问题。

## 二

“正统”一词，出于《春秋》。因编年纪统之需，《春秋》的编写者开始重名分。[①]历史上判定正统与否的理论依据主要有“五德终始说”和“居正说”。“五德终始说”基于战国末期齐国人邹衍所创立的五行理论，认为正统王朝的更替依照五行的顺序承递。“居正说”基于《春秋公羊传》，认为正统王朝必须居于正统之地；对于正统王朝，正而不统重于统而不正。由邹衍到《春秋公羊传》，正统的概念发生了由强调时间承递向强调空间范围的转变。

在中国传统文化中，“居正”观念具体地表现为地域族群识别。古代中国人认为，居于中原地区的汉族拥有世界上最发达、最高级的文明，而位于中原地区周边的“夷狄”都是野蛮、落后的。这种“华夷之辨”由最初的血缘、地缘逐步向文化演进，并最终将文化作为最为重要的标准。只有在汉民族遭受外族入侵的时候，“华夷之辨”中的血缘、地缘因素才会被重视与强化。宋之前，中原汉族尚未遭遇过全面而强大的异族挑战。但自宋开始，这一局面开始改变。宋朝也因之成为中国民族主义思潮的真正源头。[②]

梁启超曾提出过判断王朝正统与否的六条标准，如得地多寡、居位

①饶宗颐：《中国史学上之正统论》，中华书局，2015年版，第6~11页。

②葛兆光：《宅兹中国——重建有关“中国”的历史论述》，中华书局，2011年版，第41~65页。

先后、首都所在、种族血统等，并认为“种族为正”是关键标准。这个判别方法着眼于具体的时空区别与种族延续，难以形成统一的标准共识，无法从根本上解决金宋的正统性问题。

## 三

许多人认为南宋为正统。这种观点的依据主要是血统：具有汉族血缘嗣承的南宋才是代表中国的“正统大支”，才能成为全国唯一合法的政权；金朝建立的征服王朝，是不登正宗庙堂的“野蛮人”，根本不具备合法性。这种观点在朝野有着相当大的影响力。在这种观念影响下，金朝不断被“粗鄙化”与“妖魔化”。金太祖完颜阿骨打的第四子完颜宗弼（金兀术），被后世的一些文章和戏曲塑造为青面獠牙的“刽子手”，成为集人类所有劣行于一身的大坏蛋。而那些主张与金朝议和的南宋官员一律成为汉奸、败类，凡是主张抗金的人则都成为国家功臣和民族英雄。

也有人认为金朝完全可以代表中国。这种观点也有诸多理由：论地盘范围，金朝疆土南北跨长城，雄阔数千里，面积是南宋的1.5倍。论军事实力，女真人的金戈铁马横扫北宋，所向披靡。而宋朝军队的武器、技术、保障等均存在明显“短板”；只有到了河流纵横的长江防区，南宋军队才因善于水战而取得优势。论政治关系，南宋对金朝称臣百余年，并且每年给金朝进献贡礼；虽然南宋仍自认为是天朝之国，向金朝屈膝纳贡只是表面的权宜之计，但这种文化及道德优越感只能局限于自我安慰的心理层面。论经济发展，金朝百余年来生产力发展迅速，人口达到5000万，相当于南宋人口的70%。金朝与南宋的经济发展各有千秋，发展水平大致处于同一等级。南宋并不具备征服金朝的经济实力。

千百年来，基于血统论的南宋正统观与基于实力论的金朝正统观，针锋相对，仁智互见，莫衷一是。

## 四

北方民族南下中原有着自然条件约束下的历史必然性。中国地理学中有一条著名的人口密度分割线——胡焕庸线。这条在中国地图上大致倾斜45°的假想直线由我国著名地理学家胡焕庸于1935年提出。1987年，胡焕庸线依据调整后的行政区划，将这条线的正式名称由“瑷珲—腾冲线”改为“黑河—腾冲线”。

胡焕庸线是中国东南和西北两大区域的分水岭。胡焕庸线首先是一条人口地理分界线。该线以东，占国土面积42.9%的土地上承载了94.4%的全国人口；而占国土面积57.1%的中国西部，只分布着5.6%的全国人口；东西部人口密度比例约为22∶1。胡焕庸线也是一条自然地理分界线。这条线基本与我国400毫米等降水量线重合；该线以东以平原、水网、丘陵为主，该线西北方向则以草原、沙漠和雪域为主。胡焕庸线还是一条历史分界线。该线是中原王朝中央控制疆域的边界，是汉民族和其他民族之间战争与和平的交界；在这条线的周边，可以清晰地寻找到中国疆域变迁的轨迹。大致而言，这条线的东南是农耕的、宗法的、以儒教为核心的；这条线的西北，是游牧的、血缘的、有多元信仰的。总之，胡焕庸线是人口线、气候线、地理线，同时更是一条历史线、民族线、文明线。

在东亚大陆，华夏民族的农业文明长期处于先进地位。胡焕庸线西北的北方游牧民族，因基本生计，往往有着比较强烈的南下冲动。北方游牧民族的生活主要依靠牧业。他们或因季节的变化逐水草而居，或在遇有自然灾害和强敌侵犯时做更大范围的迁徙。相对于游牧的生产生活方式，农业生产能为人们提供相对稳定而丰富的食物来源。北方游牧民族对中原农业民族存在着获取生产生活资料的客观依赖性。他们比较容易适应农区的生活，而农业民族则不容易适应牧区生活。

秦汉以来的北方民族有三次大规模的南下。第一次为拓跋鲜卑南下，从东汉后期开始经西晋最终至隋唐完成南北统一；第二次为契丹、女真、蒙古人南下，从唐朝中后期开始经辽金至元帝国建立；第三次为满族南下，从明末至清王朝完成一统中国大业。

就生产力水平看，农业文明比牧业文明先进。但在两种文明进行战争交锋时，先进方并不见得必然占据优势。虽然在更长时期内，决定战争实力的是综合国力，但在某一个时段或时点上，综合国力并不直接等同于战斗力。如果综合国力不能转换成直接的战斗力，那么在战争较量中，综合国力强的一方也不一定就必然能取得胜利。在农耕与游牧的冷兵器时代，战斗力表现为战马的数量、刀箭的性能、士兵的体能、军队的组织。在这些方面，北方游牧民族有着天然的优势。天然草场适宜养马，牧民具有独到的训马技艺；狩猎的生产方式益于提高刀箭的制作与使用性能；注重从孩童时期就开始训练骑射能力；基于血缘的部族组织方式有利于军队的整体协同；北方严酷的自然条件易于激发战士的勇猛剽悍之气等。而文明程度较高的农区并不具备上述优势：农区没有牧区那样多的战马；战士缺少从小到大的体能积累；相对舒适的生活环境也容易导致意志血性不足；如果再缺乏严格的训练，则战斗力可想而知。在这种情况下，牧业文明会胜过农业文明。

## 五

中国历代王朝的存续时间不一。国运最长的周朝约800年，国运最短的王朝有十几年、几年或几十天。一些国运较长的王朝如西汉、唐朝、宋朝、明朝、清朝存续时间在200年以上。金朝国运短促，仅120年，可谓其兴也勃，其亡也忽。

金人的祖先女真人主要生活在长城沿线的农牧混合带。他们的生活方式介乎农耕与游牧、渔猎之间。这种复合型的生产生活方式使得女真人能比较均衡地驾驭农耕人群与游猎人群。女真人入主中原后，创立文字，实行科举，完善制度，仅用短短十余年时间，就从一个民族部落联盟迅速成为中国北方最有实力的政权。金朝的暴兴骤起，速度惊人，堪称奇迹。

长期以来，在对征服王朝的研究中，大多数学者基于“汉族中心”视角，更为关注中原文化对北方民族文化的同化，而较少关注北方民族文化对中原文化的影响。随着20世纪90年代以来美国“新清史”学派的兴起，满、蒙古等民族因素受到重视，一些具有突破性的分析角度、研究结论带给人新的启示。对于新清史学派的一些观点，我们不能盲从，但新清史摒弃“全盘汉化”的观点与方法为我们看待历史提供了一种新角度。[①]

借鉴“新清史”的“内亚视角”看金朝，有助于重新审视金朝对中国的贡献。概括而言，金朝对中国的贡献主要表现在精神文化与实体疆域两个方面。在精神文化方面，女真文化的朴茂气质给以儒学为基础的中原传统文化带来较大冲击，使汉文化形成了某种程度的调整与转向。南宋学者出使金朝，目睹了金朝百姓服饰、语言、生活习惯的变化：男子髡发，将头顶部分的头发剃光；模仿胡人的袍衫、鞋靴等日常穿戴；吃生葱、生韭菜成为饮食习惯；说话带有北方口音；以拨胡琴、跳胡舞为娱乐等。这些改变让久居南方的使臣“痛心疾首”地感到“民亦久习

①姚大力：《可以从“新清史”学习什么：〈清帝国性质的再商榷：回应新清史〉读后》，见姚大力《追寻“我们”的根源：中国历史上的民族与国家意识》，生活·读书·新知三联书店，2018年版，第203~236页。

胡俗”。已有学者意识到，金朝文化的形成与其说是“汉化”，不如说是“涵化”。民族间的双向浸染混合使中原文化不断发生变化。金朝文化已成为一种既不同于原北方民族文化又有别于原中原农业文化的“第三种文化”。这个文化，杂糅华夷，兼容胡汉，最终形成具有丰富内涵和强大包容性的“文化共同体”。在国家疆土方面，女真族带来中国疆域的扩大。北方游牧民族南下中原大都经历了由为生存而战到为扩张而战的过程。如果仅遵循着唐、宋的国家建构模式，中国就不可能有今天这样辽阔的版图。从这个意义上说，金朝是宋、元、明、清民族融合与国家统一进程中的重要一环。

## 六

如何为自己王朝的合法性找到坚实依据，让金朝的皇帝们伤透了脑筋。入主汉地之初，女真人尚无华夏正统观念。随着金朝的迅速汉化，至海陵王时代，女真统治者已逐步形成中国大一统王朝的政治伦理意识。

金朝试图用两种方式寻求政权合法性：“国玺物证说”和“五运说”。据说秦朝丞相李斯奉始皇帝之命，用和氏璧刻制了“受命于天，既寿永昌”的篆书印章。此后这个玉玺成为代表历代正统皇帝的国之重器：谁得到玉玺谁就是正统王朝。然而数经失得的“传国玺”在金兵攻破汴梁之时竟然失踪。金朝的皇帝们使出浑身解数找寻，但玉玺始终杳无踪影。后来出现过许多关于玉玺的神奇传闻，并且还似有赝品出现。但这些说法均莫辨虚实。

国玺不可复得，便只好求诸“五运说”。金太祖将国号名为“大金”实在是为金朝确定德运出了个极大的难题。按照“五德终始说”，朝代的五行顺序一般为“木、火、土、金、水”。宋朝的五行属“火”，“金”

命无法与之衔接。是守训，还是遵“五运”？众人各执其见：有人认为太祖定“金”，不论所继为何，只能为“金”；也有人认为金继辽“水”德为“木”；更有人认为金朝初兴为“火”。这可难煞了金朝皇帝。经过十年的反复论争，金朝那位汉学造诣最深的皇帝金章宗一锤定音，称金灭北宋，赵宋“火”德已绝，本朝承宋统为“土”德。

旷日持久的德运之争，让金朝以后的历朝皇帝们汲取了经验。此后再没有王朝用“五运说”来寻求合法性了。现在看来，金朝的这场德运争论的意义或并不在于德运的结果而更在于这场论争本身。顺应邹衍的五德终始说选择土德，本质上意味的是金朝统治者对汉文化的归附与认同。①

在金朝亡国的当年，有关宋辽金对峙时代谁为正统的争议就已存在。有人独尊宋为正统，也有人认为应当将宋与辽金视为南北朝。从元世祖开始，元朝屡次议修宋辽金三史，均因正朔义例问题而搁置。元廷后来只好采取折中办法，各修宋辽金史。至明代，民族矛盾日益激化，华夷观念更为强烈。明人重修《宋史》，又颠覆元朝体系，创例独尊宋统。

清朝对宋辽金正统问题的看法十分微妙。清朝前期，基于民族情感，清廷有意提高辽金王朝的历史地位。然而到了乾隆时代，清朝统治者的正统观念向中国大一统王朝立场转变。由晚清至民国，“尊宋统，抑辽金”的华夷观念又复抬头。

梳理金朝正统观的“自视”与“他视”，可以看到这一问题的敏感与复杂。

---

①刘浦江：《正统与华夷：中国传统政治文化研究》，中华书局，2017年版，第101页。

## 七

厘清什么是“中国”，是破解正统与僭伪这一历史难题的一把钥匙。唯有跳出历史惯性，换一个视角看“中国”，才能形成超越传统的新“正统观”。

20世纪特别是20世纪80年代以来，“中国学”或“中国研究”在全球掀起热潮。“中国”是什么？人们有着多种不同的理解：有人认为“中国”是地域认同——中国是今天中国所拥有的疆域；有人认为“中国”是民族认同——中国是历代汉族所建立的王朝；有人认为“中国”是政治认同——中国是汉族或其他少数民族建立的中央集权的封建国家；有人认为“中国”是文化认同——中国是以汉族及其前身华夏族为主干的多民族相结合的人文实体。这些表达各据其理。

中国首先是一种地域认同。从现存的文字材料看，“中国”一词最早出现在西周青铜器“何尊”的铭文中：“余其宅兹中国”——且让我安顿在中国这个地方。这个“中国”，是指周王所在陕西关中的“丰”和“镐”及周边地区。至秦汉时代，随着统一国家的形成，“中国”概念不断变化和扩大：先由登封、洛阳一带的“土中”，到中原，到包括关中在内的华北地区，到中央王朝所辖的全部版图，再到含非汉族人群在内的国家疆域；乃至到了元朝，这个地域成为“北逾阴山，西极流沙，东尽辽左，南越海表”的超级大帝国。

中国还是一种民族认同。在血缘意义上，“中国”即“汉族中国”。一个民族或族裔是否拥有一片属于他们自己家园的土地，事关这个民族或族裔的归属感和集体认同感。中国人把黄帝作为中华民族的共同祖先，即反映了汉族的共同血缘意识。中国人对“天下”的想象是一种民族或族裔差序格局：“天下”如同一个一层层的同心“回”字，由中心向外，依次为京城、华夏或诸夏、夷狄。“回”字越往外，人烟越荒芜，文明越落后，民族越野蛮。十五、十六世纪，在利玛窦还没有来到中国之前，中国人对于那些舟车难至的远方，充满了各种匪夷所思的奇异想象，如认为在那些边辟之地有男子长得像狗的“狗国”，有全是女人的“女人国”，还有“无脑国”“奇肱国”等。这些想象的背后，隐含了对异域异族的嘲讽与拒斥。

中国更是一种文化认同。中国古人认为天下没有另一个能与汉族文化相颉颃的文明。能够认同这种文明的民族可以算作融入了“夏”，不认同这种文明的民族就只能归之于“夷”。外族只要能接受汉族文化，就可以被当作汉族来对待。事实上，“汉族”即“文化汉族”，在唐代，李白“生于西域”，刘禹锡是匈奴裔，元稹是鲜卑后代……胡汉混融，创造了唐代的“空前之世局”。

中国同时是一种国家认同。在中国古典文献中，“国家”由以周天子作为共主的“国”与各级领主各自的“家”复合而成。此所谓“天子建国，诸侯立家”。从秦汉到元清的大一统王朝有两种类型：一种是以汉人为中心的中原王朝，如秦汉唐明；一种是边疆民族所建立的征服性王朝，如辽金元清。汉族王朝的合法性来源于华夏中心主义，而边疆民族的合法性则主要来自威武国力。①

地域中国、汉族中国、政权中国、文化中国、国家中国从各自的角度定义或诠释“中国”。视角的不同使这些“中国”概念的内涵与外延存在着许多交叉与矛盾。如地域中国虽然中心一直清晰稳定，但其边界却一直处于不断的变化之中。汉族中国无法体现更为广大的地理空间及更多民族的碰撞交融。汉文化至上主义无法涵盖北方民族入主中原后对中原文化的丰富与影响。而从政权及国家中国看，现在中国的疆域内，

①姚大力：《中国历史上的民族关系与国家认同》，见姚大力《追寻“我们”的根源：中国历史上的民族与国家意识》，生活·读书·新知三联书店，2018年版，第3~24页。

历史上大部分时期存在着多个王朝政权。按照历史学家葛剑雄的统计方法推算，在公元前221年至2018年的2239年间，952年的统一阶段在历史长河中只占43%，[①]统一的时间比分裂的时间要短。我们所读到的单线的、一元的正统王朝故事，其实并不是历史的全部。

因此，要科学合理地界定“中国”，就必须建立一种全新的“中国观”，即以中国的当代疆域为基本依据，立足于上下五千年中原与边疆、农耕民族与游牧民族互动交融的历史过程来理解、界定“中国”。这个“中国”的基本内涵：其一，有清晰的范围——当代中国的疆域；其二，有明确的主体——汉族与满、蒙古、藏、回等其他少数民族是这个国家的共同主人；其三，有多元的文化——既有历时性文化的传承，也有不同族群间多元文化的激荡交融；其四，有并存的政权——历史上有同时并存的多个政权，这些政权同属一个中国。

依据这样一种“中国观”，便可建立起超越千百年来传统的“正统观”：金朝与南宋同属于中国，金朝与南宋都可以代表中国，金朝与南宋都可作为中国的正统。

也唯有在这种“正统观”下，党怀英才能够得到某种历史的理解之同情，其角色的尴尬才有望得到缓释与消解。

---

①葛剑雄：《统一与分裂：中国历史的启示》，商务印书馆，2013年版，第254页。

# “辛党”何以异途？

## ——“党怀英之问”之四

### 一

在中国古代历史人物中，像党怀英与辛弃疾一样同乡同学并同有声名的情况并不多见。同乡同学同声名却志向迥异但仍能相互珍重的兄弟则更是绝无仅有。

古人在叙述历史时常将具有某种共同点的人以姓氏并称，如将同为词家的苏轼与辛弃疾并称为“苏辛”，将字为“易安”的李清照与字为“幼安”的辛弃疾并称为“二安”等。因此习例，人们将同乡同学同声名的党怀英与辛弃疾并称为“辛党”。

“辛党”是同乡。党怀英生长于泰安，辛弃疾家在济南，两地直线距离50公里，二人是地道的山东老乡。“辛党”还是同学。党怀英比辛弃疾大6岁。两人共同师从家在今安徽亳州的进士刘瞻读书，并一同求教于金朝曾官至右丞相的大文学家蔡松年。两人的同学如施宜生、王竞、刘迎等相继在金朝为官，不少人中了进士。同时，“辛党”两人还同有声名。党怀英与辛弃疾都是好学生。老师对辛弃疾的期许甚高，认为他能成为苏东坡第二。党怀英的文名不输辛弃疾，甚或当时还在辛弃疾之上。

一般情况下，两姓并称是后人称先人。党怀英、辛弃疾在年轻的时候就已被人称为“辛党”。这种并称包含了时人对两人的赞誉与钦慕。

## 二

相同之外，“辛党”之间更有不同。也正是因为这种不同，两人才走上了迥然相异的人生道路。

“辛党”家境不同。党怀英4岁时父亲去世，母亲因家境穷困而无力携子返回老家；读书时党怀英屡试不第，家中经常断粮。直至大定十年（1170）及第为官后，党怀英的生活状况才得以好转。而辛弃疾一生生计无虞。辛弃疾的爷爷辛赞在多地任县令、知府，宦迹颇显，虽然也是父亲早逝，但爷爷十分钟爱这个孙子，并为之提供了良好的成长、学习条件。南下归宋后，无论是出仕还是赋闲，辛弃疾的生活都一直比较优渥。他在江西上饶广置田产，建有规模不小的庄园；他有6位侍妾，至少有9个儿子、2个女儿。能养活这样一大家子人，辛弃疾不缺钱。

“辛党”性情不同。党怀英性格醇厚平和。科考入仕前，党怀英与友人在泰山东南的徂徕山下隐居苦读。在朝为官30余年，党怀英始终恭俭内敛，中规中矩。他就是希望自己读书做个好学生，当官做个尽职官，在家做个好儿子、好丈夫、好父亲。而辛弃疾性情勇猛刚烈。他从小练功，剑术高超，身材魁梧，胆略过人。辛弃疾参加抗金义军后在军中担任机要秘书。一次义军中一名叫作义瑞的和尚偷了帅印逃往敌营邀功。辛弃疾立下军令状，策马追击，杀了叛贼，夺回大印。义军首领耿京被叛将暗杀，辛弃疾带领50人冲进有5万人的敌营中，以迅雷不及掩耳之势活捉叛将，并昼夜兼程将叛将押送南宋，斩首于市。

最为重要的，“辛党”志向不同。党怀英由母亲带大，艰辛的生活经历使他更多地认同“忠君爱国，仁恕自守”的儒家理念。而辛弃疾的价值观和人生观深受爷爷辛赞的影响。辛赞在金朝为官，但身在曹营心在汉，经常携辛弃疾“登高望远，指画山河”，让辛弃疾“秉奉祖训，志切国仇”。家庭环境的熏陶，让辛弃疾的“大宋情结”刻骨铭心。

“辛党”两人各具有鲜明独特的气质风格：如果说党怀英是水，那辛弃疾就是火；如果说党怀英是竹，那辛弃疾就是松；如果说党怀英是风，那辛弃疾就是电。性格即命运。不同的性格造就了“辛党”的不同人生。

## 三

1161年，金皇帝完颜亮发兵四十万南下攻宋。归宋还是抗金，成为众多金朝士子不得不面临的人生选择。对于这样一个非此即彼的重大问题，绝大多数人会通过反复思考，认真权衡，然后再综合各种因素，做出趋利避害的最终决断。然而，党怀英和辛弃疾却用“蓍筮”这种出人意料的方法，做出了事关他们人生方向的重要决定。

蓍筮是一种古老的占卜形式。它以据说具有灵性的多年生草本植物蓍草为工具，按照《易经》“太极生两仪，两仪生四象，四象生八卦”的原则，通过多次分组，推算吉凶祸福。蓍筮的大致程序为，将50根蓍草放在桌上，先取1根为太极；而后将49根蓍草随机左右两分；按4根一组从左右分取，看两边剩余。此为第一变。再依此法进行第二变、第三变，成一爻。十八变为一爻，六爻为一卦。爻变数字的奇偶顺序为卦象。根据不同卦象，进行解卦分析，进而推演出结论。两人经过蓍筮，党怀英得坎卦，留金；辛弃疾得离卦，归宋。

将人生走向托以蓍筮，是无奈之举，还是有心之为？推想其时情形，应有如下可能：辛弃疾想与党怀英一同南下而党怀英不同意；党怀英想与辛弃疾一同留北而辛弃疾不同意；党怀英和辛弃疾都认为逢此乱世，可以南下归宋，也可以留北仕金，但两人都不能决断自己何去何从；辛弃疾与党怀英都想通过某种客观的方式最大限度地消弭内心纠结，做出简明了断……大约凡此种种，致使党怀英与辛弃疾在难以抉择的时候，将去留之决付之蓍筮。这样做既有双方听天由命的无奈，也有两人平衡矛盾心理的情感需求，或许还有以有意为之应对他人言说的现实考量。

然而无论怎样，通过蓍筮，党怀英留北了，辛弃疾南下了。到底真的是蓍筮在关键时刻决定了他们两人的选择，还是蓍筮正好迎合了他们各自的心愿？从党怀英和辛弃疾两人后来的人生轨迹看，应该说决定他们选择的其实并不是蓍筮，而是他们自己。

对于党怀英，留北在本质上契合了他的志向。在当时金宋对峙局面已经基本明朗的情况下，顺天应命、随遇而安地在金朝生活也是绝大多数人的常规想法。而辛弃疾从灵魂深处视南宋为家国正统，他不愿意再像爷爷那样，为稻粱之计在金朝忍气吞声地谋个一官半职。应试未第的窘况也恰适其时打消了他可能存在的那点儿顾盼。决计于内心，形之于蓍筮，让党怀英和辛弃疾都在关键时刻，心安理得地完成了各自的人生选择。

党怀英和辛弃疾在泰山相别。两人喝得酩酊大醉。高山之巅，把酒临风，兄弟离袂，情何以堪。这一年，党怀英28岁，辛弃疾22岁。

## 四

“辛党”分手后，兄弟两人在南北演绎了各自的不同人生。

党怀英废寝忘食，发奋读书。经过数次的失败，终于在大定十年

（1170）甲科及第。历经20余年的拼搏奋斗，在1198年，党怀英被任命为翰林学士承旨，官居正三品。这是党怀英职业生涯的巅峰。

有金一代，至金世宗完颜雍、金章宗完颜璟，已成为完全汉化的王朝。但汉化并不等于对汉人的完全信任。在官员的使用上，虽然金朝皇帝为了标榜不拘一格选人才而任用了一些汉族人士，但皇帝在内心深处对汉族官员还是不那么放心。据统计，金代158位宰相中，女真人101人，汉人仅有40人。官场中汉族官员总体上机遇少，权力小，地位低。特别是在权力核心层次上，汉儒被有意无意地挡在“玻璃门”之外。整个金代，汉儒始终未能成为金朝政治的决定力量。

后经人举荐，党怀英被召入京师，任国史院编修。1198年，党怀英任翰林学士承旨，官居正三品。虽然翰林院只是主司制诰词命、批签表启的秘书类机构，但对于一个汉族士人而言，这个没有什么实权的职位又的确象征着一种莫大的荣耀。在31年的为官过程中，除了前7年在基层任县级官员，60多岁时任一年泰宁军节度使，其余20余年，党怀英均在京师任职。

党怀英崇尚儒家为政思想，守本分，讲诚信，不多事，少添乱。在为人从政的过程中，未见其有过什么过激的政治主张，也未提出过什么标新立异的建议。他没有大盟友，也没有大敌人，没有大辉煌，也没有大失误。因为人品好、威信高，党怀英得到了百姓认从、同僚认同、上级认可。

与其所从事的工作相关，党怀英所做的事情多涉文教。他先后为泰山书院，山东曲阜、河北邯郸等诸多办学场所书碑，为家乡的文化教育发展做出了建设性贡献。

## 五

在南宋，辛弃疾的从政境遇跌宕起伏。

对于一心光复河山的辛弃疾，朝廷忌之惮之又烦之厌之。在南宋的40多年间，辛弃疾有近一半的时间在赋闲，剩下的时间里，他的工作岗位也多在远离京畿和前线的偏僻之地。即使这类地方，辛弃疾也被走马灯式地频繁调动了37次，平均一年多就换一个地方。尽管如此不受待见，辛弃疾渴望建功立业的雄心壮志却始终未变。每当有机会，他总是竭尽全力地把事情做好。在江西任提点刑狱，他率兵迅速平息了800人的茶商起义；在湖南任安抚使，他招步兵2000人、骑兵500人，创建"飞虎军"[①]；在福建任职，他施行铁腕政策，迅速扭转了沿海的治安状况；[②]辛弃疾还撰写了论文《九议》《美芹十论》，提出了其抗金复国的战略构想和战术方案。辛弃疾有胆略，有激情，有办法，在每一个职位上都干得风声水起。

"过则成灾。"魄力超人，能力过人，也使得辛弃疾深遭谤议。皇帝对辛弃疾时冷时热，时用时弃。在大部分时间里，辛弃疾怀才不遇，心情沉郁。无奈之中，辛弃疾将满腹惆怅寄托于诗酒辞赋之中：

他回忆当年英武："醉里挑灯看剑，梦回吹角连营。八百里分麾下炙，五十弦翻塞外声，沙场秋点兵。　马作的卢飞快，弓如霹雳弦惊。了却君天下事，赢得生前身后名。可怜白发生！"（《破阵子·为陈同甫赋壮词以寄之》）

他抒发内心无奈："少年不识愁滋味，爱上层楼。爱上层楼，为赋新词强说愁。　而今识尽愁滋味，欲说还休。欲说还休，却道天凉好

①薛祥生：《辛弃疾》，山东文艺出版社，2004年版，第51页。

②薛祥生：《辛弃疾》，山东文艺出版社，2004年版，第75~76页。

个秋。”（《丑奴儿·书博山道中壁》）

他也酒后自我调侃：“昨夜松边醉倒，问松我醉何如。只疑松动要来扶，以手推松曰去。”（《西江月·遣兴》）

最终，辛弃疾仍旧无法“看试手，补天裂”：“楚天千里清秋，水随天去秋无际。遥岑远目，献愁供恨，玉簪螺髻。落日楼头，断鸿声里，江南游子。把吴钩看了，栏杆拍遍，无人会，登临意。”（《水龙吟·登建康赏心亭》）

知我者谓我心忧，不知我者谓我何求。南下后的辛弃疾就这样在无奈悲愤中度过了他的一生。辛弃疾壮志未酬、心有不甘，据说在临终前，还在大呼：“杀贼！杀贼！”

## 六

兄弟异途，相异的是经历，不异的是情怀。

党怀英和辛弃疾相同中有不同，不同中有大同。他们的大同在于：其一，两人都有深切的终极关怀。党怀英希望通过现实的忠君之道经世济民；辛弃疾期盼通过实现国家一统造福天下。其二，两人都具有不懈的奋斗精神。党怀英注重基于现实的建设，通过勤恳工作而居于高位；辛弃疾更追求理念的坚守，在每个岗位上都大刀阔斧地建功立业。其三，两人都有着独特的人格魅力。党怀英仁德宽厚，严于律己，是典型的传统文官形象；而辛弃疾雷厉风行，大刀阔斧，是典型的个性官员做派。其四，党怀英与辛弃疾都是独领风骚的文坛大家。党怀英诸艺皆通，是金朝中期当之无愧的文坛领袖；而辛弃疾，仕途不济词家幸，起起伏伏的南宋经历使他成为纵横千古的“词中之龙”。

从党怀英与辛弃疾的大同中，我们可以强烈地感受到，在信念面前，他们不虚空；在践履面前，他们不虚夸；在才艺面前，他们不虚妄；在人格面前，他们不虚浮。这便是唯一的辛弃疾，走下神坛仍然伟大；这便是唯一的党怀英，走出尴尬方可回归。

## 七

党怀英曾代表金朝出使过南宋。他在诗中记述了入高邮、过扬州、至镇江、游西湖的经历与观感。其时辛弃疾正赋闲江西。尚无资料表明党怀英拜会过他的老同学。时移境迁，天各一方，人各其事。倘若两人真能有缘谋面，或许也只能在无尽感慨中“却道天凉好个秋”吧。

# 本色是书生？

## ——“党怀英之问”之五

### 一

比之政声官名，党怀英留给后人的更多还是一个文人的形象。

党怀英有着很高的艺术修养。在金朝中期的文坛上，他文章一流、诗词一流、书法一流，乃至绘画也一流。倘若单论经术学识，他可能不如赵秉文、李纯甫；单论诗文辞章，他可能不如张行简、元好问。但若综合考量，那党怀英肯定是其时无可争辩的文坛盟主。

文以人存。党怀英的文名也同样在后世遭遇了与其本人一样的尴尬。党怀英留存至今的作品数量很少。目前可见的党怀英文章有13篇，诗68首，词5首。与此形成鲜明对照的是，目前可见的辛弃疾诗词有800多首，是党怀英同类作品的10倍多。

### 二

党怀英保存至今的13篇文章主要为制诰公文与志传碑记。我们可以从这些为数甚少的篇什中窥见党怀英为文的能力、水平与风格。

党怀英的文章合用、合道、合性。首先是合用。应用公文的实用特性要求文章立意要针对时政，结体章法要符合程式，语言表述要精当严谨。这种“戴着镣铐跳舞”的本领非经千锤百炼，难能得心应手。党怀英是公文高手，其撰写的文书经常让皇帝赞誉有加。据说党怀英工作期间的公文，仅有一篇没有写好。奉命公文，能臻此境，绝非易事。

其次是合道。公文合时而著，其中心意旨一定要合乎治国方略与理政道统。金朝从北方南下，其主流价值观经历了自身传统与汉文化的碰撞交融。要做到“合道”，就必须对本朝的价值观念、道德要求、礼制规范等有一个清晰全面的认知。若没有丰富的政治经验，深厚的学识功力，精当的揣度斟酌，则容易在著文中拿捏失当，处置失措。

再者是合性。公文不是叙情言志的散文小品、诗词歌赋，不能肆意表达撰稿者个人风格。但在合用、合道的前提下，不同作者撰写的公文仍然会有不同的特点，其文风仍会在经意与不经意间得到体现。党怀英的文章颇有欧阳修风范，其行文表达平易朴素，不为艰涩之语。这种风格虽略显雄放不足，但有板有眼，沉着稳健。文似平易却艰辛。这种不刻意的平实、不卖弄的从容、不古板的清雅，恰如其分地体现了党怀英文章的气韵与风致。

## 三

大定、明昌时期（1161—1195），金朝经历了近四十年的稳定与和平。暂歇了烧杀掳掠的刀光剑影和枕戈待旦的秣马厉兵，文人墨客才有条件和心情去吟咏酬赠。金朝中期的诗风也与时代变化同步，由“借才异代”时期的豪放刚健、沉雄悲壮转向以党怀英为代表的闲婉逸致、真率自然。

党怀英诗中有对生活境遇的通脱达观。三十四五岁的时候，因科举屡试不第，党怀英的生活十分困窘。党怀英与那些偃蹇不遂、愁郁落魄的朋友在家乡附近的徂徕山穷开心，苦读书。他以隐居徂徕山的“竹溪六逸”为知己，自号“竹溪”。党怀英在诗中写道，“诗人固多贫，深居隐茅蓬”“冲寒起沽酒，一洗芥蒂胸”（《雪中四首·其一》）。

党怀英诗中有对山水风物的状写描绘。党怀英诗多用山、风、云、天、雨、水、雪等意象。他写淮南风光，“潮吞淮泽小，云抱楚天低”（《奉使行高邮道中二首·其一》）；写行舟所见，“岸引枯蒲去，天将远树来”（《奉使行高邮道中二首·其二》）；写新泰景色，“左见青山纵，右见青山横”（《新泰县环翠亭》）；写夜发渡口，“落霞堕秋水，浮光照船明”（《夜发蔡口》）。目前所见的党怀英68首诗中有25首写到了“山”，占其诗数量的三分之一多。他在诗中多次直接写到泰山，“我行问遗老，云此小泰山”（《穆陵道中二首·其一》）、“有田泰山下，绕屋皆泉石”（《题张维中华山图》）、“不须更问传家远，泰岱参天汶泗长”（《谒孔林》）。

党怀英诗中有清雅别致的幽独情怀。党怀英常在诗中借晚菊等寄寓自己幽独傲世的胸襟，“幸待春雪消，吾犹多杞菊”（《雪中四首·其二》）、“悠哉清霜暮，共抱兰菊恨”（《西湖芙蓉》）。他在诗中感慨庄周梦蝶，“我生开眼尚如此，况在合眼夫何疑”（《壬辰二月六日，夜梦作一绝句，其词曰，矫冗连天花，春风动光华。人眠不知眠，我佩绛红霞。梦中自以为奇绝，觉而思之，不能自晓，故作是诗以纪之》）。智慧的庄子分辨不清自己与蝴蝶、“我者”与“他者”，是因为他在梦中；而愚钝如我辈者即使是在睁眼清醒时苦思冥想，也难以弄明白这世事人生。党怀英用他的诗词有机地谐调了自己的隐与仕、职与责、身与心。

与同时期的诗人相比，党怀英的诗词自成格局。但就艺术成就论，与金朝最伟大的文学家元好问相比，党怀英的诗词尚有不及之处。元好问留传至今的作品众多。元好问的创作达到了极高的艺术境界，其诗悲壮慷慨、苍莽雄阔，尤其是其“丧乱诗”更是字字血、声声泪；其词以苏轼、辛弃疾为典范，兼具豪放与婉约、洒爽与清逸。元好问是宋金对峙之际北方文学的伟大代表，是当之无愧的“北方文雄”“一代文宗”。相比而言，党怀英诗词的创造性、丰富性、深刻性难以与元好问相提并论。党怀英身后声名落寞，其艺术成就的局限，也是一个不可忽视的重要原因。

## 四

与其说党怀英是个政治家，不如说党怀英是个文学家；与其说党怀英是个文学家，不如说党怀英是个艺术家；与其说党怀英是个艺术家，更不如说党怀英是个富有创造精神的书法家。

在党怀英所精通的诗文书画各项技艺中，书法是其用力最勤、影响最大、价值最高、地位最显的艺术形式。现在可见的党怀英书法作品有60余种，其中在泰山及周边地区的碑刻及摩崖有23处。党怀英在新泰县令任上自书其环翠亭诗刻。这是目前所知党怀英最早的题刻。后来，作为京畿官员的党怀英题刻书丹作品日渐增多。党怀英比较著名的书丹有《鲁两先生祠记碑》《重修天封寺记碑》《重修东岳庙碑》《谷山寺记碑》《灵岩寺田园记碑》。60多岁时，已任翰林学士承旨的党怀英为孔庙书“杏坛”二字。致仕后的党怀英为泰山玉泉寺书《谷山寺记碑》，并书“玉泉”二隶字。

1204年，党怀英以其最为擅长的玉箸篆为国家钱币题写“泰和重宝”四字。金代的钱文多为楷书、瘦金书、行书，篆书钱文只有两种。党怀英用篆书题币，体现了他对书币的重视。“泰和重宝”四字书法圆润老到，笔力劲健。因钱币铸行时国家铜资源匮乏，此币传世数量极

党怀英隶书，刘小东摄

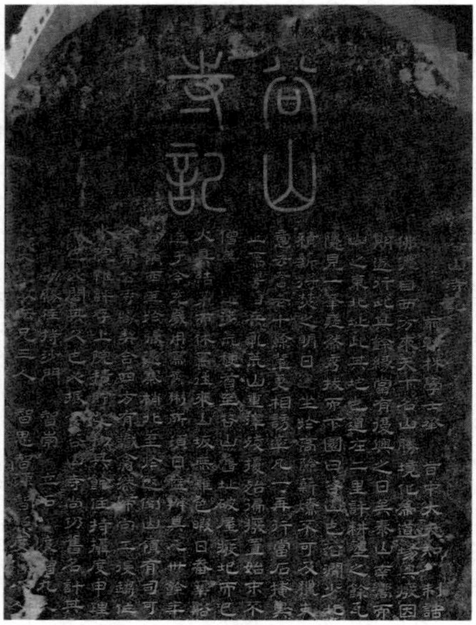

党怀英隶书《谷山寺记碑》拓片局部，沈维进摄

少。“泰和重宝”与新莽钱币、宋徽宗钱币、咸丰大钱一起被称为中国古钱四绝。

古时书碑题额的人选均选择那些地位高、学问大、书法好、口碑佳的人。党怀英恰恰符合这样几个条件：官居高位，有成就；任职翰林院，有学识；书法卓越，有资格；为人和穆，有威望。党怀英经常与两位山东老乡赵沨和黄久约合作制碑，且往往是赵沨、黄久约书写碑文，党怀英书篆题额。大约赵沨、黄久约去世后，党怀英才自行撰文书碑。

书法之功，非一日而成。党怀英小时候家中贫寒，无力买纸，他以树叶代纸，终日苦练。成年后他遍临诸帖，博采众长，精益求精，终成大器。在书法诸体中，党怀英篆书成就最高。党怀英篆书承继秦篆传统，并且有创新、有发展：在字体结构上，结合了女真文字的特点，强化了篆书体势的纵向变化；在笔画形态上，汲取了女真文字的方折特征，使篆书笔画更为圆劲爽利；别具一格地运用了悬针篆法，将整体线条的圆、局部结构的方、入笔收笔的尖有机地结合在一起，使篆书呈现出独特的装饰味道。现存于山东济宁的党怀英篆书王安石诗刻刻石集中体现了党怀英的这一探索。

党怀英的文章中规中矩，诗词传承有自。唯在书法创作中，党怀英表现出了难得的“敢为天下先”的精神。或许每个人都有求变求新的天性，只不过这种天性的表达要找到一种适合自己的载体。党怀英找到了属于他自己的艺术创新载体——书法。①

①聂立申：《金代名士党怀英研究》，吉林大学出版社，2012年版。本辑第1至5篇文章中的党怀英相关资料，主要参考此书。

# 人生的洞开：吴维岳

## ——“萧大亨的朋友圈”之一

### 一

萧大亨（1532—1612），祖籍今江西省吉水县。萧大亨的父亲萧乾性格豪爽，敢闯敢干。因钦慕侠义厚道的齐鲁民风，萧乾离开老家迁居济宁，并于嘉靖初年迁至今新泰市的放城镇。

放城镇是孔子弟子林放的故乡，“放城”地名亦因林放而得。由于位居今新泰市、临沂市平邑县、济宁市泗水县交界处，所以放城镇得地利之便，成为其时颇有名气的集市。

一次萧大亨的母亲在梦中梦到泰山神。萧乾认为这是托梦吉兆，便再次将家搬到泰山脚下的岱庙附近。萧大亨在泰城出生，长大，读书，成家。

在《萧公墓志》和一些明人笔记中，萧大亨形象英俊，气质特异，如说萧大亨“长身伟貌”“目光如电，声如洪钟”等。尽管这些记述会有谀美成分，但萧大亨是一位挺拔帅气的美男子应大致不错。

萧大亨年幼时家里以卖豆腐为业，后父亲萧乾去世。萧大亨好学不辍，深获乡绅刘某欣赏。刘某将女儿许配给萧大亨，并支持他读书科考。萧大亨胸怀大志，不负期望，进入泰安州学，成为官办学校的正式学生。

## 二

萧大亨在泰安州学遇见了他人生中的第一位官场贵人——吴维岳。

吴维岳（1514—1569），今浙江省安吉县人。嘉靖十七年（1538）进士。历任刑部主事、山东督学副使和江西按察使等，后以右佥察都御史巡抚贵州。吴维岳为人正直，兵部尚书丁汝夔遭严嵩陷害将被论斩，吴维岳冒死上书相救，被世人称赞。

吴维岳受命督学山东时，管教严厉，不讲情面。萧大亨端正勤苦，学业优异，得到吴维岳的关注与赞赏。1561年，萧大亨参加山东乡试，列第66名。

吴维岳曾作为会试考官，荐举了张居正等10多人。此10余人才资卓越，后来均官居显要，成为国之栋梁。因为吴维岳，萧大亨与张居正等人成为同门弟子。

萧大亨毕生感戴吴维岳的恩情。吴维岳去世多年后，吴维岳的儿子吴稼竳到北京拜晤萧大亨。时任刑部尚书的萧大亨热情款待了吴稼竳。吴稼竳赋诗称赞萧大亨“典型光四表，政绩历三朝”。

与吴维岳结缘，洞开了萧大亨的人生，为萧大亨今后的道路埋下了重要伏笔。

## 三

从吴维岳开始，萧大亨在他不同的人生阶段，先后经历了同门张居正，同榜申时行，同事沈一贯，同乡邢玠、于慎行，当然还有那个同朝的最大领导万历皇帝。萧大亨朋友圈里的这些人生遇见，为我们观照萧大亨的成长历程、为政事功、辗转进退、忧乐得失提供了一个难得的视角。我们且沿着这个视角，认识萧大亨，走进萧大亨所处于的那个时代。

# 首辅的身影：张居正

## ——“萧大亨的朋友圈”之二

### 一

1562年，萧大亨参加殿试，以第三甲160名的成绩赐同进士出身。同年萧大亨被外派山西任榆次知县。从任职榆次算起，萧大亨与张居正的从政生涯有着长达25年的时间交集。

张居正年长萧大亨7岁。由于岗位、职级等差异，萧大亨与张居正工作期间的交往总体上属于基层与中枢、建议与决策、执行与领导的关系。伴随职位的不断升迁，萧大亨越来越直接地参与了明朝关于蒙古事务的信息提供、决策研析、政策实施、危机化解。据目前可见的资料可知，张居正与萧大亨曾谋面议事并有书信往复。在1581年张居正写给萧大亨的回信中，张居正提到萧大亨曾邀请自己至大同镇视察，两人共商边事，相谈甚欢。从这些为数不多的关于两人交往的记载中，可以看出萧大亨对张居正的敬重和张居正对萧大亨的欣赏。

## 二

如何处理好与北方蒙古的关系，几乎是伴随明朝终始的首要难题。萧大亨亲身经历了明朝与蒙古关系由战争向和平的转变。

1368年，朱元璋于南京称帝，建立明朝。同年，明军攻克北京，元朝灭亡。明朝与蒙古双方开始了长期的南北对峙。综观有明一朝，明朝与蒙古关系的演变可分为前、中、后三个阶段：明初到“土木之变”为前期，“土木之变”到“隆庆和议”为中期，“降庆和议”到明末为后期。

在前期，明朝占据主导地位。北退之初的蒙古贵族，总欲图重返中原。朱元璋先是大举兴兵攻伐，后又打击分化、积极防御并举。燕王朱棣通过“靖难之役”夺取帝位后，实施并发展了朱元璋的一系列对蒙古政策。1421年，为加强北方防御和削弱诸藩力量，朱棣迁都北京。此时的北方蒙古汗廷式微，群雄并起，内讧不断，并逐步形成被称为东蒙古的鞑靼部、被称为西蒙古的瓦剌部和与明朝关系相对稳定的兀良哈三卫部三大集团。其间，东蒙古有过短暂统一，但随之又四分五裂。这一时期，明朝在与蒙古的关系中保持了积极进取的态势。

“土木之变”是双方关系的转折点。1449年，明英宗偏听宦官煽惑，率五十万大军亲征瓦剌。明军在河北省张家口的土木堡被蒙古军队包围，英宗被俘。“土木之变”后，明朝开国以来的鼎盛局面难以为继。经过第28代蒙古大汗也先、第32代蒙古大汗达延的短暂中兴，至嘉靖年间，达延汗的孙子俺答汗的部落异军突起。颇具雄才大略的俺答汗一边强掠横夺，一边开始谋求与明朝通贡互市。这一时期，蒙古一方积极主动求贡，明朝一方的政策则消极保守。

“隆庆和议”谱写了明朝与蒙古关系的新篇章，结束了近200年的敌对状态，开启了几千里边境一段时期的和平安定局面。

## 三

自明初开始，为防御北患，明朝先后18次大兴土石，修筑了东起山海关、西至嘉峪关的长城。北方长城沿线逐渐形成了号称“九边”的九个军事重镇：辽东镇、蓟州镇、宣府镇、大同镇、山西镇、延绥镇、宁夏镇、固原镇、甘肃镇。虽然不同时期各镇的名称乃至数量均有变化，但人们仍习惯上以“九边”称之。

耗费了大量人力、物力、财力的“九边”防线，并未能从根本上挡住南下扰乱的蒙古军人。在萧大亨任职之前，俺答汗曾率军对榆次“大掠十日而去”，致使榆次城南关“七千余家半被焚屠”。明军也经常以牙还牙地对蒙古军队营地进行“捣巢”，深入草原“烧荒”。榆次气候干旱，连年遭荒。人祸、天灾使榆次百姓穷困交加，流离失所，甚至卖儿鬻女，易子而食。萧大亨到任后，赈济灾民，调减赋役，加强教化，完善城防。两年时间，榆次面貌为之一新。

萧大亨为官的前八年，先后在山西、陕西、河南等地任职。在每一个岗位上，萧大亨都尽职尽责，干得十分出色。调任今山西省忻州市的岢岚县后，萧大亨整顿边务，督兵重创犯边蒙古军队。萧大亨还参与指挥了位于今内蒙古赤峰的红山捣巢之战，杀敌160余人。多个岗位的经历，让萧大亨体会到了战争的残酷、百姓的痛苦。在面临战争与和平选择的时候，这些体验都直接影响了他的价值判断。

## 四

1534年，俺答汗开始向明朝提出通贡互市。所谓“通贡”，即蒙古贵族按官爵高低以丰俭不同的物品向明廷“进贡”，明廷则给予厚薄不一的“封爵抚赏”。所谓“互市”，指明朝在长城沿边设立官市、民市、小市等，与蒙古进行物资交易。

嘉靖皇帝对蒙古有着根深蒂固的歧视和不信任。对于俺答汗的通贡互市请求，嘉靖皇帝断然拒绝。但在此后的几十年间，俺答汗前后几十次以各种方式执着请求，但明朝就是欲贡不允，欲市不通，毫无通融余地。俺答汗通贡互市的想法也始终是“剃头挑子一头热”。

俺答汗反复求贡有内外在多种原因。①其一是生计原因。北方草原“人不耕织，地无他产”，牧民日常生活对中原农业及手工业有着很强的依赖性。蒙古退回漠北后，地理的阻挡、政治的敌对、经济的封锁使蒙古人的生活因日常用品和粮食奇缺而受到严重影响。“若或缺用，则必需求；需求不得，则必抢掠。”但抢掠终非长久之计，所以俺答汗坚决地求诸贡市。其二是政治原因。在蒙古世系中，东蒙古左翼的传统政治地位高于右翼。身为右翼的俺答汗想借助明朝的封爵，壮大声威，提升地位，以抗衡左翼。其三是经济原因。从全球贸易的“内陆史视角”分析，俺答汗有充当明朝与欧亚大陆茶马贸易中介的意图。其四为观念原因。俺答汗引佛教进入蒙古，佛教忏悔戒杀的思想对俺答汗也产生了一定影响。在上述诸种原因中，维持基本生计是俺答汗求贡的最根本原因。

1550年，反复求贡不得的俺答汗由大同攻至通州，发动了“庚戌之变”。迫于巨大的军事压力，嘉靖皇帝同意局部开放互市。但此后不久，嘉靖皇帝出尔反尔，再罢互市。此后俺答汗终于丧失求贡信心，明朝与蒙古之间的战火又持续了20年。

---

①于默颖：《明蒙关系研究：以明蒙双边政策及明朝对蒙古的防御为中心》，内蒙古大学出版社，2015年版，第45~48页。

## 五

机遇来自俺答汗的孙子把汉那吉。

把汉那吉幼失父母，由奶奶克哈屯抚养成人。把汉那吉的未婚妻三娘子长得漂亮，爷爷俺答汗便以大欺小，据为己有。虽然鞑靼部落不讲究“三纲五常”等伦理道德，但夺人所爱，总有失仗义。把汉那吉一气之下于1570年投降明朝。

本来十几个人投诚对于明朝来说并不是什么大事，但因为把汉那吉是俺答汗十分疼爱的孙子，宣大总督王崇古、大同巡抚方逢时便十分敏锐地感觉到，这是一个可资利用的天赐良机。他们迅速报告朝廷，建议借机借力，调整对蒙古政策，实施通贡互市，促成边境和平。

对于王崇古、方逢时的建议，首辅高拱、次辅张居正明确表示支持。张居正亲自调度情况，并数次写信，让王崇古把详情“密报”于他。在张居正的具体安排和授意下，王崇古以作战示军威，以其孙相要挟，迫使俺答汗答应以交还叛臣赵全等人为条件商议通贡互市。几经朝廷争论，隆庆皇帝最终决定封俺答汗为顺义王，开放11处边境贸易口岸，与蒙古通贡互市。小棋子盘活了大棋局。

“隆庆和议”的实现，得益于皇帝的开明、廷臣的识见、边官的担当。隆庆皇帝具有“华夷一家”的思想，较少民族偏见。这是实现“隆庆和议”的决定性条件。首辅高拱、次辅张居正懂大局、识时务、有担当，在决策过程中发挥了至关重要的推动作用。作为边疆重臣的王崇古、方逢时有勇有谋，敢于任事，具体草拟了封贡互市的一揽子政策，在促成和议中居功至伟。

## 六

“隆庆和议”之时，萧大亨正在陕西榆林任按察佥事。按察佥事的主要职责类似今天的地方检察院，但又比检察院的工作范围宽泛。萧大亨在榆林任上经历了“隆庆和议”的整个过程。他在后来编著的《夷俗记》中，记叙了他在这个过程中的所闻所见所思。

萧大亨在其所任各个岗位上，都大力推动款议政策的落实：在陕西榆林，萧大亨首开马市；在陕西神木，萧大亨整治、维护互市秩序；在山西岢岚，萧大亨扩大双方交流，营造祥和氛围。

萧大亨在全力支持互市贸易的同时，注重修整兵备，做到两手抓、两手硬，有效地贯彻了明朝对蒙古“外示羁縻，内修战备，分边应对”的总体方略。因治边成就卓著，萧大亨多次受到明廷嘉奖，并不断立功晋职。1580年，萧大亨荣任宁夏巡抚，次年改任宣府巡抚，成为独当一面的边防重臣。这一年，萧大亨49岁。

从1569年升任河南按察佥事至1582年在宣府巡抚任上加副都御史，13年中，萧大亨工作岗位的调整变化有13次之多。我们无法确知张居正在萧大亨被重点培养和不断提拔的过程中起到了何种作用。但顺乎情理的是，有张居正这样的同门师兄，萧大亨在其仕途上便是未直接得受张居正雪中送炭式的提携，至少也可能在有形无形之中承蒙了张居正锦上添花式的庇佑。

## 七

有这样一种说法，若明朝只有一个皇帝，那就是朱元璋；若明朝只有一个首辅，那就是张居正。如同朱元璋理所当然一样，张居正同样当之无愧。

张居正(1525—1582),今湖北省荆州市人,嘉靖二十六年(1547)进士。中进士后被选做庶吉士,成为被重点培养的后备干部。3年后,张居正告假回乡,用7年时间游历山水并亲察民情。再回官场后,张居正成为裕王朱载垕(隆庆皇帝)的侍讲侍读。1567年,张居正进入内阁,参与朝政。此时的明王朝已百病丛生:内部政治混乱腐败,豪强兼并土地,财政严重危机,民众负担沉重;外部北方鞑靼犯边,东南倭寇侵扰,南方土司叛乱。张居正以非凡的气魄和智慧,大刀阔斧地推进改革:大力整顿吏治,改变颓靡习气;进行经济改革,推广"一条鞭法";加强财政管理,追查逃税漏税。张居正治国10年,一举扭转了明朝政局,营造了明朝历史上的最后一段辉煌。

张居正,一位罕有其匹的神童,一位一言九鼎的帝师,一位力挽狂澜的政治家。但或因才太高、性太拗、权太专、心太险,张居正身后遭到了强烈的反攻与清算:他被抄家并险被毁坟鞭尸;子孙有的自杀,有的逃亡,有的饿死。"工于谋国,拙于谋身"的千古一相,落得如此下场。

与不少大臣受到株连不同,萧大亨并未因张居正而受到大的影响。这可能得益于皇帝的清算尺度,也可能由于萧大亨未在朝中,还可能与萧大亨的那些同学们又相继走上了核心岗位有关。无论如何,张居正的身影未曾遮翳萧大亨此后的为政为人之路。

# 同榜的领导：申时行

## ——“萧大亨的朋友圈”之三

### 一

萧大亨与申时行是1562年的同榜进士。这一年全国共考取进士298人，申时行获第1名，萧大亨列第160名。申时行因成绩优异被授翰林院修撰，掌修国史。萧大亨或因成绩相对靠后，被分配到山西榆次任知县。

1583年，申时行担任首辅时，萧大亨正在宣府巡抚任上。申时行官居正二品，萧大亨为从二品。虽然两人官职品级差别不大，但在行政关系上，申时行是萧大亨的领导。

除去个人的能力，申时行当官的运气也实在是好。张居正去世后，张四维担任首辅，吕调阳、马自强、申时行为次辅。恰好张四维因父亲病故，要离职守制三年；吕调阳年老多病，在家休养；马自强突然生病去世。去的去，病的病，死的死，于是内阁中资格最老的申时行就顺理成章地接任了首辅。然而这还不是最巧的。张四维平素对申时行颇有成见，本想三年守制回来再施才能，可在守孝至两年半时，张四维也生病死了。最直接的竞争者全没有了，申时行坐稳了首辅位置。

真是时运来了，挡都挡不住。

## 二

萧大亨任宁夏巡抚、宣府巡抚期间，北方边境虽总体平稳，但也时有冲突。尤其在几代顺义王的继承交替之时，边情更是屡现危机。萧大亨知夷情、识大局、谋机宜，在处置危机特别是沟通、协调、说服蒙古三娘子的过程中，充分展示出其察情用事的足智多谋和务实干练。

三娘子（1550—1613），蒙古名叫钟金哈屯。作为蒙古黄金家族的直系后裔，“钟金哈屯”在蒙古有“高贵显赫”的意思。钟金哈屯嫁给俺答汗，成为俺答汗的第三任夫人，人们也由此而称其为“三娘子”。三娘子才貌皆俱，文武双全，独具个人魅力：她一生嫁人四次，次次令人匪夷所思；她视野开阔，通达事务，推动了蒙古经济文化的发展；她钦慕中原，维护和议，致力于边境的和平稳定。三娘子以其远见卓识和非凡才干在明朝与蒙古关系史上留下了浓墨重彩的一笔。

三娘子婚后随俺答汗四处征战。她在紧张激烈的奔波厮杀中目睹了战争给百姓带来的灾难。她力排众议，建议俺答汗与明朝通贡互市，和平相处。“隆庆和议”后的1572年至1576年，俺答汗和三娘子共同主持修建呼和浩特。现在呼和浩特仍被民间称为“三娘子城”。

1582年，俺答汗去世。依照蒙古风俗，俺答汗的长子黄台吉应娶继母三娘子为妻。但黄台吉年老、好色，且平时与三娘子不睦。32岁的三娘子不愿意嫁给黄台吉，便率领俺答汗赐予的一万“娘子军”精骑出走躲避。明朝深知三娘子在蒙古的重要作用，急派大臣郑洛前去劝说。最终三娘子顾全大局，与黄台吉成婚。后来黄台吉想挑起事端，也被三娘子劝阻。

黄台吉病逝后，三娘子极想让爱子卜他失礼继承王位。但为了避免蒙古内部的分裂动荡，她权衡再三，还是将王位和兵符传给了曾与她大打出手的扯力克。但扯力克不想娶三娘子为妻，三娘子也想筑城别居，退隐江湖。而一旦形成这样的局面，则对边塞安定十分不利。明朝派人规劝扯力克。最后扯力克尽弃妻妾，与三娘子成婚，并于次年正式继承顺义王之位。宣大总督郑洛会同萧大亨给申时行汇报后，上疏请封三娘子为忠顺夫人。

扯力克去世后，扯力克的孙子与三娘子的孙子之间发生了一场夺嫡之争。三娘子不徇私情，毅然再次下嫁扯力克的孙子。1613年，三娘子病逝，走完了她传奇多彩的一生。

萧大亨派人至蒙古游说三娘子时，一名叫常鹤的领军暗中画下了三娘子与第三代顺义王扯力克的像。画中的三娘子眉清目秀，耳坠大环，袜而不鞋，腰悬一刀。萧大亨将画像呈给朝廷，并将复制品赠送朋友。一时间塞外美女的英姿传遍中原。萧大亨的朋友冯琦、于慎行为三娘子画像题诗，称赞其“塞北佳人亦自饶”（冯琦）、“桃花一片沄春寒”（于慎行）。

## 三

1589年，萧大亨接替郑洛任宣大总督。到任第二年，他便遇上了那场足以影响明朝国运的“洮河之变”。

1590年，蒙古扯力克部的4000多骑兵进攻临洮、河州、渭州并侵扰青海。蒙古军队烧杀抢掠，来去迅疾。临洮副总兵李联芳追击中伏，壮烈殉国。面对突如其来的战事，廷前大臣群情激昂，主战之声高涨。

萧大亨认真分析敌情我情，认为不宜全面开战，而应精准发力，“抚顺剿逆”。首辅申时行等人全力支持萧大亨的建议。

为什么不能妄开边衅？因为局中有局。第三代顺义王扯力克继位后，一直梦想着联合东西蒙古，成就抗明大业。扯力克一面对明朝通好，一面向青海地区扩张势力。后来扯力克与青海当地部落枭雄火落赤勾连，开始寻机挑事，并谋划借势夺取河西五部。

申时行审时度势，提出了“分化瓦解，连打带拉”的制敌之策：第一，不能大打。扯力克虽然貌似强大，但内部一盘散沙。如果大张旗鼓进攻，反而会使这群乌合之众迅速抱团。第二，局部要打。打蛇就要打“七寸”。明朝派兵部尚书郑洛率领精兵，抵达兰州，专打给在青海的扯力克输运给养的运输队。同时明告蒙古各部落，只许东返，不许西进。对不听劝告的卜失兔，集中优势兵力狠狠打击。第三，分而治之。在宣化、大同，萧大亨打拉结合，多管齐下：对扯力克部以外的部族，继续开市；对附和扯力克的，进行“欲停市赏”的攻心战；加强军备，改造火器，以示军力；同时请三娘子规劝扯力克东归。1591年，扯力克见大势已去，惊慌反悔，同意离开青海。随后，郑洛强势出手，三路出击，打得火落赤落荒而逃。

“洮河之变”的顺利解决对于明朝意义重大。从明朝当时的政治格局看，日本关白丰臣秀吉正准备兵发朝鲜，白山黑水间的努尔哈赤正在崛起，南方倭寇频繁骚扰，西南民族冲突接连不断。贸然与蒙古全面开战，不符合明朝维护国家安全的大战略。萧大亨的意见和建议、郑洛的战略和战术、申时行的统筹和协调、万历皇帝的决策与用人，合力推动了“洮河之变”的顺利解决。历史学家黄仁宇在评议此次事件时认为，“洮河之变”的正确决策使“明朝避免了一场以国运为赌注的战争”。

## 四

一波未平，一波又起。西部扯力克尚未完归，东边的史车二部又外叛出逃。

史二官、车达鸡二部原为俺答汗长子黄台吉的属部。史车二部因不能忍受黄台吉的悍鸷无常、凶狠残暴而投奔明朝。“隆庆和议”后，明朝与蒙古局势发生变化，明朝对史车二部不再像以前那样关怀、救济，备受冷落的史车二部又叛逃回蒙古。

扯力克从青海东归后即向明朝索要市赏。对于扯力克的要求，有人表示反对，认为不能助其威风；也有人主张同意，想借以化解“洮河之变”的怨恨。面对不同意见，萧大亨反复思忖后，独出机杼地提出“有条件授赏”。他将扯力克求赏与史车二部叛逃联系起来，提出扯力克要想恢复市赏，就必须交回史车二部。萧大亨的意见得到申时行等人的肯定。按照这个构想，萧大亨实施了“三步走”计划：第一步，擒杀示兵威。擒获史二官之子，斩杀史二官之妻等数十人，煞其气焰。第二步，实施反间计。修书扯力克，并派使者游说，离间扯力克与史车二部的关系。第三步，规劝三娘子。以俺答汗擒缚赵全等人为例，劝解三娘子择善而从，恢复明朝与蒙古的友好关系。萧大亨棋高一筹，破解了对扯力克“拒之不可，许之无名”的尴尬，既维护了明朝面子，又摆平了叛逃二部，可谓一箭双雕，一举两得。

## 五

萧大亨平素致力政务，并不十分刻意翰墨著述之事。但在边事倥偬之间，萧大亨亦会因友人之请或工作之需而撰碑著文。据周郢先生考证，萧大亨著述计有10种。但这些著述多已散失。今所能见的《夷俗记》是萧大亨在宣大总督任上汇集各种资料情报编纂而成的重要著作。

明朝从建立至覆亡似乎都没有真正了解蒙古。明朝大概不想也不屑去研究这个北方的失败者。在为数不多的真正了解蒙古的明朝高级官员中，萧大亨应为其一。

在1593年出任刑部尚书之前，萧大亨在边塞地区工作了20余年。《明实录》记载，萧大亨在一次巡察中遭遇蒙古人，在与其首领“登独石山与语竟日”后，蒙古人按照萧大亨的要求离开。萧大亨能编写出《夷俗记》，应源于他与蒙古人多方面的交锋、交往与交流。

《夷俗记》又称《北虏风俗》。“夷”原是古人对东方部族的称谓，后扩而大之为对边境各少数民族的统称；而“北虏”则是明朝人对蒙古人的专称。萧大亨此书的自刻本原名为《北虏风俗》，后来明人陈继儒在编汇资料时，收录了《北虏风俗》中的部分内容，并将这部分内容改题为《夷俗记》。至清代，“北虏”成为禁忌语，故《北虏风俗》的清代版本均以《夷俗记》做书名。

明朝也还有一些关于蒙古的著述，但这些著述多关注历年战事与双方交往活动。相比之下，《夷俗记》所涉及的内容更为宽泛。它不仅记述了蒙古人婚姻、生育、财产继承、礼仪礼节、禁忌、宗教、墓葬、生产方式、法律法规、战争阵法和战略战术、贡市活动等各个领域的习俗及情况，而且还表达了作者对蒙古社会的认知以及关于对蒙古方略的思考。《夷俗记》是研究蒙古社会、经济、历史、文化、风俗的一部十分难得的民族志。至近代，随着民族史、边疆史研究的兴起与发展，《夷俗记》更显示出其重要的史料及学术价值。

萧大亨编写《夷俗记》的目的主要在于三个方面：一是了解蒙古。多年的边塞经历使萧大亨深知，明朝在与蒙古的关系中时常被动的根本原因是“虏情失也”。他认为，要找到克敌制胜和羁縻统治之策，就必须了解蒙古的“种类、嗜恶、趋避、短长”。二是学习蒙古。根据萧大亨的观察与分析，蒙古人善于训马，精于训兵，勇于互助，十分值得明朝军队学习。通过“弃我所短，习虏之长”，可以大大提升明军战斗力。三是处理边务。萧大亨认识到，款贡和战争都是控制蒙古的策略和手段。只有处理好与蒙古的战和关系，才能实现“款有款之时，战有战之会”。

《夷俗记》分为二十篇。这些篇什从明人的视角记述或描绘了蒙古人的生产生活状况和风土人情习俗。

如在生产方面，每至深秋，蒙古人便进行集体围猎。蒙古狩猎“春不合围，夏不群搜”，以保护野兽正常的生殖繁衍。蒙古人爱马懂马惜马，有一整套成熟有效的控马绝技。如每天让马行走二三十里，马微微出汗后即捆起马前足，让马不能跳跃耗费体力；从午到晚至第二天黎明，不让马饮水吃草，以增其食欲，第二天才将马放到牧场让其吃草；如此三五天至八九天，则马腹小臀大膘实，即便日行数百里，征战七八日，仍精神抖擞。控马还有一些禁忌，如秋天草料丰富，马膘肥不实，不能疾驰远行，否则会“死者十而九”等。

在军事方面，蒙古人特别重视孩子的军事训练。孩子五六岁时即学习骑羊骑马，[①]练习持弓射箭。年轻姑娘和妇女也同男子一样长途骑马。蒙古人军民合一，“壮者皆兵”。牧民平时生产，战时为兵。他们一人恒备三五匹马，制作木弓铁镞的技艺不低于中原地区。蒙古军队官兵在战争中上下一致，利害相同。每逢战争，大汗亲临指挥。若一人被创，则他人必以命相救。被救者对施救者献其个人资财，奉之如同父母，世世代代铭记。

在婚配方面，蒙古不同部族间保持着“世为婚姻”的联婚习惯。平民一夫一妻，而贵族可一夫多妻。保留着传统的收继婚制，即“父死，妻其后母；兄弟死，尽取其妻妻之”。三娘子相继嫁四代顺义王，即依此俗。在一般蒙古家庭中，丈夫去放牧打猎，妻子承担家庭事务。妻子劳动负担沉重，但同时在家庭中的地位也较高。

①赵阮：《萧大亨〈北虏风俗〉与十六世纪后期蒙古社会生活初探》，中央民族大学硕士学位论文，2005年。

与农耕社会不同的是，蒙古人夫妻间可以因感情不和而离婚。

在日常生活方面，从事牧业生产的牧民以肉类和乳制品为主食，而从事农业生产的蒙古人则以粮食为主食。日常衣着皆窄袖厚靴，以便于骑乘。16世纪后期，由于俺答汗的身体力行，蒙古地区的喇嘛教代替了萨满教，崇佛风气开始形成。许多年轻人入寺当了喇嘛，蒙古民族的尚武精神逐渐减退。萧大亨还记述了贡市方面的一些具体情况。

## 六

申时行担任首辅8年多。这个时期是萧大亨一生中事功最为卓越辉煌的时期。无论是落实“隆庆和议”实施互市，还是配合申时行、郑洛等化解“洮河之变”；无论是利用外交手段处置史车二部叛变，还是在宣大任上汇集编纂《夷俗记》。申时行都给萧大亨以充分的理解和大力的支持。

申时行（1535—1614），今江苏省苏州市人。对于自己的身世，申时行一直讳若莫深。据说申时行的父亲是一名苏州富商。一次，在去虎丘旁边的法华庵上香时，申时行的父亲与一美貌女尼一见钟情。不久申父得病去世，女尼生下一遗腹子。后来孩子卖给了苏州知府徐尚珍。徐尚珍十分喜欢这个孩子，给其取名叫徐时行。1562年，徐时行中得状元。在全家人欢喜之时，徐尚珍将这一切告诉了28岁的徐时行。徐时行知恩图报，想归徐家，但被徐尚珍拒绝。徐时行只好回到申家，并改名申时行。这段扑朔迷离的传奇故事在苏州还被编成了地方戏曲。

申时行深得张居正信任，但其为人为政风格却与张居正大不相同。张居正重义、专权，胸有宏图大志，而申时行认真、善谋，能够恪尽职守；张居正果敢、独断，干事雷厉风行，而申时行周到、细致，比较按部就班；张居正冷峻、寡情，甚至傲慢僭越，而申时行圆滑、灵活，谁也不想得罪；张居正强势、执着，善于开辟新局；而申时行低调、守成，适于休养生息。

在张居正之后担任首辅，申时行如同被放在铁板上烤。皇帝要清算张居正，申时行不下狠手无以自保；而要落井下石，又失却做人底线。申时行妥善处理了这两方面的关系。他废除了张居正过于严苛追究官员连带责任的“考成法”，同时广开言路，给指斥张居正的人以说话的机会。而一旦那些言说危及他自身，他也能适时把握时机，实施巧妙而有力的反击。在张居正被抄家、其八旬老母衣食无依、子孙死亡相继的时候，申时行在皇帝面前说了一些力所能及的好话，让张居正家人暂得喘息。

尽管申时行绞尽脑汁，谨小慎微，但也难免百虑一失，万事一疏。他最后还是倒在了那桩躲不开、碰不得的“国本之争”上。万历皇帝1578年大婚后，皇后王氏多年没有生育男孩。一次万历皇帝见母亲时，私幸了一个姓王的宫女，生下了万历皇帝的长子朱常洛。但在朱常洛4岁时，万历皇帝最宠爱的妃子郑氏又生下了朱常洵。是依照祖制惯例册立朱常洛，还是按照喜好册立朱常洵，成了皇帝与大臣之间旷日持久的争论焦点。“太子者，国之根本。”册立谁为太子，成为明朝万历年间最为复杂激烈的“国本之争”。

对于皇帝册立太子，朝中上下分为两派：皇帝一派欲立朱常洵，朝臣一派议立朱常洛。两派争持不下，水火不容。作为首辅，申时行不想得罪皇帝；作为大臣，申时行也不想在同僚中失去人心。于是他想了一个“两全之策”：在万历皇帝面前表达赞同意见，在群臣面前又装作恪守礼法。但事有不巧，申时行赞同皇帝意见的密疏被人透露出来。群臣义愤填膺，纷纷指责申时行为人不端。申时行在众口铄金之下，进退失据，百言难辩，最后只好辞官回乡。

申时行在苏州老家度过了23年。1612年，申时行为在泰安病故的萧大亨撰墓志铭，称与萧大亨同籍升朝，并常与萧大亨就边防之事“决大疑，定大计”；申时行赞扬萧大亨为人爽朗豁达，量宏而识敏。两年后，比萧大亨小三岁的申时行在苏州去世。

对于申时行，后人毁誉不一。有人认为申时行是和平年代的模范领导者，也有人认为申时行是八面玲珑、没有原则的投机之人。誉之者称之“大师”，毁之者称之“大奸”。这些极端的评价可能均失之偏颇：我们这个世界既需要开榛辟莽的拓荒者，也需要春风化雨的育禾人；既需要钢筋混凝土式的构建与拓展，也需要“和稀泥”式的调和与稳固。倘若这个世界只有张居正或者只有申时行，则时势有可能会偏其一端，倾斜失衡。事实上，对于历史人物的评判，个人的性格气质与处世方法并不是唯一的因由和全部的依据。在很多时候，历史人物的命运并不仅仅取决于个人，而更取决于个人所处的那个时代的社会制度。性格无好坏，机制有高下。人生的悲喜剧，不可能离开上演戏剧的历史大舞台和编排戏剧的时代大导演。

# 党争的物议：沈一贯

## ——“萧大亨的朋友圈”之四

### 一

1595年，64岁的萧大亨应召入朝。此后的13年里，萧大亨在刑部尚书和兵部尚书任上，先后经历了沈一贯等3任首辅。萧大亨与沈一贯共事时间最长。在其时朝廷党派林立的情势下，廷前为官的萧大亨自觉不自觉地面临着立场的站队，情愿不情愿地羁绊于党争的纠葛。

### 二

有这样一种简明的概括：汉亡于外戚，唐亡于藩镇，宋亡于外敌，明亡于党争。这个说法颇为精到。

明朝的党争有着复杂的历史背景。明太祖朱元璋为集中皇权，废除了丞相，使国家治理结构发生了重大变化。废相后的皇权直接面对文官、内监、厂卫几个方面的平行主体。在行政运行过程中，文官与内监之间、厂卫与文官之间、文官与文官之间逐渐由相互制衡发展到相互矛盾乃至相互争斗。至嘉靖时期，多年不上朝的皇帝又以分化之术来控制权力，更为党争的爆发创造了条件。随着万历皇帝的后期怠政，明朝的朋党争斗愈演愈烈。

万历时期的党派以浙党、东林党、阉党势力为最强。浙党是以浙江籍官僚为主体的官僚集团。浙党与以山东人为主体的齐党、以湖北人为主体的楚党结成联盟，合力为“齐楚浙党”；阉党是以宦官及依附于宦官权势的官僚为主体的政治派别；东林党是以江南士大夫等朝野人士为主体的官僚士人团体。万历时期的党争主要表现为浙党与东林党之间的斗争。

浙党的领袖是沈一贯。沈一贯（1531—1615），今浙江省宁波市人。沈一贯38岁时考中进士，列136名。在明朝，36名后的进士能当上首辅的很少，但沈一贯做到了。尽管沈一贯前期受张居正排挤，仕途并不顺畅，但他沉得住气，耐得住性，抓得住机会，最后终于位极人臣。

东林党的领袖是顾宪成。顾宪成（1550—1612），今江苏省无锡市人。1604年，时为吏部郎中的顾宪成因为他人上疏辩护而被万历皇帝革职。顾宪成返回老家无锡后，创办东林书院，发起东林大会，宣传政治主张。那副著名的“风声雨声读书声声声入耳，家事国事天下事事事关心”的对联就挂在东林书院的依庸堂内。后来东林书院成为影响越来越大的政治势力。

内阁中，次辅沈鲤是东林党代表人物。沈鲤为人耿直，颇有声望，这更让沈一贯看不顺眼。两人关系不断恶化，并渐成水火之势。申时行与沈鲤也不是一路人。沈鲤入阁时，申时行写信给沈一贯：“蓝面贼来矣，盾备之！”沈鲤脸黑，申时行蔑称之为“蓝面贼”。沈一贯和萧大亨都受益于申时行。申时行、沈一贯都对沈鲤无好感，站在沈一贯的立场上也就成了萧大亨的必然选择。

## 三

萧大亨在“妖书案”中的作为是其一生中最为人诟病的事情。

晚明的“妖书案”有先后两次。第一次“妖书案”缘起于一本叫《闺范图说》的书。《闺范图说》汇集了历代贤妇烈女的事迹。万历皇帝的爱妃郑贵妃看了书后意犹未尽，便在书中加上自己的实例，并写了一篇序言，广为翻刻印行。一个自称“朱东吉”的人看到增编的《闺范图说》，对郑贵妃的做法嗤之以鼻，认为她自不量力，沽名钓誉。于是“朱东吉”挥笔写下一篇《忧危竑议》的问答体跋文，借机影射“国本之争”。万历皇帝看到《忧危竑议》后大为恼怒，将跋文定性为“妖书”，并下令捉拿“朱东吉”。但遍寻“朱东吉”未果，又因事涉郑贵妃，不宜太过闹大，最后只得找了两个“替罪羊”发配了事。

直到1601年，万历皇帝终于下了决心，册立皇长子朱常洛。本来“国本之争”好不容易告一段落，但一份托名“郑福成”的《续忧危竑议》传单又横空出世。文中说皇帝立朱常洛为太子乃不得已之举，下一步必会易储。文章矛头直指皇帝和郑贵妃。第二次“妖书案”由此而起。

“妖书”还指名道姓地攻击首辅沈一贯和次辅朱赓。沈一贯看到事关自己，便以攻为守，指斥次辅沈鲤与其学生郭正域策划撰写了“妖书”。但东厂、锦衣卫捉拿了两个嫌犯并酷刑拷问，始终未找到沈鲤、郭正域与妖书有关的证据。案发十日后，东厂阴差阳错地找到了顺天府一位叫皦生光的秀才。皦生光痞性十足，好占便宜，曾借机敲诈过郑贵妃的弟弟。皦生光被抓后，虽屈打成招，但就是不攀诬沈鲤和郭正域。沈一贯授意刑部尚书萧大亨，要想尽一切办法找到证据。萧大亨心领神会。

刑部、都察院、大理寺三法司会审皦生光时，萧大亨再三诱使皦生光交代同谋主使之人，但皦生光拒不服从。萧大亨把预先写好的纸片塞入负责审理案件的下属王述古袖中，要求王述古把事办成。但没想到王述古看到字条后严词拒绝，难道案情不出自犯人口中，而出自办案人袖中吗？萧大亨十分狼狈，不敢再强行干预。最后皦生光被凌迟处死，“妖书案”就此了结。

其实当时几乎所有的人都明白，皦生光不过是个倒霉蛋。《续忧危竑议》信息周详，论述深刻，绝非一个不熟悉朝廷事务的落魄秀才所能为之。但事关皇帝的案子总得有个结果。只要有个台阶能下，也就无人再去费劲追究谁是真正的作案人了。直至400多年后的今天，也没有人知道真正的“妖书”作者是谁。

让萧大亨倍受攻讦的还有“释系囚案”。1602年，万历皇帝突然染疾。因自我感觉不好，万历皇帝急召首辅沈一贯和诸内阁大学士做政治交代。万历皇帝请诸位尽力辅佐太子，并安排了三件事：一是停矿税，二是释系囚，三是录建言。群臣深受感动，恸哭不已。沈一贯迅速拟旨下发。但第二天万历皇帝身体有所恢复，又不想免除矿税了。皇帝连发20余道急令追索谕旨。不免矿税，还可以释放囚犯。但萧大亨这边又出了问题。萧大亨觉得释囚事关重大，不能随便去办，需再请示皇帝。结果待萧大亨一请示，万历皇帝又改变了主意，释囚之事也不再办了。群臣纷纷指责萧大亨，认为他人心不善，甚至是逢君之恶。

平心而论，萧大亨应不是成心为恶之人。在万历朝鲜战争中，万历皇帝将主战的御史曹学程移交刑部治罪。萧大亨先后7次具疏相救，最后曹学程得免于死。万历皇帝对萧大亨十分不满。1597年，日本撕毁和平协定再次攻朝。万历皇帝认为被日本人和主和的兵部尚书石星蒙蔽，拟将石星论处重罪。萧大亨虽与石星政见不同，但并不屈从皇帝，未定石星死罪。萧大亨的公正执法赢得朝野赞誉。

## 四

在首辅任上，沈一贯并未获得好的口碑。很多人认为沈一贯做事太功利、为人太滑头。尽管言人人殊，飞短流长，但沈一贯的为政为文也并非全无是处。

沈一贯所做的能够在历史上留下一笔的大事，当属让万历皇帝解决“国本之争”这个“老大难”问题。1601年，沈一贯向万历皇帝上疏，要求册立太子。沈一贯陈述的主要理由为，皇长子已19岁，只有定其名位，正式成婚，皇帝才能子孙满堂。没想到万历皇帝第二天便予回复：即日册立皇长子为太子。一时举朝轰动。但过了一天，万历皇帝又变卦了，下旨要延期。沈一贯如有神助，勇气十足，果断坚定地将圣旨奉还：“万死不敢奉诏！”万历皇帝似乎至此才终于意识到，拖了十几年的立储之事，已再也没有退路。当年，万历皇帝正式册立皇长子朱常洛为太子。“国本之争”终告结束。

“国本之争”历时15年之久。15年间，关涉此事的中央及地方官员300多人，其中首辅4人、部级官员10余人被万历皇帝逼退，还有100多人被罢官、解职、发配。在所有人都不相信事情能够很快得到解决的时候，沈一贯以普通得不能再普通的理由，把这件多少人、多少年想办而未办成的事情办成了。可以说沈一贯运气好，也可以说沈一贯会抓时机、找理由，还可以说沈一贯退回皇帝圣旨，也算有胆。无论怎样，是沈一贯办成了这件关乎明朝国运的大事。

沈一贯还是个颇有造诣的学者。他以儒学解读庄子，颇有创见地阐发了人心物欲的合理性，进一步拓展丰富了宋明理学思想。沈一贯还登过泰山。他在撰写的《游泰山记》中关注到泰山信仰的转向，认为碧霞元君信仰的兴起让泰山成为民众与皇帝的共同信仰之山，有利于国泰民安。在目前所见资料中，从理论上肯定“泰山老奶奶”信仰的，沈一贯是第一人。

1606年，沈一贯在接连遭到弹劾后愤而请辞。为平衡左右，万历皇帝在让沈一贯退休的同时也让沈鲤回家。虽然两人都不做官了，但他们各自的境况还是很不相同。据说沈一贯资产万贯，生活丰裕，而沈鲤却家徒四壁，窘迫困顿。沈一贯虽然名声臭了，但实惠还是得了。

沈一贯退休两年后，身心俱疲的萧大亨也辞官回到泰安老家。

# 御倭的亲家：邢玠

## ——“萧大亨的朋友圈”之五

### 一

萧大亨与邢玠是儿女亲家。他们两人是山东老乡，均曾在西北边陲为官多年，而且任职之地多有重合。或许正因为这种种机缘，萧大亨的二儿子娶了邢玠的四女儿为妻。1597年，邢玠以兵部尚书的名义，任蓟辽总督，赴朝鲜指挥御倭战争，而萧大亨则在后方以刑部尚书兼理兵部事务。两位儿女亲家，一位在前线领兵打仗，一位在后方保障协调。两人前后照应，联袂抗倭，创造了世界战争史上的奇观佳话。

### 二

“万历三大征”是晚明历史上的大事件。1592年至1600年间，万历皇帝先后在西北、西南和朝鲜展开了三次大规模军事行动：1592年的宁夏之役，1592年至1598年的朝鲜之役，1599年至1600年的播州之役。后人将这三次战争统称为“万历三大征”。

对于“万历三大征”地位和作用，后人有着不同的解读。有人认为三场大战巩固了中华疆土，维护了明朝在东亚的主导地位，也有人认为三场战争严重消耗了明朝的财力，使明朝元气大伤并导致明朝迅速走向衰亡。

邢玠与“万历三大征”均有关联。邢玠（1540—1612），今山东省青州市人。1571年进士。先授河北密云知县，继为御史，巡抚大同。官至兵部尚书。1592年，邢玠的另一位亲家、宁夏副使石继芳在哱拜叛乱中被杀。为配合宁夏平叛，时任山西布政使、大同巡抚的邢玠在大同选兵三千增援宁夏。1594，在兵部任左侍郎的邢玠总督川贵，赴今贵州省遵义市播州区平息土司杨应龙叛乱。邢玠恩威并施，历时一年，将杨应龙革职勘抚。回兵部刚刚一年，邢玠又担当起了援朝御倭大任。[①]

## 三

中国、日本、朝鲜是东亚最古老的三个国家。

三国之中，中国地域最为广袤，文明最为悠久，实力最为强盛。中国文明深刻影响了东亚农耕民族的发展并与这些民族在东亚构成了以使用汉字为显著特点的汉文化圈或华夏文化圈。

朝鲜半岛三面环海。其东北部与俄罗斯相连，西北部隔鸭绿江、图们江与中国相接，西部与胶东半岛相望，东南部隔朝鲜海峡与日本相对。朝鲜的兴起、发展与中国密切相关。3000余年前，周武王灭商。商纣王的叔父箕子不愿做周的顺民，率领5000族人从今胶州湾乘木筏渡海来到朝鲜半岛。箕子与当地土著建立了箕氏侯国，用先进的中国文化启迪了朝鲜的文明。箕子朝鲜至公元前194年被燕国人卫满建立的卫满朝

①邢其典：《邢玠生平纪略》，山东人民出版社，2009年版，第212~214页。

鲜替代。公元前107年，卫满朝鲜被汉武帝所灭。至魏晋南北朝时期，朝鲜半岛进入北部高句丽、南部百济和新罗三国鼎立的时期。几经统一与分裂，至936年，朝鲜半岛进入第一个统一的朝鲜民族时代。1392年，朝鲜太祖李成桂废黜国王自立，并由宗主国明朝皇帝朱元璋选定国名为“朝鲜”。1897年，朝鲜王国宣布建制称帝，建立大韩帝国。

日本开化较晚。至中国西汉武帝时期，日本尚处于蒙昧蛮荒的绳文时代。弥生时代的日本百国并立，一片战乱。直至公元3世纪中叶，首个统一政权大和国才得以建立。645年，日本开始大化革新，全面仿效中国唐朝的政治制度。经过奈良时代、平安时代以及长达600余年的幕府时代，至19世纪60年代末，日本开始了具有划时代意义的现代化的改革运动——明治维新。

在东亚的历史与政治版图中，中日朝三国的交互关系错综复杂。日本国土狭长，资源匮乏，日本人存在着与生俱来的危机感。日本统治者一直想以朝鲜半岛为跳板，占据大陆，扩大生存空间。处在中日之间的朝鲜政权为了自身生存，时常在中日之间择强而附。从西汉开始至甲午战争的一千多年中，朝鲜与中国保持了长期的宗藩关系。在族群血脉上，朝鲜有箕子血统，中国历史上的商、鲜卑、契丹、金也都有朝鲜血统。中国与朝鲜我中有你，你中有我。但朝鲜与日本的关系同样也源远流长。几乎40%的日本人从血缘上可追溯到朝鲜半岛。日本多次侵略并占领朝鲜，朝鲜半岛的部分地区也曾长期处于日本的控制之下。历史上百济与日本也不止一次地联姻和亲。特殊的区位，自身的实力，与中日之间的各种关联，让朝鲜在中日之间的战和恩怨中难以置身事外。

迄今为止，中日之间共发生过五次大规模战争：唐朝的白江口之战、元朝的元日之战、明朝的万历朝鲜战争、清代的甲午战争、现代的抗日战争。其中白江口之战、万历朝鲜战争、抗日战争中国取胜，元日之战、甲午战争中国失败。中日之间的这五场大战均关联着朝鲜。

## 四

历时7年的万历朝鲜战争是中世纪东亚历史上最大规模的国际战争。1588年，统一日本后的丰臣秀吉野心勃勃地谋划建立一个空前的亚洲大帝国。经过一系列的外交、内政及军事筹备，1592年，丰臣秀吉出兵朝鲜。战争分为两个阶段：1592—1593年的第一次朝鲜战争，1597—1598年的第二次朝鲜战争。第一次朝鲜战争以双方议和而暂时告一段落；第二次朝鲜战争明、朝联军取得最终胜利。

万历朝鲜战争既不同于中国主动出击的元日之战，也不同于中国被动应对的甲午战争和抗日战争，还不同于唐朝占据绝对优势的白江口之战。整个战争过程如同一出拖沓漫长、跌宕起伏、诡谲多变的大戏，交织着政治与外交的角逐、求和与战斗的博弈、阴谋与阴谋的捭阖、胜利与失败的转换。

1592年，丰臣秀吉调动9个军团14万人，渡海至朝鲜作战。日军在一个月内攻陷汉城（今首尔）、平壤，朝鲜国王李昖急向明朝求援。明朝派援兵马赴朝。因轻敌麻痹、军情不实、粮草不继、指挥不当等，明军作战失利。1593年，朝廷派名将李如松率4万兵力赴朝作战。明军乘胜南下时，在碧蹄馆遇伏。此后明军退守平壤。经过荒唐的议和闹剧之后，新一轮的战事已箭在弦上。

1597年，丰臣秀吉再调14万大军，发动第二次对朝战争。万历皇帝令邢玠出任总督，经略御倭军务。国有危难，义不容辞。邢玠迅速调集兵力，筹措粮饷，并于三个月后至辽东，又两个月抵朝鲜。

经过几个回合的交战，双方胜负交互。面对胶着的战争形势，邢玠认识到，要想打败日军，必须陆海双强。邢玠专程回京，协调水师。至六月，明军入朝水陆军力与侵朝日军相当。邢玠审时度势，决定发动秋季攻势。邢玠将陆军兵分东、中、西三路，水师为独立一路，多线发动攻击。但在战事推进中，由于各路大军协同不力，蔚山、泗川、顺天三战皆失。持续了七年的援朝战争，进入了黎明前的黑暗时刻。

在战争的关键时刻，丰臣秀吉突患感冒，卧病不起。这对于已被战争拖得几乎油尽灯枯的日本而言，无异于雪上加霜。不久，丰臣秀吉去世。据说其临终之际又突然睁眼喊道："勿使我十万兵为海外鬼！"日军怕影响军心，对丰臣秀吉去世一事秘而不宣，同时决定暗中撤军。

然而进时容易退时难。明军获悉情报，日本主力15000多人600多艘舰船，计划穿过露梁海峡，援救出被困于顺天的日军后，一同撤军回国。明军决定抓住这个难得时机，放出"胜负手"，在海上痛击日军。露梁海峡是一条狭长的东西向海道。明军做出精心部署：3000人埋伏于露梁海峡北侧；朝鲜水军5000人为右路军，埋伏于露梁海峡南侧，余下的主力为左路军，从东端正面出击；同时在露梁海峡西端布设了水雷堵截。日军进入露梁海峡后，北侧明朝部队率先发起攻击，将日军舰队切成几段；日军拼命前行，受到朝鲜水军猛烈攻击。日军逃到露梁海峡西端，又遭遇水雷，无奈只好回头死战。露梁海战，明军共击沉日军舰船500余艘，歼灭日军1万余人，其中日军精锐部队第五军全军覆没。

万历朝鲜战争是勇气与国力的较量。第一阶段战争，前有平壤收复，继有碧蹄遇挫。第二阶段战争，邢玠巧寻战机，灵活作战：南原失陷后有稷山胜利，南攻受挫后有露梁大捷，明军逐渐扭转战局，积累胜势。胜利，失败，再胜利，再失败，前赴后继，勇往直前，直至最后胜利。在这场战争中，李如松、陈璘、李如梅、邓子龙、刘綎等一大批中国名将用自己的忠诚和鲜血把中国人的威名镌刻在历史的丰碑上。7年间，明军共阵亡4万人，约占全部士兵数量的1/5；共消灭日军约10万人，击沉击毁战船近900艘。[①]明军将领的不屈不挠赢得了世人尊重。

两次朝鲜战争，明朝累计调动兵力22万余人；耗费饷银千万两以上，其中有据可查的口粮供应约相当于今天的6300万公斤。其时明朝年财政收入2000万两左右。[②]战争几乎倾尽了明朝国力。战斗的本质是打实力，没有强大的人力、物力、财力支撑，御倭战争极难持续。万历朝鲜战争催生了东亚地缘政治的新格局：明朝因耗尽国力而无力抗金，50年后灭亡；战争使朝鲜人丁稀少，百业萧条，多年不能恢复；日本德川家族趁乱崛起，并不再主动挑战。东亚迎来了300年的和平稳定。

战争取得胜利，邢玠率部回国。从汉城（今首尔）、开城、平壤至义州，朝鲜君臣士民一路焚香泣送。难得出门的万历皇帝亲临午门城楼，接受邢玠献俘与百官朝贺，并举行祭告郊庙仪式。为不忘明朝的救国之恩，朝鲜肃宗即位后，下令在汉城（今首尔）建大报坛，并为邢玠立祠纪念。

## 五

邢玠在朝鲜作战之时，萧大亨在后方以刑部尚书兼理兵部事务。前方战事消耗巨大，萧大亨急战事之所急，以出色的调度能力和高度的敬业精神为前方筹措调发兵马粮草。

除了款物，萧大亨还给了邢玠以坚定的道义支持。对于援朝战争，朝廷内部一直有不同的声音。在战争的进行过程中，也不断有人借战斗胜负对战事指挥提出异议。如蔚山之战失利后，朝廷进行专项会勘，调查处理失利功罪。萧大亨冒着被人指责的风险，为邢玠仗义执言。蔚

①柯胜雨：《万历东征：1592—1598抗日援朝之战》，清华大学出版社，2017年版，第305页。
②柯胜雨：《万历东征：1592—1598抗日援朝之战》，清华大学出版社，2017年版，第306页。

山之战的主帅杨镐被御史丁应泰参劾，万历皇帝当庭震怒，欲将杨镐等人斩首。交付刑部勘审后，萧大亨反复斟酌，提出让杨镐革职回籍的建议，有效化解了危机。

1598年，御史丁应泰又弹劾朝鲜君臣与日本私通。朝鲜国王李昖派大臣李恒福等人，历时三个月昼夜兼程，赶到北京呈送辩诬奏疏。这天清晨，李恒福等在大臣上朝途经之处跪等沈一贯。沈一贯久伫风中，聆听了李恒福的申诉。万历皇帝见到了奏疏，深为释怀。二月初五，萧大亨受皇帝指派，主持由礼部、户部、工部官员及都察院都御史等二十多人参加的会议专议此事。不久，兵部慰问了朝鲜使臣，间接表明了朝廷态度。丁应泰仓皇回国后，遭到邢玠、沈一贯、萧大亨等人的竞相弹劾。万历皇帝将丁应泰革职为民。丁应泰得到了应有的下场。

## 六

1602年，63岁的邢玠第15次陈情，终于得允辞任。回乡后，邢玠不问政事，专心于家族文化建设。

随着商品经济的迅速发展，万历时期的社会形态和人们的价值观念都发生了巨大变化。山东亦受时风影响，传统的安土重迁、谨守其分的农业社会生活方式受到冲击，尊礼、守制、古朴、勤俭的世态民情渐趋淡化。从辞官回乡到病故的十年间，邢玠基本上在青州休养。邢玠以其崇高的地位和声望，倡导、引领、组织了家族移风易俗的活动。他通过主修族谱，推行乡规，用“重孝悌、重俭约、重谦慎，戒嫖赌、戒贪淫、戒执拗”等规范来教化族人，引领族风。

邢玠祖辈六世皆为布衣。自邢玠始，邢家转型为官宦家族。邢玠一门三辈，皆有进士。邢玠儿孙们门当户对的联姻也让邢玠家族与其他官宦家族间形成了复杂的社会关系网络。邢玠的四女婿是萧大亨的次子萧协中。萧协中以父荫入仕后，在北京任处理顺天府各种庶务的正五品官员。崇祯末年，萧协中致仕还乡，居住在今泰城财源街下河桥附近。萧协中喜好研究泰山风物，其所著《泰山小史》，记叙泰山名胜，颇具学术及史料价值。1644年，李自成攻破泰城，重气守节的萧协中在泰安投井自尽。

萧大亨年长邢玠8岁，但两人却同年隔月去世。1612年，萧大亨在泰安病故45天后，73岁的邢玠在青州家中辞世。

# 家乡的好友：于慎行

## ——“萧大亨的朋友圈”之六

### 一

在萧大亨的一生中，与其交往最长、交流最多、交情最深的朋友当属于慎行。

萧大亨与于慎行是同乡。于慎行家在今山东省平阴县东阿镇，距萧大亨的家乡泰安市100公里。萧大亨与于慎行是地道的山东同乡。

萧大亨与于慎行是同学。1561年，萧大亨与于慎行同登山东乡试榜。他们都是山东提学吴维岳培养、选拔的得意门生。同成举人，是萧大亨与于慎行相识交往的开始。

萧大亨与于慎行又是同僚。1562年，考中进士的萧大亨被派往山西榆次任县令。而于慎行经两次科考失利后于1568年考中进士。因殿试成绩优异，留在中央，授翰林院编修。此后萧大亨与于慎行之间有交集也有交错：1586年之前，萧大亨任职边陲，于慎行为官在京。1587年至1589年萧大亨与于慎行在北京相遇——萧大亨任兵部侍郎，于慎行任礼部左侍郎，旋即成为礼部尚书。这两年是两人一生中难得的京城共事时光。1589年之后，萧大亨擢升右都御史，总督宣府、大同、山西三镇，而于慎行因见罪于皇帝，于1591年乞休回家。1607年，萧大亨任兵部尚书，于慎行再次应诏入京并很快病逝。①

从1561年结识，到1608年于慎行去世，萧大亨与于慎行保持了近半个世纪的同乡情、同学情、同事情。

## 二

于慎行是不可多得的天才级人物。据说8岁时，于慎行在建房的邻居家玩耍，听旁边老人说了一句“磨砖砌地”，便随口对之“炼石补天”，邻人十分吃惊，认为于慎行才异常人，有宰辅气象。

步入仕途后，于慎行当过皇帝老师，担任过礼部要职，最后官至内阁首辅兼东阁大学士。虽然比萧大亨晚6年为官，但于慎行职位的提升却与萧大亨大体同步，甚至比萧大亨还要略快。

于慎行在官场三黜三起。第一次回家是因为病困。1568年春，于慎行中进士后，被选为翰林院庶吉士。庶吉士被称为“宰辅培训班”，是个很高的起点。但此后一段时间，于慎行身体不太好，加之刚刚工作，工资少，待遇低，生活比较困窘。1571年，于慎行告病回家休养，两年后才归京复职。

于慎行第二次回家是因为得罪了张居正。于慎行20多岁就当上皇帝的日讲官，这在朝中极为罕见。于慎行能荣任此职得益于张居正的大力荐举。虽然张居正对于慎行有知遇之恩，但于慎行偏偏有种“吾爱吾师，吾更爱真理”的憨直劲头。御史刘台因弹劾张居正而被下狱，别人对刘台都唯恐躲之不及，而于慎行不但不避嫌，竟还登门看望刘台。张

①李如玉：《于慎行交游与著述》，西北师范大学硕士学位论文，2009年。

居正不遵制守丧而夺情留职，于慎行也与其他大臣一起疏谏。这些事情都让张居正很不高兴。张居正对于慎行说：“你是我最欣赏的学生之一。我待你不薄，但没想到你竟然这样对我！”而于慎行却说：“正因为你对我好，我为了你的声名，才这样去做！”张居正对此耿耿于怀。后来于慎行有提拔机遇，也因张居正反对而错失。1579年，于慎行无奈称疾回家。

于慎行第三次回家是因为惹怒了万历皇帝。“国本之争”是万历皇帝最大的心病。1586年之后，在礼部任职的于慎行与其他朝臣一起反复上疏，请立太子。万历皇帝十分恼怒。恰好又赶上山东乡试的考官名字被泄漏，礼部被弹劾失职。在皇帝的责令下，于慎行引咎辞职。这次回乡，时间长达17年，几乎与于慎行在京工作的累计时间相当。

1607年，于慎行再次被朝廷启用，以首辅入参机务。63岁的于慎行抱病赴京。但因身体虚弱，于慎行初次上朝即蹶倒在堂，并于12天后去世。于慎行相业未成，死而有憾。

于慎行志道崇德，刚正不阿，有情有义。第二次复职后，逢张居正被抄家。于慎行写信规劝执法的官员关照张居正八十多岁的老母亲和年幼的孩子，秉公报恩，高品亮节，于慎行的人品节操获世人赞誉。

## 三

在生活和工作中，萧大亨与于慎行相互慰藉、相互支持。于慎行的二哥于慎思在北京去世，在兵部右侍郎任上的萧大亨亲自为其送葬。逢年过节，萧大亨与于慎行总是互致信函，表达问候。吴维岳的儿子吴稼竳经于慎行介绍到北京拜望萧大亨，萧大亨盛情款待，吴稼竳作诗致谢。于慎行作画，萧大亨为其配诗。于慎行家居期间登泰山，萧大亨的大儿子萧和中在岱庙宴请于慎行。两家情谊深厚，成为世交。

萧大亨与于慎行工作配合默契。于慎行三至八岁时曾随为官的父亲在陕西、甘肃、宁夏生活。这段经历增添了于慎行对西北边地的感性认识。于慎行在礼部工作五年多，直接参与了“封贡之典”等民族事务及相关政策的确定。在戍边事务上，萧大亨与于慎行多有交流。1589年，于慎行推荐萧大亨护送万历皇帝的弟弟潞王到河南汲县就藩。萧大亨因护藩有功而被提拔为宣府、大同、山西总督。

1608年，于慎行在北京病故。萧大亨亲为治丧，并安排专人护送灵柩至山东东阿。

## 四

于慎行号“谷山”“谷峰”，萧大亨号“岳峰”，两人均有着深厚的泰山情结。于慎行先后七次登泰山，并写下了《登泰山记》《岱畎图经记》以及至少34首有关泰山的诗。不仅如此，于慎行还将家中的房子名为“望岳楼”，将自己吟咏山水风光的诗集名为《岱畎行吟》。

泰山在于慎行的心目中，俨然成为家国象征、情感依托。对于于慎行来说，崇泰山如报国，敬泰山如忠君：“天门咫尺君应见，比似人间路更难。”泰山因历史而铸就的“国”之气象、“国”之意蕴，正契合了于慎行的格局胸襟。同时，在于慎行心中，泰山还是魂牵梦绕的家园。于慎行在北京生病，梦见泰山奶奶给他送来彩笔，醒后病竟然好了大半。泰山成为于慎行安放身心的心灵净域。

## 五

与于慎行对泰山的文人情怀不同，萧大亨对家乡的感情更多地体现于为人子的感恩、为人长的事功、为人友的笃实。

萧大亨是个孝子。萧大亨15岁时父亲去世，他对含辛茹苦养他长大、供他读书的母亲怀有很深厚的感情。1572年，正在山西大同任职的萧大亨，得知77岁的老母亲身体不好，便请假回乡探母。此时“隆庆和议”达成，边防和平安宁，隆庆皇帝准许了萧大亨的请求。在返乡距家五百里时，传来老母病故的噩耗。悲痛欲绝的萧大亨赤脚徒步，不思茶饭，日行百里，赶到家中。此后三年，萧大亨居家守制，为母尽孝。

萧大亨十分关心泰安的文教事业。他曾想撰写一部泰安方志，但因政务倥偬而未果。1603年，得知《泰安州志》修成，萧大亨欣然为之作序。泰安文庙缺少图书，影响了办学育人。萧大亨为文庙捐资兴建“尊经阁”，并广觅善本，印制图书，建成泰安最早的公共图书馆。

萧大亨与泰山道士颇有渊源。早年在家乡读书时，萧大亨结识了泰山三阳庵道士昝复明。昝复明，陕西渭南人，著名全真派道士王三阳的弟子。1551年，昝复明跟随师父来泰山修真传道。师徒二人“伐木剔草，凿石为窟”，在泰山主峰西南的凌汉峰下修筑道观。王三阳去世后，昝复明继续弘法续建。1570年，在河南按察司佥事任上的萧大亨为昝复明撰写了《建立三阳庵记》。1592年，在平阴家居的于慎行为昝复明撰写了《重修三阳观记》。1595年，已升任刑部尚书的萧大亨又为昝复明建成三阳观门阁撰写《三阳庵新建门阁记》。在昝复明的主持下，三阳观香火鼎盛，弟子百余。

萧大亨居家守孝期间，还帮助另一泰山名道柴慧庵迁建四阳庵。四阳庵位于泰山主峰东南侧的摩天岭下，与三阳观呈东西呼应之势。道众在庵中立碑纪德，称萧大亨为“第一代开山大檀”。此外萧大亨还帮助重修了泰安奈河西侧的清虚观、城南的观音堂及岱阴的碧峰寺等。

与道士的交往或对萧大亨的思想及生活习惯产生相应影响。萧大亨长处边陲，经风沐雪，但身体壮硕，精力充沛，寿命超过八十岁。据传萧大亨还撰写过《养生奇书》，自叙其养生之道。可惜书已失传。

## 六

虽为最好的朋友，但萧大亨、于慎行还是有着性格气质、兴趣爱好等方面的不同：萧大亨豪气爽朗，于慎行耿介低调；萧大亨更注重事功，于慎行更才华横溢；萧大亨被赞“勋业永垂”，于慎行被誉为“一代完人”。尽管他们两个人的人生道路、价值观念、处世方式不尽相同，甚至有时对一些问题的看法也并不一致，但这些差别并未妨碍他们之间的深厚友情。

两个实在人，一对好兄弟。

# 孝顺的皇帝：朱翊钧

## ——“萧大亨的朋友圈”之七

### 一

有明一朝，与泰山关系最为密切的皇帝当属万历皇帝朱翊钧。万历年间，除去因正常的国家大事致祭泰山，万历皇帝所做的关涉泰山的事情多与其生母李太后及郑贵妃等家人有关。当然敕建萧大亨墓也是他所做的事情中的一件。

### 二

万历皇帝十分敬畏他的生母李太后。据说李太后本名李彩凤，今北京通州区人。李彩凤原是裕王朱载垕（隆庆皇帝）的一名宫女，后为朱载垕生下了朱翊钧。正是因为这个儿子，李彩凤成为贵妃，成为太后。

李太后是个十分了不起的女人。她识时局，有机谋，而且知分寸，懂进退。隆庆皇帝36岁去世，仅在位6年。李太后深知，她们孤儿寡母要在宫廷的明争暗斗中站稳脚跟，就丝毫不能懈怠。万历皇帝即位时不足10岁。李太后对小皇帝要求十分严格。皇帝每天课后，李太后都让他复述课文。一旦皇帝偷懒，她便责其罚跪，有时惩罚长达几个时辰。万历皇帝15岁时，一次酒后失控，要杀那位不会唱新曲的女侍。李太后知道后怒不可遏，气愤之下竟然要废其皇位。后经张居正、冯保等人劝解，万历皇帝发布了罪己诏，才算将事情平息。一次李太后问万历皇帝为何迟迟不立太子，万历皇帝顺口说："皇长子是宫女的孩子。"李太后愤而指斥："别忘了你也是宫女的孩子！"万历皇帝吓得直冒冷汗，伏跪在地上不敢起来。

精明强干的李太后曾掌国家权柄。她联合太监冯保驱逐高拱，并一手将张居正提拔为首辅。张居正推进改革，李太后的支持起到了至关重要的作用。而在万历皇帝主政后，李太后转而一心向佛，不问政事，甚至在万历皇帝清算张居正和冯保时，也不发一言。该严时严，该松时松；说管时管，该放时放。李太后判断时势、洞悉人性、把握进退的能力绝非一般。

## 三

李太后崇佛。她多次梦见长着九首、骑着凤凰的菩萨向她传授九莲经文，以至后来李太后竟能将经文背诵出来。久之宫里上上下下都将李太后视为"九莲菩萨"转世。

1614年，李太后去世。为纪念母亲，万历皇帝在泰山修建了九莲殿。九莲殿位于岱庙以西500米处宋真宗封禅泰山时降下天书的天书观里，殿中供奉着依照李太后容貌制作的"九莲菩萨"铜像。后来崇祯皇帝朱由检又效仿爷爷万历皇帝，封其生母刘氏为"智上菩萨"，并在九莲殿后建智上殿。[1]至清，九莲菩萨和智上菩萨被移奉至泰城蒿里以东的灵应宫中。解放后两尊菩萨铜像又分别移至泰山红门宫和斗母宫。

九莲菩萨是佛是道，亦非佛非道。九莲菩萨既不见于道教典籍，也未传于佛教图像，还不同于民间信仰。其是菩萨，却被供奉于泰山的道观；其被供奉在道观，却还叫菩萨。在泰山，佛道一统，由此可见一斑。

## 四

明朝的皇帝们都没到过泰山。1607年，永乐皇帝朱棣曾驻跸东平，望祭泰山。正德皇帝朱厚照曾动过来泰山祈福的念头，但因大臣反对而作罢。虽然没有皇帝来泰山，但朝廷对泰山祭祀仍十分重视。据统计，明朝皇帝致祭泰山累计多达40余次。

在中国，没有任何一座山能够像泰山一样与皇帝、国家有着如此密切的关联。从元代起，北京便建有东岳庙。1591年，万历皇帝因梦见东岳大帝而对北京朝阳门外的东岳庙进行了再次修缮。

明朝的泰山信仰体系发生了重大转向。泰山碧霞元君信仰影响逐步扩大，地位逐渐提升，泰山已不再是东岳大帝的专享。泰山信仰越来越走向民间化和世俗化。

李太后对碧霞元君特别虔诚。1574年，李太后在河北涿州建庙，专祀碧霞元君。1603年，李太后又在泰安拓建与泰山山顶上的碧霞祠相对应的泰山老奶奶下庙——灵应宫。1614年，万历皇帝在岱顶为碧霞元君建造了“天仙金阙”——铜亭。泰山铜亭是我国现存6座铜亭之一。铜亭于明末移置岱庙遥参亭，后移至山下灵应宫，1972年移至岱庙。为感

①车锡伦：《泰山“九莲菩萨”和“智上菩萨”考》，见《岱宗学刊》1999年第2期。

恩碧霞元君保佑母亲眼疾痊愈，万历皇帝还在泰山登山途中修建了万仙楼。目前这座多次重修后的门楼式建筑依然颇为壮观。

泰山信仰的世俗化还催生了泰山香税。为加强进香秩序管理和筹措泰山宫观的修缮经费，1517年，泰山香税被正式列为国家税收项目。香税实际上相当于今天的进山门票，其数额大致相当于今天的100元左右。[①]政府在山下、途中、山顶设置收费点。至万历时期，每年泰山香税达白银两万两，约相当于今天的人民币五六百万元。

## 五

泰山还是万历皇帝及郑贵妃表达内心愿望的地方。在1589至1599年“国本之争”最为紧张激烈的十年间，郑贵妃先后四次派人到泰山礼醮。泰山三阳观的醮碑记述了这个隐秘的过程。

为争取册立朱常洵为太子，万历皇帝、郑贵妃与廷臣进行了长达15年的斗智斗勇。在竭尽人力的同时，万历皇帝和郑贵妃想到了泰山。泰山是通天达地的神山。

通过在泰山祈愿，或能借助超自然的力量达成心愿。四次泰山礼醮，留下三通醮碑，一处摩崖。其中立于1596年的第三碑中出现了“太子”的表述。万历皇帝最终立朱常洛为太子是1601年的事情，此时朝廷尚无“太子”。据周郢先生分析，碑中的“太子”之称应指朱常洵。朝上搞不定，神前吐真言。在泰山三阳观，皇帝和贵妃道出了藏在心中的秘密。

泰山有诸多规模大、香火旺的庙宇宫观，如山顶上的碧霞祠，山下的岱庙、城南的灵应宫等。但万历皇帝和郑贵妃礼醮却选择了位置比较

① 丰湘：《明清时期泰山旅游活动探析》，曲阜师范大学硕士学位论文，2006年。

泰山三阳观，王德全摄

偏僻的三阳观。一种很大的可能是皇帝和贵妃不想让他们祈神的事情被更多人知晓。因为废长立幼毕竟有违祖制，存在道德瑕疵。

第三碑是萧大亨早年的朋友昝复明所立。此时萧大亨任刑部尚书。萧大亨是否从昝复明那里了解到泰山礼醮的事情，现在不得而知。

## 六

当皇帝也不容易。以后人的眼光看，明朝的“国本之争”本不应该折腾这么多年。或可假设一下，如果万历皇帝对郑贵妃没有如此执着的偏爱，如果李太后对侍奉自己的宫女没有出自感同身受的袒护，再如果大臣们能站在人性的角度对皇帝的情感多一些理解，“国本之争”应该能早一些解决。然而，历史没有“如果”。

万历皇帝是皇帝，但他同时又是一个矛盾而复杂的人。作为一个也有着普通人情感的皇帝，或者作为一个有着皇帝权力的人，万历皇帝的矛盾与复杂又显得格外特别。说万历皇帝愚昧吧，他在位的前15年，依赖并支持张居正的改革，开创了“万历中兴”局面；说万历皇帝圣明吧，他又缺乏明太祖、明成祖那样的胆略才识，而且贪酒，贪色，贪财，贪权。说万历皇帝无情吧，他对母亲李太后敬畏且孝顺，并且为了钟爱的郑贵妃竟让“国本之争”折腾了那么多年；说他有义吧，他对张居正翻脸不认人，抄其家、削其秩甚至毁其坟。说万历皇帝怠政吧，他执政后期实施了宁夏、朝鲜、播州“三大征”，维护了明朝在东亚的强势地位；说万历皇帝勤奋吧，他28年不郊祭天地、不祭祀宗庙、不亲理朝政、不接见大臣、不批示奏折、不参加讲席，甚至连政府的官员也懒得任命，乃至最终埋下了明朝亡国的祸根。万历皇帝，一个既执着又权变的人，一个既胆大又胆小的人，一个在历经了忍辱负重、任性肆意、残酷斗争、反击抗争之后，最终看清了这个世界并成为这个世界牺牲品的人。

一个复杂的皇帝领导了一个多元的时代。在万历时代，有内部的相对稳定，也有边防的外患侵扰；有前期的国库充盈，也有后期征战的巨大消耗；有皇帝的执拗任性，也有文官的敢直言、武将的不惜死；有宫廷的党争“窝里斗”，也有民间的趋利重商和个性解放。万历皇帝造就了一个方生与垂死共存的时代，一个神奇与腐朽共生的时代，一个自由与专制共处的时代，一个机遇与挑战共振的时代。

## 七

万历时代的萧大亨，总体上仕途顺风顺水，家人宁睦平安，晚年颐养康寿。从泰山脚下的穷孩子到位高权重的两部尚书，萧大亨做到了为国尽忠有功业，为友尽义有恭信，为母尽孝有依归。

1612年农历新年元日，一只白鹤落在萧大亨家的屋檐上。不久，萧大亨溘然长逝。三年后，万历皇帝敕命在泰山兴建萧大亨墓；再两年，墓园建成。

萧大亨墓位于泰山西南约10公里处的金牛山下。金牛山坐北朝南，背依泰山，两侧扶岭，状若座椅。据说少年萧大亨在这里打工时，便已看好这里的风水。居官后，萧大亨购买了此地作为茔田。墓园南北狭长，墓区在墓园北端。萧大亨墓“文革”时曾被挖开，上层发现墓志，下层墓穴不知何故未再开挖。墓堆向南是宽6米、长60米的甬道。甬道南北两端有两座四柱三间歇山式石坊。北端石坊题额“茂膺天宠”，南端石坊题额“褒崇旷典”。甬道两侧置设华表及石仪。萧大亨官至一品，如此配制已视同王爵。南端石坊两侧柱子上刻有一联：束发登朝，勋业久垂于边地；鞠躬尽节，忠勋益励于宦成。

萧大亨墓园，王德全摄

萧大亨有二子一女。儿子萧协中、萧和中均曾在朝中为官。萧大亨去世32年后，李自成大顺军进攻泰安。萧和中之孙萧启浚打开泰安北门，放大军入城。已致仕还乡的萧协中在城破之时投井自尽。清顺治四年（1647），官府以萧家藏匿违禁物品为由，将萧家16位后人押解刑部发落为奴。遭此大劫后的萧氏家族彻底破败。

为何清廷对萧家后代如此残忍？一种很大的可能是清政府忌恨萧大亨。萧大亨为明廷中为数不多的知边之人。萧大亨不仅在其编著的《夷俗记》中对女真多有诋责，而且在具体实务中对后金的用心看得比较透彻。这些都深触清廷痛处。自乾隆朝起，《夷俗记》即被列为禁书。清修《明史》，为近2000人立传，但不立萧大亨。有关萧大亨的资料也大多散佚。有清一朝，萧大亨的事功几乎无人论及。

“明亡萧淹。”改朝换代，让萧大亨家族消失在历史的烟云里。[①]

---

①周郢：《明代名臣萧大亨》，中国文联出版社，1999年版。本辑第1至7篇文章所涉萧大亨的相关资料，主要参考此书。

# 一位乡村士人的殉国[①]

## 一

沈毓寅远赴广西就任天保县知县时，已经50多岁。9个月后，他在任上去世。一位山东乡村的基层士人以他的忠诚与无畏报效了封建王朝。

## 二

沈毓寅（1793—1848），字宾谷，自称“泰安花农”。今新泰市汶南镇沈家庄人。清朝道光年间进士。据《沈氏家谱》载，新泰沈氏源于今浙江省湖州市。沈氏毓寅先人明初由今河北省枣强县迁至山东省新泰市沈家庄。

新泰是个人杰地灵的好地方。约5000年前，魁梧聪慧的大汶口人

①本文承沈毓寅后人沈维进先生提供沈毓寅相关资料。

在这里创造了灿烂的大汶口文化。商周时期的新泰方国林立，数次凄惶迁国的杞人在这里留下了“杞人忧天”的故事。三代以降，新泰名人辈出：春秋时“坐怀不乱”的“一代和圣”柳下惠、西汉时的礼仪专家高堂生、三国时在梁父城下作《梁父吟》的诸葛亮、魏晋南北朝时俊杰辈出的羊氏家族以及隐居徂徕山的唐朝李白和金朝党怀英等都曾在新泰生活或在新泰留下过踪迹。宋明之后，新泰文脉兴盛，成为冠盖一方的科举之乡。至清初，九省御道开通。途经新泰的驿道正好从沈家庄中间穿过，并且在距沈家庄30公里的羊流镇开设驿站。驿道带来了人流、物流、信息流，使新泰的地理、交通环境具有了某种程度的开放性。在人文底蕴的熏陶和外部环境的影响下，沈毓寅读书、成长、立业。

## 三

沈毓寅8岁丧母，13岁丧父。父母去世后，沈毓寅跟着奶奶生活。沈毓寅经常到距沈家庄4公里的姥姥家小住。至今沈家庄仍流传着沈毓寅读书的故事。沈毓寅住姥姥家去割草喂牛的时候，经常路过村里的学堂，久之沈毓寅背会了先生刘继修教书的内容。一次刘继修考学生背诵，学生不会，而沈毓寅趴在窗台上很流利地背了出来。刘继修大为惊喜，免除了每年2袋小米的学费，收沈毓寅为徒。后来，刘继修还把女儿许配给了沈毓寅。在刘继修的关怀和提携下，沈毓寅走上了读书科考之路。

一般认为，规范意义的科举制度开创于隋唐。科举制度的创立与发展为平民子弟提供了通过读书考试入仕的机会。至明清，科举几乎成为读书人进入官场的唯一途径。“朝为田舍郎，暮登天子堂。”科举入仕不仅能使读书人实现人生理想，而且还能改变他们的社会地位和生活状况。宋人洪迈在其《容斋随笔》中把“久旱逢甘雨，他乡遇故知，洞房花烛夜，金榜题名时”称为人生四大得意之事。

然而考场如战场，科举之路竞争激烈，艰辛困苦。唐朝近300年，开科264次，登科进士仅3000余人。唐代每年到京城长安应试者有二三千人，而进士及第者不过一二十人。明朝共开科89次，录取进士1.7万人，进士及第率为万分之十七。清朝是我国科举的全盛时期，几乎所有的读书人穷尽毕生精力，以“虽九死其犹未悔”的执着劲头追求科考成功。有许许多多的人为谋取功名而到了可笑可悲可叹可怜的地步：康熙时的姜宸英70岁考中探花，乾隆时的沈德潜67岁考中进士，甚至秀才黄章102岁时还在参加广东的乡试。这些老人参加了一辈子的科考，虽然最后终于及第，但几乎都耗费了一生的时间和精力。山东是科考大省，科考竞争尤为残酷。古有“金举人，银进士”之说，意指乡试中举之难。山东在太平天国前约有5.4万秀才，[①]其中能在省级乡试中中举的人不超过3%。大家耳熟能详的大文学家蒲松龄19岁时成为秀才，但此后便在乡试中屡试不第，年过七旬，才因历长资老而被荐举为相当于举人级别的“贡生”。《儒林外史》中的范进，因中举而兴奋至疯。科考之难，难于上青天。

1831年，38岁的沈毓寅乡试中举，第二年又考中进士。能够在科考中脱颖而出，沈毓寅定然付出了超人的努力。

## 四

考中进士后，沈毓寅即授知县。但面对好不容易的科举成功，沈毓寅并未马上赴任。他报告朝廷，请求居家照顾家中年事已高的奶奶。沈毓寅的这个孝亲假，一请就是14年。

在今天看来，沈毓寅的决定颇有些匪夷所思。然而在那个时代，沈

① 张烨：《明清时期山东地区基层士人研究》，上海人民出版社，2015年版，第20页。

毓寅的选择又十分基本而正常。“孝”是传统社会政治传统与伦理权化的核心价值理念。恪守孝道是士人品行、操守的重要标志。在功名与孝道发生矛盾的时候，个人功名必然要服从于为孝之道。明朝首辅张居正正是因为父亲去世时破了辞官回家丁忧的规矩而颇遭物议。山东是儒家思想的发祥地，山东地区基层士人的价值观念更受传统文化的深刻影响。在这种情况下，沈毓寅为奉养老人而在家尽孝便显得天经地义。

## 五

有了功名，并不等于衣食无虞。虽然政府对获得功名的人有一些“保身家”的微薄经济支持和免除徭役等优惠政策，但这些远远不足以让士人养家糊口。在那个时代，除了少数出身商贾之家的士子，大多数基层士人均承担着沉重的生存压力。士人常年伏案苦读，大多“肩不能担担，手不能提篮”，他们往往会选择教书、行医等来谋求生计。沈毓寅选择了教书。

谋得教职，一靠自身名气，二靠朋友举荐。考中了进士，成为当地名人的沈毓寅也有了更为宽阔的交往平台。[①]应泰安知县令徐宗干之邀，沈毓寅到泰城岱麓书院讲课。徐宗干（1796—1866），今江苏省南通市人，嘉庆进士，官至浙闽总督。徐宗干曾任泰安知县8年多。徐宗干曾作一《咏炭》对联：“一味黑时犹有骨，十分红处便成灰。”一语双关，比拟人生，为人称道。我们现在不清楚沈毓寅在中举之前是否与徐宗干结识。但从中举时间看，沈毓寅与徐宗干至少有一年以上的交集。人以群分，同为科考中人，共同的求学经历、共同的兴趣爱好、共同的人生际遇，使他们之间更容易沟通交流，更容易成为朋友，也更容易相互帮助。

---

①张烨：《明清时期山东地区基层士人研究》，上海人民出版社，2015年版，第175页。

岱麓书院位于今泰城资福寺街的冥福寺故址，是泰安历史上的著名书院。如今寺址已改建为泰安市第六中学。岱麓书院“规模宏大，堂舍轩敞”。泰安距新泰约70公里，来去比较方便，既可照顾家中老人，又可挣钱弥补家用。沈毓寅还曾至禹城、博山、栖霞等地的书院讲课。这些工作让沈毓寅得以维持孝老育儿的基本生计。

## 六

沈毓寅通经史，好文章。目前可见其撰写的碑文、墓志、词曲14篇/首，其中词作及自度曲4首。他在致友人手稿中惦念朋友“魂梦绕桥西，问君知不知”，感叹“东篱花放后，忘衰老，高兴苍颜髯叟”；在《扇面吟》中咏扇子“展开十二栏杆，悬起半轮明月”；在未第前的《用功歌》中激励自己“七篇文灿烂星斗，一支笔判断山河”。他曾应徐宗干之邀为泰山普照寺筛月亭撰联：“收拾岚光归四照，招邀明月得三分。”从这些仅存的作品看，沈毓寅的词曲简明平易，口语入词，颇有意韵。

沈毓寅对金石之学多有研究。被称为晋代三大丰碑之一的《晋任城太守夫人孙氏之碑》于乾隆年间发现于新泰，沈毓寅对碑刻的成碑时间、碑文残缺等进行了颇为精到的考证分析。书法是士人的基本功，从目前仅见的沈毓寅三件墨迹看，沈毓寅的书法楷中蕴隶，拙朴犷悍，有柳公权之面貌，有郑板桥之风致。

## 七

奶奶去世两年后，沈毓寅赴广西天保县任知县。这一年，沈毓寅已50多岁。

古人为官以40岁为强仕之始，50岁为官政之年，70岁为致仕之期。唐宋元明规定官员70岁退休，至清朝官员名义退休年龄降到60岁，但实际上绝大多数官员仍是70岁方可告退。

古人为官年龄相差很大。有的不到30岁即及第入仕，如张居正、于慎行之类的天才。绝大多数入仕者都在30岁以上。对于超过55岁的及第者，一般也多授教官之类的闲职。

山东距广西2300公里。在北方人的眼中，广西是遥远偏辟、瘴疠湿热的荒蛮之地。为什么沈毓寅到了这样一把年龄，仍要辞妻别子，只身一人远赴广西？这是他基于谋生的无奈之举，还是他基于志向的主动选择？

作为当朝进士，沈毓寅家有耕植之利，已有教授之能，虽没有大富大贵，但生活已能自给自足。此后的为官经历也表明，沈毓寅清廉自守，去家为官当不是为了稻粱之获。

沈毓寅人生抉择的动因应基于士人情怀、家族荣耀与个人意志。

首先是士人情怀。中国古代把知识分子称作“士”。周朝“学在官府”，只有贵族子弟才有资格接受教育。至春秋，孔子首倡“有教无类”，开私人讲学之风。“士”成为士农工商“四民”之首，并逐步成为具有相对独立性的知识群体。二千多年的存亡兴替、社会嬗变、人文积淀，造就了中国古代士人崇道、担当、重节的价值追求与人格精神。一是崇道。孔子说“士志于道”。正如著名历史学家余英时所分析的，中国古代的知识分子锲而不舍地追求一种超世间的“道统”并以这种“道统”来“辨然否”“明是非”。中国古代士人有着“为天地立心，为生命立命，为往圣继绝学，为万世开太平”的旷远胸襟，有着“居庙堂之高则忧其民，处江湖之远则忧其君”的思虑忧患，有着超越个体与群体利益的对国家与社会近乎宗教信仰的深沉关怀。他们因执着地信守和维护着一种理想主义的文化价值传统而被称作“社会的良心”。二是担当。中国古代的知识分子致力于“明道救世”。他们以“修身齐家治国平天下”为己任，把参与国家治理、成为贤相清官作为自己报效国家的天职。他们有着“风声雨声读书声声声入耳，家事国事天下事事事关心”的使命担当，有着“士不可以不弘毅，任重而道远”的自期自励，有着“鞠躬尽瘁，死而后已”的奉献精神。三是重节。中国古代的知识分子善养“浩然之气”。他们有“富贵不能淫，贫贱不能移，威武不能屈”的风骨，有“士可杀不可辱”的尊严，有“苟利国家生死以，岂因祸福避趋之”的操守。

其次是家族荣耀。“学而优则仕。”在古代社会，及第为官不仅是个人的光荣，更是整个家族的骄傲。清朝官员的俸禄并不多，对于一个清廉的官员而言，入仕或许并不能带来更大的经济利益，但为官给个人和家庭乃至家族带来的社会声望却是金钱所难以换来的。

仕隐选择还取决于个人意志。沈毓寅少时父母双亡，家境贫苦清寒。清光绪《新泰县志》中称沈毓寅“蹿踊尽礼”，少年早熟。生活的困厄，求学的艰辛，磨炼了沈毓寅的意志。沈毓寅去世后，其好友李清濂在诗中称颂沈毓寅在人生的选择关头勇于“矢心争一出”。沈毓寅不畏艰难的奋斗精神是他明知路途险、偏向险处行的内在动力。

在精神与物质、个人与家族、艰难与平庸的人生选项中，沈毓寅义无反顾地选择了精神，选择了家族，选择了艰难。尽管决定沈毓寅人生选择的因素是多方面的，但在根本上，决定沈毓寅选择的最为深厚、最为持久、最为关键的因素还是中国古代士人的永恒情怀。

## 八

沈毓寅为官边陲，可谓天不时、地不利。

鸦片战争后的中国，正值国运日衰之时。作为清朝的第八位君主，道光皇帝虽然算不上明君，但也绝对算不上昏君。道光皇帝勤于政务，据说他每天要工作15个小时。在执政的前20年，他勘定西陲，整顿吏治，改革盐政，严禁鸦片，力图重现盛世辉煌。他率先垂范，勤俭节约，自己和嫔妃总是穿打补丁的衣服，甚至平时吃饭也舍不得吃个鸡蛋。但道光皇帝的悲剧就在于他和他的王朝处在了一个与古代社会完全不同的时代。仍旧生活在古代社会的道光皇帝所面对的已是步入工业化的西方社会。他以治理古代社会的思维方式来应对新的对手，其失败的命运也就因时势而早已注定。1840年鸦片战争的失败，是道光皇帝的人生转折点，也是大清国运的历史转折点。

沈毓寅任职时，其所在的天保县正逢反清活动。道光年间的广西至广州一带反清活动此起彼伏，其中声势最大、实力最强的组织当属洪门。洪门又名“天地会”“红帮”“万顺会”等。一般认为，洪门建立于明末清初。传说洪门与明朝建文帝朱允炆有关。明朝朱棣通过“靖难之役”当了皇帝，其侄子建文帝朱允炆不知所踪。朱允炆去哪儿了？传说朱允炆去了闽南，其5个儿子分布在福建、江西、广东、广西等地，成为传说中的洪门前五祖。清朝被推翻后，以反清复明为最初目标的洪门即从地下秘密组织转变为合法组织。在司徒美堂和孙中山等人的努力下，海外洪门影响日益增大。1925年10月10日，洪门致公堂转型为中国致公党。洪门会堂的国际性联谊组织世界洪门总会设在美国檀香山。当然，这些已是后话。

1846年，天地会黄天宋、陆财、陆佑从事反清活动。1847年，黄天宋潜往天保县境内。1848年，黄天宋率兵掠扰。沈毓寅会同驻县的基层军官陆殿杨率兵抵抗。不久，清兵与黄天宋短兵相接，很快清兵力尽溃散。沈毓寅挥舞双剑，击杀数人，最后在战斗中身亡。

在天保县，沈毓寅为政为人有口皆碑。他虽然任职时间不长，但做了许多顺民心、顺民意的好事。天保县农耕落后，壮族村民种田不知间苗，沈毓寅大力推广合理密植，当年即见成效。民间诉讼官司，沈毓寅秉公理案，主持公道。县内治安混乱，沈毓寅亲力亲为，率兵搜捕，每至必获。沈毓寅光明磊落，为人坦诚。罹难前，他感受到所面临的危险，曾写下遗书，以“请息肩于一死”表明为民服务、万死不辞的决心。他清正廉洁，磊落坦荡，在遗书中直陈为官以来，没有浪费公家一衣一食，没有贪公家一丝一毫。沈毓寅以山东人的厚道、真诚、自律，赢得了天保县百姓的拥戴。

沈毓寅去世后，有关他的许多故事在当地流传。据说，装殓沈毓寅的灵柩很重。出殡时灵柩抬出村口时木架突然折断。按当地风俗，人们就地安葬了沈毓寅。1849年，天保县人民捐款兴建了沈公祠。沈毓寅在后世的传说中成了当地百姓的保护神。

天保县如今已并入广西壮族自治区百色市的德保县。坐落在今德保县北部巴头乡多腾村的沈公祠，已成为这个偏僻山村的凝固历史。

## 九

沈毓寅去世63年后，清王朝最终退出了历史舞台。沈毓寅也因之成为新泰市历史上的最后一位进士。

因先人功绩，沈毓寅的后人得受朝廷恤荫，授官世袭。沈毓寅的儿子、孙子忠心报国，先后以身殉职。从沈毓寅至今的170余年间，沈氏后人文脉相传，英才辈出。新泰沈氏已成为枝繁叶茂的名门望族。

沈毓寅，一个时代的士人缩影，一段悲壮的历史镜像。

第五辑

# 会说话的石头

# 会说话的石头

## 一

泰山的石头与文字有缘。泰山现有2516处刻石与碑碣，其中泰山山下的岱庙里有藏碑300余通，泰山上的摩崖题刻800余处。这些刻石与碑碣在不同的时点上诉说着书法的历史，泰山的历史，民族的历史。

2007年10月，泰山被命名为首座“中国书法名山”。在地球上的名山大川中，再没有哪一座山能如此紧密地与书法联系在一起；在中国书法史上，再没有哪一座山上的刻石与碑碣能如此见证古今、震撼人心。

泰山的石头会说话。

## 二

泰山往南约三十公里是大汶口。人们目前所见的年代最早的表意图形文字，就画在距今约五千年的大汶口文化陶器上。伴随从蒙昧走向文明的步履，先人们渐次把文字画在甲骨上，铸在青铜器上，书在竹简上，刻在石头上，写在纸帛上。

刻石的真正兴起始于秦代。秦始皇在位期间，留下7块纪功刻石，而到今天只能见到《秦泰山刻石》和《琅琊台刻石》实物了。《秦泰山刻石》立于公元前219年。公元前209年，秦二世又在始皇刻石旁刻二世诏书。两次刻石均由丞相李斯书写并立于岱顶。宋进士刘跂两登泰山考察秦篆，第一次记述了《秦泰山刻石》的形制，制作了拓本。刘跂是发现并传拓《秦泰山刻石》的第一人。

《秦泰山刻石》是碣不是碑。《辞海》引李贤注谓："方者谓之碑，圆者谓之碣。"《说文解字》："碣，特立之石也。"碑与碣有不同的形制与工艺。碣比较粗糙简率且多类柱状，而碑光滑工整且多为方形。秦泰山刻石是有倒角的柱形四面体，石高2.63米，上宽69.3厘米，下宽83.2厘米，棱宽6.93厘米。铭文分别刻在四个主面的上半部，一面棱面上也有字。现嵌置在岱庙东御座后寝宫碑龛内的《秦泰山刻石》是石碣的残存局部。

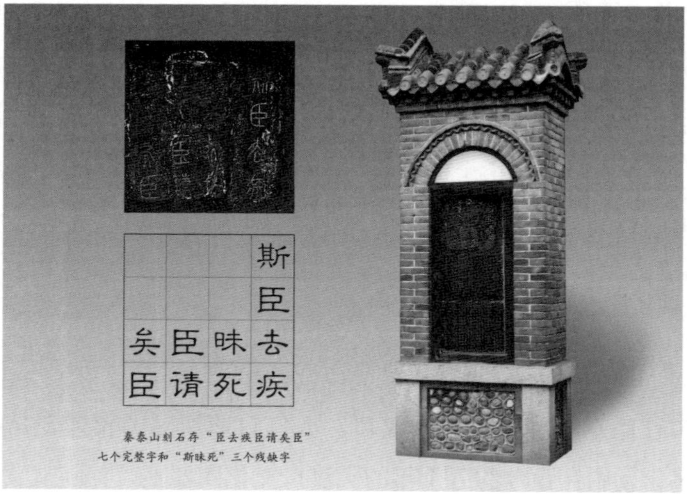


秦泰山刻石，王德全摄

我们今天能够看到《秦泰山刻石》，应该感谢两个人——蒋因培和柴兰皋。1740年，碧霞祠大火，移置于祠内的秦刻石不知所踪。此后人们一直在寻找《秦泰山刻石》。蒋因培，一个被罢的泰安知县，因喜爱金石，无官后他没回江苏老家，执意寻找佚失多年的秦刻石。柴兰皋，清朝贡生，一位曾在泰山山麓发现唐《开元寺记碑》和元《徐世隆诗碑》的金石专家，多年"携斫荷锄，遍历岱麓"，搜寻秦刻石。蒋因培听说有人在岱顶玉女池中看见过带字的石头。1815年春天，蒋因培和柴兰皋上山寻石。几经挖掘翻检，终于觅得残石两块，清理后见石上尚存10字。二人大喜过望，赋诗唱和，感叹"春山踏破旧芒鞋""意外翻成一段奇"！在遗失75年之后，《秦泰山刻石》终于重见天日。[①]

现存最早、字数最多的《秦泰山刻石》拓本，是明代锡安国藏的165字宋拓影印本。抚读拓本，从秦篆的整饬温雅、方正威严、圆活清劲中，我们可以感受到大秦帝国威加四海的辉煌气象。那是一个怎样的帝国啊，疆合域、国定制、"皇"加"帝"，车同轨、书同文、行同伦。秦篆是威武雄健的秦帝国的鲜活符号。

历史或容细读。在秦篆宏大叙事的背后，我们似乎还能从个人叙事的角度，触摸到一个史书里看不到的李斯。在李斯的书写里，我们能隐约体悟到那些严谨背后的循规蹈矩、端庄背后的束缚拘泥、精致背后的谨小慎微、内敛背后的俯仰承乘，这是一种规范里的压抑，庄严里的依傍，婉通里的智慧。

或许这是一种过度阅读。或许这种诗意阐释有太多的望字生意和敷衍附会。但面对两千多年前的文字意象，后人很难不情逸思飞。在那个战后初定的年代，在那种充满尔虞我诈的政治环境中，书家把性情置于规矩背后，可能仅仅是文字实用性的需要。其实即使是这样，李斯还是

①周郢：《新获见的泰山秦篆史料二题》，见周郢《周郢文史论集》，山东文艺出版社，1997年版，第36~39页。

没逃脱被腰斩的命运，成为政治的牺牲品。这一切当然不是因为书法。

一个清冷秋日的上午，我再一次来到岱庙。东御座院里建一砖亭，覆玻璃罩，里面镶嵌着残存的《秦泰山刻石》。行人三五，听导游介绍。石碣默默地，在倾听。

## 三

如果说《秦泰山刻石》是碣以人传的话，那么张迁、衡方两人则是人以碑彰了。

张迁，字公方，曾在山东、河南两地任县令。衡方，字兴祖，曾任东汉时九卿之一的卫尉，大约相当于今天的警卫部队司令。

如果不是《张迁碑》《衡方碑》，如果不是两通碑发现得恰逢其时，如果不是两碑的铭额书刻风神独具，恐怕不会有多少人知道一千八百多年前有两个人叫张迁、衡方。

碑碣源自葬俗。有推断说“碑穿”由下棺牵引而来。周代方有碑碣之名。秦时立碑树碣者少。到了重名节、兴厚葬的东汉，刻碑志事、述美追功，渐成风气。

立碑人多为门生故吏。门生是弟子、学生，故吏为往日下属。因为有共同的老师和曾经的领导，这些人便成为以老师、领导为核心的利益共同体。这个利益共同体被文化认定、被社会认同、被政府认可，甚至老师、领导犯法有时还会追究门生故吏的连带责任。《张迁碑》的碑阴刻有张迁41名门生故吏的姓名及捐资数目，《衡方碑》的碑文内容也表明碑由门生故吏所立。

《张迁碑》大名鼎鼎，但《张迁碑》并不是汉隶的主流风格。最能代表汉隶风格的是《曹全碑》。东汉末年，党锢禁严，政治黑暗。艰难的生存环境影响到社会的价值取向和知识分子的审美倾向。内刚外柔、秀雅温婉的《曹全碑》，从艺术的角度契合了当时的社会氛围。《张迁碑》立于公元186年，仅比《曹全碑》晚一年。但它似乎完全没有受到社会风潮的影响，依旧古朴淳厚，依旧挺峻沉着，依旧雄健酣畅。《张迁碑》实是当时的边缘风格。

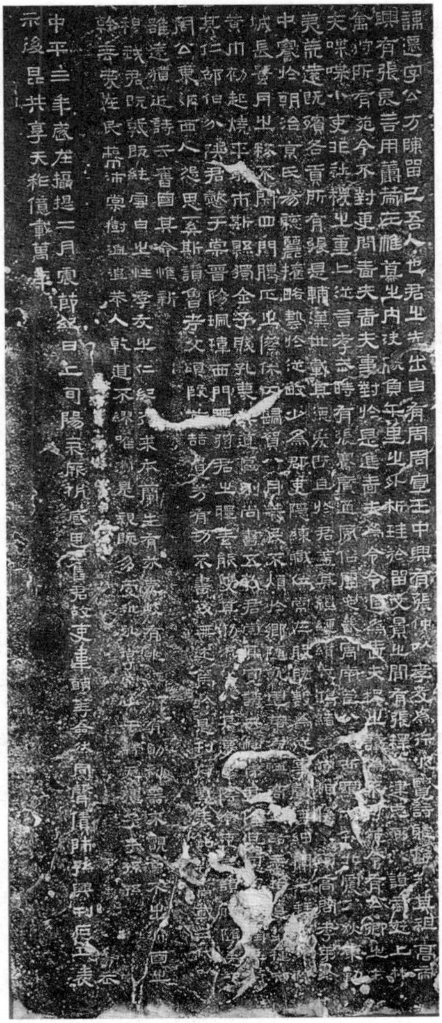

张迁碑拓片，王德全摄

迄今，我们并不知道《张迁碑》为何人所书。惊世之碑却书家无名，在今天看来不可思议，但在汉代十分正常。在汉代，虽然“善史书”是教育的一项基本要求，但比起学儒治国之大道来，写一手好字并不是什么惊人的事情。张芝、崔瑗、蔡邕在中国书法史上有着举足轻重的地位，但《后汉书》中只记载他们如何立德、立言、立功，很少言及他们的书艺。汉代的书写者大多是书佐之类的低级胥吏，时代没有要求和期望他们以字立人，他们也没把在碑上写字当作要流芳千古的大事。[①]他们的心态，只是力求把字写得清晰、写得令自己满意、写得能让立碑人痛快地给钱。或许也正是这种寻常心态，才使得《张迁碑》有了迥异于时尚的笔墨，才使这个不经意间的草根制作成为不可复得的旷世经典。

制碑，一般要经过撰文、书丹、镌刻三道工序。在汉代，撰写碑文是要找名人的，如蔡文姬之父蔡邕“文今存九十篇，而铭墓居其半”。《张迁碑》的撰文者也应是当地有些名望的人。镌刻是专业刻工的事儿。汉代的刻工靠手艺吃饭，技艺多为家传。这些人读不起书，一般不会有很高的学识。虽然文化水平不高，但那些刀法熟练的高手，还是能将自己的审美情趣融注到作品中去，使铭刻成为书丹基础上的再创作。[②]已有专家分析，《张迁碑》的方笔不是书丹者写出来的，而是刻工凿出来的。

《张迁碑》出土以来，不断有人指碑为伪刻。这主要是因为碑额张迁任职表述异于常规，行文出现常识性用典错误，碑铭误字甚多等。虽然上述质疑不无道理，但倘若把《张迁碑》放在汉末的大背景下，综合考虑其撰文者、书丹者、镌刻者的地域性和民间性，再反复斟酌其总体风格特征，当可判断《张迁碑》必是汉人之作。

碑印时代，假的真不了，真的假不了。

---

①王元军：《汉代书刻文化研究》，上海书画出版社，2007年版，第148页。

②王元军：《汉代书刻文化研究》，上海书画出版社，2007年版，第167页。

## 四

《泰山经石峪金刚经》是个半成品。因未及完工，现在我们还无法准确得知它的刻制时间。目前比较一致的看法是，《泰山经石峪金刚经》刻于公元550—577年间的北齐时期，其中刻于570—577年间的可能性最大。此时，正处于南北朝末期。

地有南北，书分橘枳。《泰山经石峪金刚经》再现的是不同于南方纸帛书法的另一种书法风貌。晋室南迁后，在以王羲之为代表的书法家群的努力下，南方楷行书法进入了一个新的发展时期。王羲之以前无古人的智慧和气魄，通而后变，创典立范，成就了中国书法的新超越。

在《兰亭序》书写200年后，《泰山经石峪金刚经》开始镌刻。与之相映成趣的是，时间在前的是流妍的行书，时间在后的是古朴的隶楷。这种书风的时空错位，既是地域性的必然，也有时代性的偶然。在风格上，《泰山经石峪金刚经》不仅比南方书法复古，即使与同时期北方庞大的石刻体系相比，它也显得古朴另类。

在北魏书法也逐步步入楷书高潮以后，北齐、北周却又出现了一个隶书的“倒春寒”。《泰山经石峪金刚经》就是这股复古风潮的代表。《泰山经石峪金刚经》的复古性，显著体现在它融汇了篆书用笔、隶书体势、楷书结构。即使以当时的标准品评，《泰山经石峪金刚经》也亦古亦今，不古不今。

将佛经刻在石头上是中国人的发明。这个发明比印度的石刻法敕早四百多年。“缣竹易销，金石难灭，托以高山，永留不绝。”[①]无论当政者

①王元军编著：《六朝书法与文化》，上海书画出版社，2002年版，第301页。

怎样灭佛，刻在石头上的经文总是不易损毁。找个山，找块石，刻石发布，石头的作用类似今天互联网时代的自媒体。

刻经是项复杂的系统工程。经石峪石坪平整阔大。实施这样一个工程，要有人出钱，要有人写刻，还要有人张罗。出钱的人叫经主。这个人是谁，现在不知道。有研究者说经主是当时泰安最有钱有势的新泰羊氏家族，周郢先生则推测，经主有可能是南北朝时在今安徽省蒙城县任谯州刺史的山西省万荣县人薛震。无论羊氏族人还是薛震，都既崇佛又有钱，具备当经主的主观及客观条件。但目前这些分析尚缺乏确凿佐证。字是谁写的，也不知道。清朝的一个叫李佐贤的人提出《泰山经石峪金刚经》与邹城市四山摩崖同出于一人之手的观点。据诸多专家论证，这个人是一位名叫僧安又名道一的和尚。这个观点被广为接受。虽然现在并没发现更多关于僧安的资料，但从泰峄山区的刻石群看，他应当有很高的书法造诣，并在佛门有着较高地位和影响，极有可能是刻石活动的书写者和组织者。

《泰山经石峪金刚经》刻石，王德全摄

沿现在的泰山中路登山，在路上看不到经石峪。经石峪位于偏离登山道路的一个僻静的山谷。由山下登山，经斗母宫，沿东北方向的小路前行，过一道沟，翻一道梁，豁然开阔之时，便见经石峪。1500多年过去，经洪水冲击和风雨剥蚀，《泰山经石峪金刚经》原刻的2500多个字仅存1062个。目前，管理部门在石坪周围修建了护栏，并定期进行维护。

几片摩崖，隐于偏峪。经以石存，石以字贵，峪以经名。在这里，石、经、书合一，天、地、人合一。

## 五

榜书，即大字，又称擘窠书。北宋黄庭坚曾说："大字无过《瘗鹤铭》。"《瘗鹤铭》字径10厘米左右，而其时《泰山经石峪金刚经》已存在500年。可见泰山有大字在很长时间里并不为世人所知。

泰山榜书可分为两类，碑刻榜书和摩崖榜书。泰山碑刻榜书字径最大者为明山东巡抚李戴所题"万代瞻仰"四字，最大字径124厘米；摩崖榜书最大者为明人万恭在经石峪石坪西侧所题的"暴经石"三字，最大字径185厘米。最具代表性的泰山榜书当属摩崖榜书。现在泰山上有摩崖题刻800余处，其刊制之古、历史之久、数量之多、内容之丰、水平之高，在名山大川中绝无仅有。

泰山摩崖榜书内容大致可分为四类：感怀，状物，志名，谐趣。抒发感怀之作数量最多，如"仰止""涤虑""天地同攸""五岳独尊""登高必自""拔地通天""从此看山"等；状物类题刻，如"天柱""松门""柏洞""飞来石""独立大夫"；志名类题刻，如"唐槐""瞻鲁台""翔凤岭""丈人峰"等；还有一些游戏性的谐趣之题，如"二虫""龙门""如"等。

榜书不易写。能写好小字并不等于就能写好大字。由于书写距离太近，书者往往目无全字，心手难一。所以，康有为说写大字“自古为难”。大字并不是小字的简单放大，不能套用小字之法写大字。书写大字需要书法家进行思路的转换、视角的调整，需要书法家以更强的空间感、整体感建构起以近类远、大中见小的打通能力。写大字不仅要在结构上使字密而不滞、疏而不散，而且对用笔的疾徐提按也要做一些权变处理。否则，很难彰显出大字气势。在那个时候，碑刻大多都需要书法家亲自去写。山间野外不是书房雅斋，攀岩附壁不是伏案挥毫。写好榜书不仅是个技术活儿、艺术活儿，而且还是个不轻松的体力活儿。

泰山大观峰摩崖刻石，王德全摄

八百余处摩崖题刻，分布在泰山的峰崖洞壑。它们生动地注解、衬托、装点了泰山，或者说是泰山为这些榜书提供了注解、衬托和装点。泰山与榜书相遇，使山水成为精神辉映的山水；榜书与泰山相逢，使精神成为山水滋润的精神。人文创造、自然赐予、风雨打磨的合力，使泰山成为得天独厚的书法博物馆。泰山榜书，是汉字之幸、历史之幸、山水之幸、泰山之幸！

## 六

《秦泰山刻石》可敬，《张迁碑》可爱，《泰山经石峪金刚经》可亲，泰山摩崖题刻可观。

《秦泰山刻石》像一位威武英俊的法官。面对秦刻石，你会觉得秀美与强劲并不矛盾，婉转与力量可以结合。秦篆的那种自信豪气、那种规矩在我、那种细腻笃定，都让人觉得秦刻石肃然可敬。

《张迁碑》如一位质朴率真的农夫。头重脚轻的结体，棱角分明的方笔，洋溢着一种夸张的幽默、朴素的憨厚。《张迁碑》与《衡方碑》虽均属汉隶中壮美的一路，但与《衡方碑》相比，《张迁碑》更显得不那么正襟危坐，透着一种傻乎乎的可爱。

《泰山经石峪金刚经》似一位浑穆安详的高僧。他朴茂雍容，不激不厉，神闲气舒，静观世变。浸濡在《泰山经石峪金刚经》的大包容、大气度、大超然中，你感觉不到纷忙，感觉不到戒防，甚至感觉不到智慧。每个人都会在这份纯粹的感召中仰慕他，信赖他，亲近他。

泰山摩崖题刻是一群异彩纷呈的明星。这些明星各有来头，各怀绝技，各有神通。以书家论，他们中既有唐玄宗、宋徽宗以及清康熙、乾隆等皇帝，又有欧、颜、赵、苏、米、蔡诸大家，更有出家人僧安和书写“如”字的店小二；以书体论，这些题刻篆隶楷行草五体皆备，一应俱全；以字形论，其中既有字径近两米的庞硕大字，又有数寸见方的纪事铭文；以风格论，有大气磅礴、力透山石之题，又有清新灵动、中和妩媚之作。泰山摩崖题刻以其代表性、丰富性和独特性，印证了在中国书法史上的倍受尊崇与洋洋可观！

## 七

一座山，一部书，一支笔，一把刀。

一支笔，一把刀，一部书，一座山。

看得尽的泰山刻石，说不完的泰山书法。

泰山，书法中国的骄傲。让我们用心读她！

（原载《散文百家》2015年第2期）

# 沈维进的灵气、大气、爽气

从沈维进身上，我感受到了灵气、大气与爽气。

沈维进的字有灵气。沈维进的书法以隶书、行草见长，并尤以隶书用功最深。泰山碑刻以篆隶为盛，较之南方的帖学传统，泰山书家的书风大多带有北方碑学传统的痕迹。碑是刻在石头上的字，笔触感自然不及墨迹分明。在书法风格上，出自碑的书家似乎也往往比出自帖的书家少些亲切与灵动。而站在沈维进的隶书作品前，你全然感觉不到这些。面对生动的形与线、鲜活的墨与印，你会觉得有一股稚拙灵动且坦荡朴茂的气息扑面而来。在这些气息里，有《张迁碑》的稚拙可爱，有《礼器》的灵动可逸，有榜书的坦荡可观，有《经石峪》的朴茂可亲。沈维进的字里有过去，有精致的粗犷，有金石味；同时沈维进的字里有现在，有流动的韵致，有书卷气。读沈维进的字，你感觉不到生硬，感觉不到造作，感觉不到隔膜。他的字是写活了的碑，是有刀笔气的帖，是生动清新的“这一个”。

沈维进的书论显大气。我曾戏言书家有两种：写“学问字”的书家和搞“字学问”的书家。“学问字”是建立在深厚学养基础上的书写，而“字学问”则是缺失学养根基的唯技巧书写。沈维进的字既有“字学问”又有“功夫在字外”的学问。自秦以降，泰山碑刻，渐成大观。二十余年来，沈维进专注于泰山碑刻资料的搜集、汇编及研析。编纂了“泰山碑刻经典”等十几种大型泰山碑刻丛书。编书一要用心，二要费力，三要劳神。把握宏观、梳理流变用尽心思，钩沉史册、田野考察耗费体力，案头编辑、繁简取舍操劳精神。编书加重了他眼睛的负荷、心脏的负荷，但同时更使他视野变得开阔、品位卓然提升、眼力愈加精到。他以苦为乐并乐此不疲、乐在其中。

自古以来，用笔为书家之难。一些书家将用笔说得神乎其神，玄妙无比，一些书论往往以自然界的飞禽走兽、景象物态比附笔法。这些说法往往让人难知深浅、不明就里，以至许多人将如何“得笔”视为畏途。沈维进结合自身实践，对用笔做了通俗性的现代诠释。读沈维进的书论，你便会明白所谓笔法无外乎线条的断续、提按的协调、方圆的搭配、浓淡的映衬、疾徐的变化。他让神秘变得清晰，让复杂变得简单，让深奥变得通俗。

书法是有意味的形式。书法的意味固然离不开书家的艺术感觉，但仅有艺术感觉是远远不够的。正如仅有学识和思想而没有感觉成不了真正的书家一样，仅有感觉而没有学识和思想的书者充其量也只能成为书匠。感觉的背后是学识，学识的背后是思想。沈维进编著过《书论要语》，提出了书法的矛盾辩证理论，让书法规律系统化。他以泰山为切入点，对传统文化有深入的思考。正是由于在学中求识，在识中求思，在思中求法，在法中求新，才造就了他今天的书法面貌。

沈维进的为人很爽气。书与人的关系是个大课题。历史上有书家德艺双馨如颜真卿者，也有艺高品劣如蔡京者。至于以人彰书还是因人废书我们且不去置议，但有一点是毫无疑问的，那就是努力做到人品、书品俱佳定然是人们所公认的千古未易的价值观。沈维进的先祖为道光进士，有良好的政声，至今沈维进家中仍悬挂有先人墨迹。家学传承对沈维进的为人、为艺、为官有深刻影响。他为官干练沉着，方圆得当，为友正直爽气，与人相善。非经多年历练，实难臻此境界。

西谚云，一千个读者心中有一千个哈姆雷特，实际上一个书家也会让一千个读者有一千种解读。每个书家都有自己的个性，这种个性的形成与后天努力有关但更多是与生俱来。由于偏好、功力和感觉，在很多时候，书家字并不能完全体现其书论的气度及思想的深度。达到书与论的统一、书与思的统一、书与情的统一，需要书家的艰辛努力。特别是在我们每个人都不可能脱离尘嚣、走入山林、静守田园的当下，如何规避时尚的引诱与甜美的浸濡，如何从属意于皮相而至于相由心生或心相两忘，从而达到法存于无法之中的艺境，是让许多书家十分苦恼的一个大难题。或许只有回归朴素与本真才能完成艺术家的艺术救赎与心灵救赎。这需要智慧、学识与胆略，更需要勤奋、执着与毅力。面对沈维进的书法，我也在想，我的这些疑问是不是我作为一千分之一读者的一种过度解读？

这就是我眼中的沈维进。放眼更广阔的时空，他的艺术之路必定会走得更长、更远。他所孜孜以求的书艺、书思、书心最终都将融汇于他不懈追寻真善美的艺术人生。

（原载《泰山晚报》2012年2月22日B09版）

# 倪和军的小篆大乾坤

山上有石头不稀奇，稀奇的是石头上有字。泰山从山麓到山顶有碑刻摩崖2500余处。这些石刻篆隶真行草，犹如一部刻在石头上的中国书法史。一座山上的石刻如此之多并具有如此重要的价值，世上再无他山可与泰山比肩。仅基于这一点，泰山就应该成为出篆刻家和书法家的地方。

倪和军是土生土长的泰山人。从学画学书到学篆学刻，历经近二十年勤学苦练，他的篆名、书名走进西泠印社，走向全国各地。小篆大乾坤。倪和军以其斐然的艺术成就，于方寸之间开拓出艺术与人生的新境界。

篆刻要靠篆法、章法、刀法说话。李斯碑就在距倪和军工作室不足一百米的岱庙里。那里是中国小篆的源头，是倪和军艺术精神的故乡。一百米，两千年。不知道倪和军有多少次怀着朝圣般的心态去拜读、领悟李斯碑。十分印，七分篆，写篆是篆刻的基础和本源。在与石碑的近距离对视中，在与古人超时空的精神对话中，倪和军用心体悟字法和笔法。字法根在“六书”，不可天马行空。倪和军识篆写篆，一丝不苟，中规中矩，坚守法度，夯实了字法基础。有人说篆书笔法简单，其实这只是表象。以看似简单的笔法写出情致与精神，不仅不简单而且还十分艰难。倪和军的篆书从李斯泰山刻石入手，精研《袁安碑》《袁敞碑》，学习赵之谦、王福庵，既承接秦汉篆书的高古整饬与严谨，又融会浙派的爽捷纯净与圆劲。能得篆法，难在沉潜。

章法需要悟性。在疏密离合、长短欹侧、直曲方圆、挪让盘错之间，倪和军精心拿捏，费尽思量。他以书入印，以画入印，在处理虚与实、增与减、朱与白等各种关系上匠心独具。他的印以方正为主，以平阔为主，以均衡为主，有根基、有规矩、有方法；同时在方正、平阔、均衡之中，他的印又有从容、有节制、有情调。倪和军心仪并努力追寻一种且静且简的治印“禅意”。得“禅意”，大不易。这种具有至高境界的独特审美体验超越法度和技巧但又离不开法度和技巧。没有厚重坚实的功底，无法得到这种法外之法，难以做到以形通意并进而达到得意忘形的境界。正是得益于对艺术规律的认识与把握，倪和军对印的“禅意”追求方得以逐步体现。

刻篆是个功夫活。这个功夫指心中的学识功夫，更指手上的技法功夫。古代碑刻大都由职业刻工完成。没有那些刻工精湛的刀法，我们断不能如此真切生动地读到那些历代名碑。虽然篆刻与碑刻有本质的不同，但二者都存在刀法的高下。有些人以执刀为雕虫小技，其实不然。虫小技不小，并不是每个人都能以刀为笔来表现出那些细且挺拔的线、宽且匀称的白。倪和军的“玉箸篆”，写得圆劲，刻得爽利，实现了笔与刀、美与力的极好结合。泰山玉硬且脆，一般刻家冲不开、切不进、铲不平、磨不顺，而倪和军把握玉性，使玉印合一，焕发神采。与其工细规整的印文相对照，倪和军的边款呈现了截然不同的风貌。他的边款冲切自如，天真烂漫，金石味十足，生动气盎然。很多人特别喜欢倪和军的边款，我想这肯定不是喜爱其印的“爱屋及乌”。

倪和军是个平和的人，不知道这是否与他名字里有个“和”字有关。他不是那种口若悬河、表面上意气风发、举手投足尽显“无厘头”派头的艺术家。他话语不多但一说话便切中肯綮，他性情随和但骨子里有种锲而不舍的劲头。或许正是这种难得的沉静、朴素与笃定，给予了他成为艺术家的禀赋与潜质，使他能够心无旁骛地把心思全部用于他的艺术思考和艺术实践。

有理论说艺术产生于衣食足后的闲暇，而对于倪和军，衣食产生于他的艺术。作为体制外的艺术家，倪和军的篆刻艺术还维持着他一家老小的生计。在岱庙北门的“逸墨堂”里，倪和军像一位田间老农一样在方寸间耕耘。他在这里不仅收获着精神食粮更收获着物质食粮。值得欣慰的是，倪和军的艺术追求恰巧成为他的谋生手段，或者说倪和军的谋生手段正好成为他的艺术追求。对于我们这些靠工作谋生的绝大多数人来说，能够让爱好成为工作或者让工作成为爱好是幸福的。所以我说倪和军虽然累，但累并快乐着。

倪和军并没有高估过自己，他说自己现在还是打基础的时候，或许五十岁以后会考虑变法。我不知道他会法变何处，但在将来的日子里，我十分希望看到一个更加丰富多彩的倪和军。我想更多地看到他在规范的小篆根基上对甲骨文、金文或其他风格文字的上溯及旁及，想更多地感受他工稳缜密风格外的灵动和泼辣，想更多地分享他的诗思、妙语、画意和逸气，想更多地体味他作品中邓石如的旷达和赵之谦的宽博。这些想法或许有的可以，或许有的不可以。或许如果一切都可以了，倪和军可能也就不是倪和军了。所以，不管这些想法是不是近乎杞人忧天或越俎代庖，我们现在最期望的，同时也是最重要的，还是倪和军要一如既往地走下去，一如既往地做好他自己！

在可以预想的将来，倪和军会让我们有更新的解读。

（原载凤凰网2012年12月10日资讯版）

# 喜欢仇东的N种理由

喜欢仇东，是因为他的书法、他的山水、他的人品。

## 一

放眼泰山历史及文化的发展历程，我们当不无遗憾地发现，泰山有书法，泰安少名家。泰山被称作书法山，那主要是因为泰山摩崖勒刻了历代诸多名家的书迹以及在泰山上和泰山附近遗存了一批古代碑碣。泰山的功能实是天时地利造就的巨大天然展厅。与此形成明显对比的是，泰安本土能在中国书法史上留有一席之地并且有名有姓的书法名家则付诸阙如。个中原因或许只有通过对泰安经济、教育与文化发展史进行综合考察分析方能明晓。明清以降特别是建国以后，泰安书法总体上在自给自足式的摸索之中。泰安书法自仇东诸人始，呈现出一个新的面貌。

## 二

中国书法源远流长，博大精深。要植根传统，接受熏陶，非下苦功，不能达成。仇东于此，用力至勤。他初习魏碑、汉隶，继学颜真卿、《书谱》《圣教序》；主攻章草、二王，又融张旭、何绍基、林散之。读仇东的临《祭侄稿》《散氏盘》，临何绍基笔意，足见其临摹之功。仇东承帖尚碑，意兼南北。在他的书法观念里，帖与碑只有工具材料的区别，而没有艺术品位的高下；只有“形而下”的差异，而没有审美规律的不同。

仇东结字看似随心所欲，实则法蕴其内。他的字出章草而简明之，参汉简而平易之，少波折但不直白，讲倚正而生天趣。他师古人而不蹈其迹。在他的字里，你可以感受到黄道周、于右任、王蘧常，但又绝不是黄道周、于右任、王蘧常。同学《散氏盘》，仇东的篆书迥异于吴昌硕、陶博吾的苍郁古厚。他兼取金文与石鼓文，篆书笔法圆而不弱，钝而不滞，空间感、凝结力、金石气跃然纸上、其篆书篇章如稚童懵懂，似老僧淡定，颇得“草篆”神韵。

书法之难，源在用笔。以软的笔毛对硬的载体，远复杂于硬物相触形成磨痕。那些细微几近毫厘、难以重复再现的千变万化，均来源于书家心手对毛发弹性与韧性的有意识或下意识的控制。中国书法的魅力，或亦由此而生。仇东用笔，悟得“中”字。观其线，细如针，宽如帚，露飞白；审其锋，多方笔，和正侧，杂绞涩；察其墨，喜浅淡，善枯笔，融画法。在他的笔下，达意即“中”，适合即“中”，“中”的精神已不是形的约束，而成为意的界限和心的范畴。

## 三

一部中国书法史实际上是探索与创新的历史。从甲骨之质朴、金文之雍容，到汉隶之高古、魏晋之流妍，再至唐之法、宋之意、元之雅、明之畅、清之雄，无不在积累中突破，在创新中发展。仇东深刻地意识到这一点。因早期的章草，仇东获得了诸多全国性大奖。是驾轻就熟地走下去，还是在此基础上寻求一条创新路径？这条新的路径如何走？走向什么方向？仇东经历了艰难的五年之惑。

在这五年里，仇东不断地思索，不断地尝试。他不愿重复别人，也不愿重复自己。他知道唯有紧随时代精神，不断超越自我，艺术之路才能越走越宽。在艺术实践中，他越来越清醒地认识到，一名真正的书家必须在掌握了基本的技法之后，用笔触来表达情感。沿着这个方向，仇东的书法一步一脚印，一年一境界。读仇东获泰山文艺奖一等奖的作品《历代书论数则》，我们可以看到一个天真烂漫、酣畅纵逸的仇东；读他的大字榜书《望岳》《草书千字文》长卷、大草中堂，我们能够看到一个特行独立、有点辣味甚至还有些诙谐幽默的仇东。仇东的书法，满纸云烟寄豪情，一派天机接象外！

## 四

探索与创新是个饱含风险的过程。如何把握好理性自觉与情感表达之间的关系，做到传统根底与现代情趣的有机结合，是每一个欲寻求突破的艺术家都要认真面对的问题。书法的探索与创新离不开对传统的消解以及对字形笔画的位移、变形或夸张，但这种改变尤应避免技法的浮躁与失控。这个界限事关书法的审美方向和审美判断。越过真理一步便可能导致谬误，恣肆再宽一线就可能成为放纵。探索与创新的目的，应是在保存中国书法特质基础上以现代的审美观念改造传统形式，以实现书法的连续性发展与复合式上升。仇东在以他的艺术思考和艺术实践中进行着他对这一问题的厘定和诠释。

## 五

在仇东自己看来，他首先是个画家，其次才是个书法家。绘画专业是仇东的科班。近几年，在坚持书法创作的同时，他将较多的精力用于山水创作。中国素有书画同源之说，我想这不仅由于二者书写工具材料的相同，还更多在于二者有共同的艺术思维方式。中国历史上有许多大家既是大书法家也是大画家，如米芾、赵孟頫、黄庭坚以及文徵明、黄宾虹等。

赏仇东山水，在他的作品里，笔墨作为一种有意味的形式，既是观物取景、经营构图的载体，同时又是技法表达的对象。如同他在书法里以画入书一样，他也在他的画里以书入画。在点、线、面、色的描绘中，仇东没有满足于对前人笔墨意趣的借鉴，而是倾力于对自然景物的情感表达。透过山水形貌，我们能够感受到仇东绘画的骨法与质地、疏密与明暗，感受到他着意于青绿与浅绛的赋彩能力，感受到他浑厚苍雄、大气磅礴的鲜明风格。这种风格契合了仇东的性情和审美趣味，更契合了他表现的对象主题题材——泰山的审美特征。或许唯有泰山才是仇东表现其风格的不可更替的最佳载体。

## 六

仇东出生于浙江舟山，父亲是部队南下干部。在随部队走南闯北的几十年里，他走出江南渔岛，游历军营城乡，驻足泰山脚下。他进过工厂，放过电影，当过文书，上过大学，任过教师，做过政务。他喜欢音乐、摄影、诗歌，爱好体育。丰富的人生阅历和广泛的兴趣爱好成为仇东艺术创作的不竭源泉，使他具有了很强的触类旁通能力和对艺术灵感的捕捉能力。

仇东相貌魁梧，器宇轩昂，既有山东大汉的豪迈，又具江南文人的才情。有人说他是北人南才，也有人说他是南人北相。我想对于仇东，孰南孰北或许并不重要，重要的是他的字、他的画、他的人都融通着一种一致的内在张力。这种张力得益于几十年砥砺磨炼，更来自与生俱来的禀赋与潜质。

读字读画即读人。喜欢仇东其实不需要什么理由。

# 艺术扶贫的爱心100

一方水土养一方人。作为生于斯、长于斯的书法家，倪和军在追求艺术进步的同时，始终对这方水土怀有虔诚的感恩之心。2012年，他建立了全国首个基层书法家慈善基金——倪和军艺术工作室助学基金。为支持我市的脱贫攻坚，这次倪和军又夜以继日，案牍劳形，精心创作了100幅作品；泰安伟业集团心同此愿，情系慈善，慷慨出资50万元，收藏50幅作品。倪和军将50万元全部捐赠给岱岳区700余户贫困家庭，为困难群众献出一份赤诚大爱。

本次展出的100幅作品分为10个板块，其中篆书作品80幅，草书作品20幅。这100幅作品延续了倪和军的一贯书风，又体现了倪和军对书艺的新探索。篆书作品宗法秦汉，韵求两端，求工稳则精细到极致，求写意则烂漫到随心。书风有古法，有当代，有金石，有笔墨。由追求“但求平正”的铁线篆、玉箸篆到“务追险绝”的写意与心性，倪和军在不断地拓展格局、丰富自己。倪和军还别具新意地将其篆书与草书组合在一起。篆书与草书，一缜密一率真，一整饬一自由，一端庄一灵动。两种书体如泰山徂徕之景异，如汶水涧溪之形别，如日耀月华之辉映，如钟吕丝竹之谐和。篆草同行，静动相宜。为我们呈现了一个别开生面的倪和军。

泰山有极顶，大爱无止境。当艺术通向慈善、慈善升华艺术，艺术的慈善和慈善的艺术将激励更多的人不忘初心，热诚奉献，用自己的身体力行推动我们这个社会变得更加温暖而美好！

（本文为倪和军扶贫书法展前言）

# 慈善与艺术

艺术本无关慈善。但艺术一旦融汇于艺术家的慈善情怀，艺术作品便成为通向慈善的媒介。正是当艺术遇到慈善，才催生了今天的泰安市书画家慈善事业促进会，萃选成这本叫《慈善书画家》的书画作品集。

在艺术与慈善之间，泰山得天独厚。虽然历史上泰山地区产生的本土大艺术家寥若晨星，但泰山作为一个特殊载体承托或汇聚了中国书法篆隶时代的经典之作，如《李斯碑》《张迁碑》《泰山经石峪金刚经》等。这些碑刻极大地丰厚了泰山的艺术资源。泰山因祭祀而政治、因政治而文化、因文化而艺术，被人们称作宗教山、政治山、文化山、艺术山。无论在哪个历史阶段，无论泰山哪个方面的意义被时代凸显，向善、求善、行善的追求均一以贯之地体现于关于泰山的主体价值观中。至今泰山上有刻石“从善如登”。这是结合泰山地理形态的体悟与启示，更是世俗意义上的慈善引导与劝喻。抑或这也是将来打造泰山“慈善山”的一笔难得的富有特色的慈善资源。

泰安市书画家慈善事业促进会聚拢了泰山脚下一批德艺双馨的艺术家。这个群体具有艺术的专业性、覆盖的广泛性和活动的日常性。

协会会员均具有相当的艺术水准。他们中有诸多中国书法家协会会员、中国美术家协会会员。其中更有获得山东省艺术最高奖“泰山文艺奖”的中青年书法家、篆刻家。他们在泰安乃至全省、全国均有较强的影响力和号召力。

协会会员来自社会各个层面。他们中既有基层的艺术骨干，又有艺术界的领军大家；既有书画专业人士，又有热爱书画艺术的行政领导；既有功成名就的资深艺术家，又有具一定功力的书画“发烧友”；既有耄耋老人，又有青年学子。因为共同的心愿，这些不同行业、不同层面的艺术家们一起走到了慈善的旗帜下。

协会的生命在于日常的持续活动。这些艺术家们参与慈善绝不是因为某阶段性活动的号召，也不是一时的心血来潮。他们将慈善活动结合于日常的艺术创作与艺术推广之中。这种以日常艺术做日常慈善的方式正契合了新形势下的“大慈善观”，即“人人可慈善”“人人能慈善”的无门槛慈善，“捐款捐物捐时间”的多形式慈善，“帮助别人、快乐自己”的平等化慈善。这样的慈善更平易，更可信，更易行，更久远。

让艺术通向慈善，为慈善汇聚力量是泰安市书画家慈善事业促进会的宗旨。这个宗旨道明了协会活动中艺术与慈善紧密协同的关系。“让艺术通向慈善”是“艺术之慈善”，它让艺术更关注人心、更关切人性，使艺术的目的更高尚，更纯净，更富有精、气、神；“为慈善汇聚力量”是“慈善之艺术”，它为慈善拓展了领域，让慈善动员及实现的方式更宽博，更生动，更显活、新、实。围绕这个宗旨，协会在艺术与慈善之间搭建起三个平台：

一是艺术的平台。艺术离不开交流与互动。协会为艺术家们提供了交流艺术技巧和艺术思想的平台。中国书画传统源远流长，书画技艺的学习、传承与提高绝不是闭门造车、一时可成。只有在反复的切磋、研析中才能渐得艺术三昧。同时，艺术之道，伴以“善”思。在这个平台上，艺术家们启觉发悟，相互激励，以艺达善，以善达“道”，向着“道通为一”境宇不断迈进。

二是慈善的平台。艺术作品具有双重价值：艺术价值和经济价值。但在艺术史上，艺术价值与经济价值的认同与实现并不总是同等与同步，甚至有时二者还会相谬甚远。此类情况在艺术史上屡见不鲜。而艺术作品一旦指向慈善，则其实现经济价值的路径骤然变得宽阔而多元。将慈善价值赋予艺术，拓展了艺术作品的受众，升华了艺术作品的意蕴，使艺术营销转化为慈善营销，让艺术消费转化为慈善投入。借助慈善的平台，艺术作品更进一步回归其超越功利的精神本位。

三是引领的平台。艺术家对慈善的促进作用既表现为通过艺术劳动进行的慈善实践，同时也表现为其作为公众人物的慈善引领。一方面，艺术家们实施的助学、助残、助困项目是全社会的慈善示范；另一方面，作为公众人物，他们能够利用自己的社会影响为慈善鼓与呼，为慈善聚人气。从慈善事业发展的更长进程看，艺术家们对慈善事业发展的影响和带动作用并不亚于其慈善项目本身。

首期《慈善书画家》辑录了52位书画家的56幅作品。这些作品虽不见得幅幅是精品之作，但它们定然都是艺术家的精心之作。据说首批作品已经有了收藏者，并且下一批作品的主题和收藏者也已确定。这也从实践上印证了艺术加慈善的力量。这是一个良好循环的可喜开端。着眼于未来的发展，我们有理由相信，泰安市书画家慈善事业促进会的这条道路一定会越走越宽，越走越好！

是为序。

（本文为《慈善书画家》书画集序言）

# 第六辑

# 有眼何以识泰山

# 何谓“泰山”

## 一

何谓“泰山”？这似乎是一个不是问题的问题。因为在日常的语汇里，对于什么是泰山，大家头脑中都有一个约定俗成的概念。而当从规范意义上去归纳、概括、梳理、研究泰山的时候，何谓“泰山”，又的确成为一个问题。

## 二

泰山既是一个自然地理实体又是一个人文地理实体。界定一个自然地理实体的范围，相对比较容易，因为自然实体具体形象，四至可见。而界定一个人文地理实体则相对困难。如在对中国上古史的研究中，绝大多数西方汉学家所认定的中国，仅是河南殷墟周围一带。对此外的疆域，他们认为并不属于当时的“中国”。而一般中国学者所认为的其时的“中国”范围要远大于此。这也表明因标准和参照系的不同，对同一个人文地理实体的界定时常会大相径庭。

界定人文泰山或亦如此。泰山人文内涵丰富而且随时间的推移不断变化。以不同内涵看，泰山有区划的泰山、事件的泰山、人物的泰山、诗文的泰山、书法的泰山，乃至皇帝的泰山、民俗的泰山、神鬼的泰山等；依时间顺序看，有远古的泰山、上古的泰山、三代的泰山、秦汉的泰山等。这些不同角度的泰山关涉不同的人物与事件，也关涉不同的时空范围。

譬如“泰山名人”的概念便让人十分疑惑与纠结。什么是“泰山名人”？是出生地在泰山山脚下的名人，还是出生在泰山曾经所属的行政区域内的名人？是出生地在外省但在泰山居住过名人，还是出生在泰山所属行政区域内而主要功业在外地的名人？还有，出生地原曾与泰山属于同一行政区域而后来又划分出去或原来未曾与泰山属于同一行政区域而后来又划归于同一个行政区域的名人，能否算作“泰山名人”？

还有“泰山书法”。《秦泰山刻石》最早立于泰山山顶，并且立碑之因也与泰山相关；《泰山经石峪金刚经》刻在泰山山涧的石头上。《秦泰山刻石》与《泰山经石峪金刚经》是当之无愧的“泰山书法”。而在泰山所属的区域内的一些碑刻能作为泰山书法吗？《张迁碑》《衡方碑》均在中国书法史上有十分重要的地位，它们属于泰山碑刻吗？如果这些后来归拢于泰山的碑刻均可界定为泰山书法的范畴，那就应该有一个不同于《秦泰山刻石》与《泰山经石峪金刚经》的新的界定。

## 三

界定泰山的最根本依据应是地理形态与区划范围。依据这两个方面的因素，我们或可在大、中、小三个层面上把泰山地区划分为广义的泰山地区、中义的泰山地区、狭义的泰山地区。

广义的泰山地区以地理学定义的泰山山脉，大约在自西向东沿黄河南岸绵延二百多公里的长度范围内。其他事件的、人物的、诗文的、书法的泰山均应建立在这个基础之上。在研究上古泰山地区文化类型、宗教民俗的形成与影响、气候生态物种等相关较为宏大的问题时，可更多地依据这个范围。

中义的泰山地区可参照行政区划并结合有关的历史事件及文化现象来划定。在不同的历史时期泰山的行政区域多有变化。自周以降，历代于此设邑、置郡、建府。西汉初设泰山郡，辖24县，隶属兖州刺史部。泰山郡辖区面积约2万平方公里。此后建制多有变更，但以泰山为治所的辖区面积仍以泰山郡为最大。这个范围可作为中义的泰山地区。在考查与泰山相关的一些重大历史事件或重要人物时可以这个范围为参照系。

泰山十八盘之秋，王德全摄

狭义的泰山地区应主要指大致相当于今天泰山区、岱岳区的范围。这个范围是泰山历代政治文化现象集中发生的区域，应当是泰山研究的核心所在。对泰山人文意义的发掘、整理与弘扬应以此区域为依托。而对于发生在今东平县、宁阳县乃至莱芜区的一些与泰山关系不大或关联不强的事件或人物则不宜纳入狭义泰山地区的泰山研究范围。

何谓“泰山”？只有基于理性、严谨的分析论证，才能做出科学、规范的判断与厘定。

# 泰山的文化

## 一

一些研究者经常讲“泰山文化”。其实这并不是个严谨的概念。

“文化”的概念历来众说纷纭。《中国大百科全书》认为，广义的文化包括人类物质生产和精神生产的能力，包括物质和精神的全部产品。狭义的文化指生产和精神产品，包括一切社会意识形态。《辞海》定义“文化”为“广义指人类社会的生存方式以及建立在此基础上的价值体系，是人类在社会历史发展过程中所创造的物质财富和精神财富的总和”。无论是广义的还是狭义的文化，不同的文化之间均存在相互区别的不同特质。区分这种文化特质是认识不同类型文化的核心所在。

分析一种文化的独特内涵应着眼于以下几个特点：原创性、系统性、独特性。原创性是指文化的非模仿性、非承继性，它不是某种既定文化形态的注解、诠释，也不是某种文化内涵的完善与提升。系统性是指整体性，它包含了文化器物层次、制度层次、行为规范层次、价值观层次，是由各层次的结合与互动而形成的统一而有机的整体。独特性指文化的个性与差异性，指不同文化类型问题有不同的内涵及表达形式。

## 二

以上述观点来分析泰山，我们能否找到“泰山文化”的原创性、系统性和独特性呢?

在思想上，儒释道在泰山汇聚合流不是泰山的文化原创。“三教合一”的文化结构肇始于魏晋时期三教文化的碰撞、共存与交融。泰山只是展现这种文化现象的一个载体。

就民俗看，泰山民俗总体上与齐鲁民俗无显著差异。泰山确有一些富有特点的民间习俗，如“泰山老奶奶”崇拜、“泰山石敢当”崇拜等。溯其源头，“泰山老奶奶”崇拜与原始的生殖崇拜和道教流布有关；“泰山石敢当”崇拜与山石自然崇拜相关；再如蒿里山“阎罗殿”的传说，可从佛教中找到相应的比照；“送子娘娘”“灶神”“火神”的传说，则是中国民间诸神谱系在泰山一带的体现。这些泰山民俗总体上融入齐鲁文化的大的氛围，与更大范围中的齐鲁民俗一致。

在艺术形式层面，泰山亦相类于其他自然景观。泰山上依山势而建的寺庙亭台，也不是泰山上独有的建筑形式；以《泰山经石峪金刚经》、唐摩崖为代表的泰山刻石以及李斯小篆为代表的泰山碑刻同样不是泰山的独有的书法表现方式；李白、杜甫对泰山风光以及仙道神灵的吟诵，则更是古人游历名山大川的经常性做法。

对于封禅而言，泰山封禅的实质是“天人合一”思想与“君权神授”观念的外化，其思想来源并不独特。如果仅基于此，就将封禅相关理论宽泛地称为“泰山文化”，理由也并不充分。

## 三

因此，不宜宽泛无边界地使用“泰山文化”的概念。在核心意义上，泰山并没有在核心内涵上区别于中国文化、齐鲁文化的内容，没有文化价值上的独特内在规定性。郭沫若曾说，泰山是中华文化史的局部缩影，这也从另一个角度印证了泰山所体现的文化现象与中华文化的趋同性、一致性。这一切，不仅丝毫不影响泰山的伟大，反而会在另一个更高的层级上彰显泰山的魅力。

# 泰山——“天人合一” 思想的形象化载体

## 一

天人合一是中国传统哲学中占主导地位的思想学说。与一般具有单纯思辨性、逻辑性的哲学问题不同，“天人合一”既有抽象的概念，又有感性的存在。泰山便是这种感性存在的实体体现之一。大自然的造化与历史文化的积淀使泰山以通天、感世、载文的特征，成为“天人合一”思想的形象化载体。

天人关系问题十分复杂。据不完全统计，20世纪的最后20年间有300余篇关于天人关系的论文。对于“天”的意涵，学术界分歧较大，有较多认同的是张岱年、宋志明的“三义说”，即天有主宰、自然、义理三种含义。这个概念是一个矛盾的统一体。对于自然的“天”，人们有着能动的适应和天然的亲近，而对于主宰的“天”，人们又有着深切的敬畏。对“人”的含义，学术界意见比较一致，一般都认为“人”即人类，是自然存在的人，它一方面指具体的人，指生命，另一方面指人的生活，指社会。所谓“天人合一”，亦有两重意义：一是天人相通，指天与人为息息相通的整体，且天为人伦道德的本质，人性起于天道。此说发源于孟子，大成于宋代道学。二是天人相类，指天人形体相类、性质相类，天人相符，超于众物。从这两重意义出发，泰山对“天人合一”思想的体现主要有通天、感世、载文三个方面。

泰山“五岳独尊”刻石，王德全摄

## 二

通天——泰山是天人通接的阶梯。“泰山岩岩，鲁邦所詹。”泰山主峰海拔1532.7米，在方圆百公里内一山独尊。广大基础之上的凸起，使泰山显得高耸险峻，比齐与天。泰山信仰历史悠久。据泰山研究学者刘慧论证，海岱地区至迟在距今五千年左右就已确有大山崇拜的存在。大汶口遗址出土有陶文，据专家释读，上面是太阳，下面是山。“这一图案，应当是夷人朝拜泰山时，所看到的最壮丽的日出景象的景仰心情的反映。”[①]《淮南子·地形训》：“昆仑之丘……乃维上天，登之乃神，是谓太帝之居。”我国历史上特殊的祭祀仪式——封禅，即基于大山通天发展而来。

封禅观念形成于战国末期。《史记·封禅书》正义云：“此泰山上筑土为坛以祭天，报天之功，故曰封。此泰山下小山上除地，报地之功，故曰禅。”祭天仪式中的一个重要活动是燔柴。服虔注《汉书》曰：“封者，增天之高，归功于天。”张晏注：“天高不可及，于泰山上立封，禅而祭之，冀近神灵也。”天神在上，不在泰山上筑土为坛不足以达之；地神在下，不在泰山下除地以增其广厚，则不足以通之。《尔雅·释天》曰：“祭天曰燔柴。”焚柴以祭，使气达于天。天神在上，烟气上升，可以达之。燔柴是人与上帝的联系方式。

时至今日，泰山诸多景点的命名上仍有通天观念的遗韵。“天外村”“一天门”“壶天阁”“中天门”“南天门”“天街”……登山可通天，泰山及天梯。

## 三

感世——泰山是天人感应的灵坛。所谓“泰山通天”是就形体意义的泰山而言。此时泰山所通向的是主宰之天。而在天即宇宙、自然的更宽泛的意义上，泰山自身又是“天”。这个意义上的泰山不再是形体意义上的人与天之间的桥梁，而能够从自然之天的角度与人、社会生息相通，交互感应。《礼记·檀弓上》：“泰山其颓，则吾将安仰？”《春秋

①徐北文：《泰山崇拜与封禅大典》，见《文史知识》1987年第10期。

公羊传·僖公三十一年》:“不崇朝而遍雨乎天下者,唯泰山尔。”《论衡·书虚》:“百王太平,升封泰山。”

在封禅活动中,有感生才能有受命,有符瑞才能去泰山。《汉书·刘辅传》:“天之所与必先赐以符瑞,天之所违必先降以灾变,此神明之征应,自然之占验也。”王符《五德志》:“天命五代,正朔三复。神明感生,爰兴有国。”伴随“五德”思想基础发展起来的人神感应理论中,符瑞成为人神感应之看得见的“真凭实据”。秦始皇以秦文公出猎“获黑龙”而封禅泰山;汉章帝以“凤凰集肥城”而幸泰山,柴告岱宗;宋真宗因“天降玉册”而举办了大规模的封禅活动。符瑞生泰山,征验人世间。

## 四

载文——泰山是天人交融的结晶。泰山为天人相通、天人感应提供了桥梁和平台,同时人们又用“天人合一”的思想来理解、塑造泰山,使泰山逐渐形成了独具特点的宗教神祇系统、高山建筑系统、文学系统,成为自然中的文化之山、文化中的自然之山。从原始的自然崇拜到儒、释、道的此消彼长,各种宗教现象在泰山有遗存、有事迹、有体现。三教合流于泰山。正如郭沫若所说,泰山是中华民族文化史的局部缩影。

在泰山神祇系统中,影响最大的有泰山神——东岳大帝、泰山奶奶——碧霞元君、泰山石敢当。如同人世间一样,泰山神在泰山神祇系统中充当了类似皇帝的角色。秦汉之后,泰山神的影响逐渐进入人们的日常生活,并逐步成为统摄鬼神的冥间之主。脱胎于原始的生殖崇拜、主生化育的碧霞元君比之主死治鬼的东岳大帝,显得平易近人、和蔼可亲、有更多的人情味。因之唐宋之后碧霞元君在泰山的地位日益隆重,并逐渐超过东岳大帝。泰山石敢当亦神亦人，他既是泰山的石神，又有很强的人格化的特点。民间有很多关于石敢当的传说。

泰山古建筑从山麓到极顶依次而建，既有规模较大的宗教建筑群，又有跨道而建的门户建筑；既有临溪而建的赏景建筑，又有登山转折处的导向性建筑；同时还有书院、亭台等，林林总总，各具特色。据《泰山志》统计，现有泰山古建筑有58处，总面积14万平方米。有关泰山的文学艺术活动源远流长。据《泰山志》考，有关泰山的诗歌始于《诗经》，散文肇于先秦，小说起于魏晋。泰山刻石艺术更是琳琅满目。《秦泰山刻石》被称为“天下第一名碑”，《泰山经石峪金刚经》被视为“大字之祖”“榜书之宗”，唐《纪泰山铭》辉煌壮丽、气势非凡……泰山刻石是我国书法艺术的宝贵遗产。泰山融文化，文化铸泰山。

泰山是阶梯，是灵坛，是载体。“天人合一”思想在泰山得到最充分、最具体、最生动的体现，泰山是“天人合一”思想的最为形象化的表达。

# 泰山：青山著青史

## 一

通常意义上的哲学被认为是“概念研究”。哲学家赵汀阳独具卓见地提出并尝试进行了哲学的“意象研究”：通过建立起某种意象的“意义链”和“问题链”概念，寻求意象的内部含义和外接意义。赵汀阳对“山水”和“渔樵”两种意象进行了历史哲学意义的阐释，认为山水是观察历史的形而上尺度，青山是观察青史的时间尺度；山水是历史与渔樵的联系方式；渔樵作为凭借青山观青史的言说者，通过谈论历史之事而反思历史之道。[1]赵汀阳将这一“意象研究”名之为“渔樵史学”。这种“渔樵史学”中的山水即谓之“渔樵山水”。

作为“渔樵史学”的基础概念，“渔樵山水”被定义为“大地中的超越之地”。“渔樵史学”认为，“超越”是指生活意义之外的天道；它本身不可知，只能通过人道而间接地去理解；对超越性的寻找是生命的

①赵汀阳：《历史・山水・渔樵》，生活・读书・新知三联书店，2019年版，第Ⅰ～Ⅱ页。

意义所在。具有超越性的山水超越历史，能以不朽的尺度旁观即生即灭的人事；而大地上的山水因人对大地的干涉而失去了其本来具有的超越性。[①]“江湖”不具备超越性，它是社会化的山水；陶渊明所想象的“桃花源”不具超越性，因为“桃花源”中人所在的仍是一个生儿育女、柴米油盐的世俗社会；神仙所在的神仙山水是一个与人间相似的社会体系；艺术家画中的艺术山水则又走向另一个极端，成为远离社会的逃逸之地。因此，“江湖”“桃花源”以及神仙山水、艺术山水都无法成为“渔樵山水”。[②]

“渔樵山水”本质上是一种隐喻。这个山水既人迹稀少，又可出可入，可居可游；它不等同于社会，又不逃离社会。渔樵靠在山水中劳动生存，既达于道又通与俗；[③]他以凭借青山而论青史的方式构建自己的世外史学。

## 二

泰山是“渔樵史学”中的“渔樵山水”吗？

泰山有巍峨峰岭，泰山是青山山水；“泰山上神多”，泰山是神仙山水；有关泰山的诗文、书法作品丰富多彩，泰山是艺术山水；甚至在个别时候或个别区域，泰山还曾是流寇、义民盘踞过的“江湖”。但泰山从来不是“渔樵山水”。

泰山不是“渔樵山水”的根本原因是泰山深度参与了历史书写。作为一座被高度政治化和社会化了的青山，泰山有着极强的历史黏性。泰山的历史黏性主要来自泰山封禅。

---

①赵汀阳：《历史·山水·渔樵》，生活·读书·新知三联书店，2019年版，第67~70页。

②赵汀阳：《历史·山水·渔樵》，生活·读书·新知三联书店，2019年版，第89~100页。

③赵汀阳：《历史·山水·渔樵》，生活·读书·新知三联书店，2019年版，第133~154页。

泰山封禅是古代帝王祭祀天地的政治活动。夏商周三代已有封禅之说。自秦始皇至宋真宗，共有7位皇帝进行过封禅。7位皇帝中除了武则天就近在嵩山封禅，其他皇帝的10次封禅均在泰山。

封禅为什么会发生于泰山？或者说泰山又如何成就了封禅？着眼于“天时、地利、人和”的维度，[①]可以对泰山与封禅的内生机理进行梳理释读。

泰山与“天”——纵向的连接关系。泰山主峰海拔1532.7米。即使在五岳中，泰山的这个高度也逊于华山和恒山。但泰山山体的相对收束及其与前后左右平缓地势的显著高差，使得泰山在华北平原上显得格外险峻挺拔。因为高耸，所以近天。由著名的大汶口文化“日月山”陶符可以想见，东夷先民眼中的泰山已上接日月。在古人的观念中，天是广袤无垠的自然实体，又是具有神奇力量的最高主宰。颛顼“绝地天通”的宗教改革禁止了各部族间纷乱的祭祀，但由君巫合一的部落集团领袖代表人间进行祭祀仍是决定重大问题的权威方法。泰山凭借接地近天的优势成为“绝地天通”之后天人对话的最好阶梯。延至后世，泰山上的诸多场所景物名称仍多与“天”字相关，如通天街、中天门、南天门、天街等。

泰山与“地”——横向的地标关系。泰山地处华夏东方。在靠近太阳升起的地方生存的东夷部族有着广泛深刻的太阳崇拜观念。伴随社会的发展变迁，泰山的这一地理区位优势逐渐转化、蕴积为得天独厚的观念和文化优势。特别是当五岳信仰被纳入阴阳五行理论体系后，[②]泰山的这一优势便愈加显著。在阴阳五行理论体系中，东方属木，主春。《尚书大传·卷一》：“春，出也，物之出也，故谓东方春也。”《白虎通德论·五行》：“木在东方。东方者，阴阳气始动，万物始生。”《白虎通德

①赵汀阳：《历史·山水·渔樵》，生活·读书·新知三联书店，2019年版，第160页。

②周郢：《泰山文化历程》，五洲传媒出版社，2019年版，第4~5页。

论·封禅》："所以必于泰山何？万物所交代之处也。"同时，泰山还是神灵的所在。《山海经·海内西经》："海内昆仑之虚……百神之所在。"《礼记·祭法》："山林、川谷、丘陵能出云，为风雨，见怪物，皆曰神。"《周礼·春官·大祝》："过大山川，则用事焉。"优越的地理区位使泰山成为居于东方的生发之山、岁首之山、神祇之山。

泰山与"人"——时空中的互生关系。"人"即人世，即社会。泰山与人世社会的互生互动集中表现于泰山所承载的"天人合一"功能。"天人合一"被认为是中华传统哲学思想的核心。泰山恰好成为这一哲学思想的实体化形象表达。某种抽象的思想观念能具象地表现于某个自然实体需要的特定条件：要么这种思想观念本身包含有具象的因素，要么这个自然实体具备体现某种抽象观念的特质。否则，抽象的思想观念难以找到具象的实体承载，具象的实体也不可能去表现抽象的思想观念。"天人合一"思想与泰山恰好在这一点上相遇并共振。

泰山对"天人合一"思想的形象诠释主要体现于以下三个层面：一是泰山通天，"山"合于"天"。泰山因其自然高度而与天相接。在自然之"天"、精神之"天"的双重意义上，泰山都充当了天人之"合"的通道和纽带。二是泰山接地，"山"合于"人"。与一些位于偏僻荒莽之地的崇山峻岭不同，泰山位于东夷先民的生活区域之中。泰山周边土地平坦肥沃，林茂草盛水丰。泰山为东夷先民提供了狩猎、采集、柴烧、养殖、种植等多方面的物质资源条件。先民们生于斯，长于斯，葬于斯，在这里创造了很长时间内处于领先地位的大汶口文化、龙山文化。泰山是矗立于人世社会中的大山。三是山亦有神，泰山即"天"。在万物有灵、山皆为神的时代，泰山不仅是东夷先民的生活依托，同时更是人世之外的神灵居所。先民生活中对泰山的近之、取之、用之并无法取代其泰山认知中的畏之、敬之、拜之。在先民眼中，泰山是"山"，同时更是具有神威的"天"。

泰山对“天人合一”思想的形象诠释是直观、朴素的。相对于西汉董仲舒之后所建立的诸如人的身体、行为、道德、社会等生命、社会范畴与时间、空间、天体、季节等自然现象之间的人天同构、相互照应等关联对应关系，泰山对“天人合一”思想的诠释尤显原初与本真。但或许也正是这种相对粗放的结构化、标识化的表达，为后来的思想家们对“天人合一”思想进行精致化拓展奠定了基础。

天时、地利、人和，使泰山成为帝王封禅的必然首选之地，使封禅成为泰山的必然使命担承。这种必然性也同时决定了泰山在封禅中的角色与作用。封禅是一种祭祀礼仪。唐张守节在其《史记正义》中解释“封禅”为：“此泰山上筑土为坛以祭天，报天之功，故曰封。此泰山下小山上除地，报地之功，故曰禅。”据此“封禅”至少具有如下要义。一是特定的地点：封禅在泰山，而不是在其他地方。二是特定的人员：封禅者是帝王，其他人没有资格。三是特定的程式：封禅在山上祭天，在山下除地，应具备两个环节。尽管后世的封禅内容与程式各有不同，但封禅的这几个特定要义始终没有变化。统观封禅之终始过程可以发现，泰山与封禅之间的相互作用关系是复合而双向、交织而叠加的：泰山既是阴阳五行学说理论的内容要素，同时又为这种理论的应用提供了平台；泰山既是封禅的场所，同时又成为实践这种活动的限定性甚至排他性条件；泰山既是从理论和实践角度促成封禅的原因，同时又因封禅带来的隆盛声名而成为封禅的结果。因此，泰山之于封禅，是内容又是形式，是条件又是要件，是原因又是结果。

参与了封禅的泰山，既有神仙的林林总总，也有文人的纷至沓来；既有帝王的封禅祭拜，也有百姓的祈愿香火；既有官方的威仪庄肃，也有市井的纷杂喧嚣。这个进入了“世外+世内”的复合性山水，已绝非“渔樵山水”中的“青山”：渔樵既无法在这个山水中靠劳动而生存，也无法凭借这个山水去言说自己的历史之道。这一切皆因为此时此地的此山水——泰山已由“青山山水”变成一种全新的山水形式：“青史山水”！

## 三

通过封禅，成为“青史山水”的泰山建构起了属于自己的具有历史哲学意义的“泰山意象”。“泰山意象”的基本内涵为：人们赋予自然山水以社会意义；自然山水以其社会意义参与历史的书写；参与历史书写的自然山水为历史书写提供新的方法论。对于“泰山意象”参与历史书写的契机与效用，可借助“情势–问题–道理”[①]的框架进行分析：

情势是条件。历史由一连串事件组成。历史学家从历史文献所形成的记载以及各类事实证据中钩稽事件的线索、发现历史的“真相”并进而探寻变迁的因果、历史的规律。泰山封禅并不是个偶然事件。基于泰山与天、地、人的关系，泰山成为帝王青睐的封禅之地。从秦始皇之后，泰山的自然与人文禀赋因历史情势而被进一步激活，泰山封禅成为国家祭祀体系的重要组成部分。

问题在作用。封禅所要解决的问题是王朝的合法性。古代帝王获得政治权力的方式无外乎家族承继和易姓而王两种。家族承继的合法性可以靠礼制规定，而江山易主的合法性则要另寻依据。对于改朝换代的征服者，要找到这个依据并真正实现人心的征服并不比取得军事胜利来得容易。齐人邹衍基于阴阳五行学说而创立的五德终始说为封禅奠定了理论基础。按照邹衍的五德终始说，各个朝代均需依据金、木、水、火、土五行而来的五德：金德、木德、水德、火德、土德。五德相生相克，周而复始：木生火，火生土，土生金，金生水，水生木；反之则水克

①赵汀阳：《历史·山水·渔樵》，生活·读书·新知三联书店，2019年版，第150页。

火，火克金，金克木，木克土，土克水。按五行从相克角度反向推算，从黄帝至周为“火”德，那么秦即“水”德。泰山封禅以五德终始说为理论依据证明了王朝的德命相合；同时又通过国家仪典的昭示与宣告，在实际政治操作的层面，客观上起到了缓解、包容帝国形成之后各种社会力量之间矛盾和张力的效用。[①]

道理显意义。概念表达的意义源自意象建立的方式。对中国史学影响最大的历史叙述方式是以司马迁为代表的太史公传统。[②]在太史公传统的言说方式中，“泰山意象”为表达“究天人之际，通穷古今之变”史学观念提供了新的结构与方法。历经几千年的风雨积淀，泰山已成为意识形态、统治及权力关系的重要组成部分。乃至在今天的观念中，泰山甚至已可以作为“历史”的代名词。今天人们常说的“生命重于泰山”“责任重于泰山”，其中所强调的显然不是泰山山体的重量。这些以泰山为喻的表达所要表明的真正意义是“生命重于历史”“责任重于历史”。

## 四

随着历史的演进，作为“青史山水”的泰山还能复归“青山山水”吗?

“渔樵史学”中的历史是“具有时间限度的过程”[③]。面对无限的时间，有限的历史总是瞬息之事。倘若放宽视界，在更长的时段和更大的空间里观察，泰山由“青史”复归“青山”应是历史的必然。

泰山原本是“青山”。泰山天然具有“青山山水”的本性。以泰山

①王爱和:《中国古代宇宙观与政治文化》，上海古籍出版社，2018年版，第28页。

②王爱和:《中国古代宇宙观与政治文化》，上海古籍出版社，2018年版，第156页。

③赵汀阳:《历史·山水·渔樵》，生活·读书·新知三联书店，2019年版，第18页。

诗文为例，袁爱国主编的《全泰山诗》中辑录自春秋至清代有关泰山的诗歌14500多首，[①]其中绝大多数泰山诗是以寄情感怀为主的游仙诗、隐居诗、风景诗。综观这些诗歌的写作题材及表达意象可以发现，随着时代的变化，诗歌的神仙玄道气息逐步减少、淡化，而山水风景气息则逐步增加、强化。从三国曹植的《仙人篇》"仙人揽六箸，对博太山隅""万里不足步，轻举凌太虚"，到西晋陆机的《泰山吟》"泰山一何高，迢迢造天庭。峻极周以远，层层郁冥冥"；从唐李白的《游泰山》"天门一长啸，万里清风来。玉女四五人，飘飖下九垓"，到唐杜甫的《望岳》"造化钟神秀，阴阳割昏晓""会当凌绝顶，一览众山小"；从宋苏轼的《送杨杰》"天门夜上宾出日，万里红波半天赤"，到元张养浩的《登泰山》"风云一举到天关，快意生平有此观"；从明王守仁的《望岳》"晓登泰山道，行行入烟霏"，到清康熙皇帝的《登岱》"路转天门青霭合，峰回日观白云浮"。诗歌中的泰山由神山仙山一步步回归绿水青山。

即便从泰山封禅自身的变迁来看，泰山封禅由神圣化到功利化再到世俗化的路径也十分明晰：秦汉封禅有着浓烈的神灵迷信色彩；至唐宋封禅则表现了更多的政治功利性；而明清之后，泰山祭祀则愈显其世俗化特征。特别是自明朝开始，官方的泰山神祭祀逐步被民间的碧霞元君信仰所取代；清朝乾隆皇帝先后10次到泰山，其所留下的170余首泰山诗也多在咏颂泰山的风光景物。

从社会层面看，泰山实际上一直存在着两套历史"传统"：封禅之山、政治之山是泰山历史的"大传统"，生活之山、艺术之山是泰山历史的"小传统"。泰山"大传统"的书写造就的是"青史"，而泰山"小传统"的延续更靠近的则是"青山"。虽然两千年来泰山"小传统"被

---

①袁爱国主编：《全泰山诗》，泰山出版社，2011年版。

遮掩于堂皇强势的泰山“大传统”之下，但消减并不表明消失。事实上泰山“小传统”一直在基层社会生生不息地发展延续着，泰山“小传统”所依托的“青山”也一直在自信顽强地显示存在。

“青山”进入“青史”并不是人类社会普遍而恒久的现象。伴随人们对自然、社会、自身认识能力的不断提升，天人关联会越来越脱离表象化的简单比附，历史与自然的边界也会逐渐由模糊而变得清晰。一旦“青山”进入“青史”的特定历史条件发生改变，“青山”退出“青史”的情况便随之发生。由此而形成的必然结果是：历史的回归历史，自然的回归自然。

泰山“天下第一山”刻石，王德全摄

泰山由“青史”回归“青山”意味着泰山与历史关系的根本性变化：由互动变为中立，由内生更至旁观，由言说转而见证；同时这也意味着泰山历史角色与功能的根本性变化：由切入变为超越，由变数更至常数，由有限转而无限。借用庄子“吾丧我”的方式来表达[①]：“青史”泰山是经历兴衰存亡的“我”写历史，而“青山”泰山则是见证永恒无穷的“吾”观历史。前者昭示的是切入历史的泰山作为变数尺度的有限性，而后者昭示的是获得超越性的泰山作为常数尺度的无限性。

当然，泰山回归“青山”并不意味着对“青史”泰山的失忆与失却。事实上“青史山水”已成为泰山无以更易的特征与标识。即使泰山在将来的世间生活中将越来越多地以“青山”的形象而彰显，作为“青史山水”的“泰山意象”也一定会因其不可磨灭的历史而永恒存在。

①赵汀阳：《历史·山水·渔樵》，生活·读书·新知三联书店，2019年版，第150页。

# 泰山的经济价值

泰山不是天然就具有经济价值，泰山的经济价值天然离不开旅游业的形成与发展。

旅行活动古已有之。张骞出使西域，玄奘天竺取经，李白徙居漫游，商贾舟车劳顿，是政治、军事、文化、商业活动，同时又是中国封建社会时期不同类型的旅游活动。与泰山相关的旅行活动历史悠久。历代帝王封禅巡谒，佛道宗师传经布道，官宦文人刻石吟诗，寻常百姓许愿还愿，一系列目的、形式各不相同的活动，使泰山成为颇有影响的旅行地。然而这些都不是近现代意义上的旅游。近代旅游肇始于19世纪40年代产业革命后的英国。20世纪60年代后，随着世界经济的增长、科学技术的进步、交通运输的发展，以普及性、持续性、社会性为主要标志的现代旅游，成为世界上发展势头最强劲的产业。起步于20世纪20年代的我国旅游业，历经数十年创业坎坷，改革开放以后，步入蓬勃发展的新时期。随着我国旅游业的不断壮大，泰山旅游得以迅速发展。2016

年，泰山进山游客约405万人，实现直接收入约11亿元。随着旅游业的兴起与发展，泰山旅游成为泰安经济发展中的重要力量，作为精神财富的泰山，给泰安带来可观的物质财富。

泰山在泰安区域经济发展中的作用并不仅仅局限于旅游直接收益。旅游经济学中有一个旅游乘数理论，我们可以此来分析泰山更广义层面上的经济价值。旅游乘数是指用以测定单位旅游消费对旅游接待地区各种经济现象影响程度的系数。它反映的是旅游消费对该地经济产生总量、就业机会和家庭收入的影响，并以此体现旅游消费对当地经济所产生的直接效应和继发效应。旅游乘数与旅游者的旅游消费量及旅游地的商品自给程度成正比，与旅游收入中用以储蓄和购买非本地产品的数量成反比。旅游者购买旅游地生产的商品的数量越多，旅游乘数越大，旅游所带来的经济效应也越大。反之，旅游乘数越小，旅游所带来的经济效应也越小。

目前，泰山旅游的旅游乘数不高。旅游购物量偏低是形成这种状况的基本原因。据统计，旅游者在泰安的购物消费量占其总消费量的比重不足10%。泰安的旅游购物创收不仅低于上海、广州、苏州，也低于省内的青岛、烟台、威海。较低的旅游购物消费量必然制约旅游乘数的提高。近年来，泰安经济有了长足发展，但与发达地区相比，泰安的工业整体水平还不高，实力雄厚且具有较大市场影响力的企业还不多，生产的名牌工业产品为数甚少；与旅游消费关系更为密切、在旅游购物中占较大比重的旅游工艺品的开发、生产滞后，泰安的旅游工艺品品种少、质量差、乏特色。泰安既没有上海、广州等大城市建立在雄厚现代工业基础之上的轻工、纺织等工业制品优势，又没有如苏州的丝绣、无锡的惠山泥塑以及潍坊的风筝一类的传统工艺品。这种状况限制了泰山旅游优势的发挥。要强化泰山旅游对泰安经济的促进、带动作用，必须在提高泰安工作整体水平的基础上，大力发展包括旅游工艺品在内的旅游类产品。只有当一批著名企业、名牌产品相继产生，更多泰安生产的产品为旅游者购买，泰山旅游的旅游乘数才能进一步提高，泰山旅游对泰安经济发展的影响力才能进一步增强。

因此，泰山旅游优势虽然不能直接导致泰安区域经济优势的形成，但随着经济的发展，泰山旅游必将在推动泰安区域经济中发挥越来越大的作用，泰山旅游既可以为泰安经济发展雪中送炭，更可以为泰安区域经济发展锦上添花。

［节选自《泰山经济价值论》，论文原载《山东矿业学院学报（社会科学版）》1999年第4期］

# 泰山品牌

## 一

品牌即商品的牌子，是商品制造者或经营者用于区别自己与他人生产或经营的商品的标志。品牌主要表现为商标，也可表现为企业名称、企业标志等。目前人们所称的“泰山品牌”，并不单纯指某商品是“泰山牌”或某企业冠以“泰山”之名，而是对名称或标志与泰山自然与人文景观相关的一系列品牌的总的称谓。

“泰山品牌”的形成以泰山旅游为基础。正是随着旅游的兴起与发展，泰山的影响才进一步扩大，泰山及其一系列自然与人文景观的知名度才进一步提高。泰山的古名、今名、正名、别名，如岱宗、东岳、岱岳，泰山的著名景点如南天门、十八盘、玉皇顶，泰山的神话仙话人物如泰山神、碧霞元君、泰山石敢当……一系列特点性名称或标志组成了“泰山形象符号系统”。看到这些符号，听到这些名称，人们便联想到泰山。将这些标志、名称用于商标或企业名称，便形成所谓的“泰山品牌”。

从实际运用情况看，“泰山品牌”可区分为两种不同的类型——“泰山符号品牌”与“泰山旅游品牌”。“泰山符号品牌”是“泰山形象符号系统”用于商标或企业名称而形成的品牌，这是符号意义的、广义的“泰山品牌”；“泰山旅游品牌”是以泰山旅游为商品主体的品牌，这是实体意义的、狭义的“泰山品牌”。

## 二

“泰山符号品牌”是“泰山品牌”的历史性表现。“泰山符号品牌”滥觞于计划经济时期。在这个时期，品牌的作用很大程度上在于标明产品的生产地或生产厂家。泰山在泰安，泰安企业的产品商标或企业名称取材于“泰山形象符号系统”，既具有地域特征，又比较响亮易记。这被认为是顺理成章、两全齐美的事情。事实也正是这样。建国以来，几乎所有的泰安工业产品均取了与“泰山形象符号系统”相关的名称做商标，比较著名的有汽车、白酒、拖拉机等。以至曾经出现这样的情况，20世纪八十年代初期，人们的商标意识还比较淡薄，许多企业用了十几年甚至几十年“泰山牌”，但一直没有注册。等后来申请注册时，才发现“泰山牌”商标已经被人抢注，只好忍痛割爱，另取他名。因此，从历史发展过程看，“泰山符号品牌”的形象具有客观必然性。

随着市场经济的发展，“泰山符号品牌”已不能适应新形势的需要。“泰山符号品牌”的局限性主要表现在以下三个方面：其一，相似或雷同的名称，湮没了品牌个性。个性是品牌的生命。一个好的品牌应该既体现企业精神，又具有鲜明特色。“泰山符号品牌”在这方面存在先天不足。“泰山符号品牌”取材于泰山，一系列商标、企业名称十分相似甚至雷同。东岳牌与岱宗牌，泰山牌与泰岳牌，日观峰牌与月观峰牌……何其相似乃尔。这类品牌缺乏个性，极易混淆。其二，过于拘泥于物象的品牌设计不符合品牌的发展趋势。目前的“泰山符号品牌”标志大多以山形石态为主，构图多为写实，表现手法单一。现代品牌设计的总体趋势是愈来愈重视觉效果。如日本的三菱、美国的可口可乐、国际纯羊毛标志等，均图案简洁，易识易记。目前“泰山符号品牌”的标志设计缺乏这样的现代设计思想与表达方式。其三，以地理名称为商标的做法已受国际惯例及国家法律法规的限制。目前，世界上绝大多数国家对于以地理名称为商标的做法都有十分严格的限制。不仅地名一律不准用于商标，而且名胜古迹的名称也一般不准使用。这样做的基本理由，一是任何一国的地理名称都不应由某一企业或私人用为商标注册而取得专用权；二是地理名称做商标，标记性不显著，不利于商标作用的发挥。我国的出口商品，凡以地区名称做商标的，国外一般不予注册，允许注册的只是那些地名辞典上没有、纯属虚构的地理名称。从发展趋势看，选择地理实体名称或行政区划名称作为商标实非上策。

因此，在新的形势下，“泰山符号品牌”在形成之初便显现的自发性、无序性及在发展过程中所产生的盲目性、不规范性愈来愈突出。“泰山符号品牌”重在标明产地的功能已远不能适应市场经济对品牌的要求，已不能成为新形势下“泰山品牌”的发展方向。

## 三

“泰山品牌”的真正价值在于“泰山旅游品牌”。一方面，泰山旅游是“泰山品牌”形成的基础，“泰山旅游品牌”体现了“泰山品牌”有原初意义。另一方面，“泰山旅游品牌”使“泰山品牌”有了确定的商品载体，有了明确的所有者与管理者。比之企业“家家争用‘泰山牌’”的无序局面，“一品一牌”或“一家一牌”符合管理的一般规律和基本要求，便于品牌管理的科学化、规范化。创造名牌是“泰山旅游品牌”的最终目标。要实现这个目标，必须以提高泰山旅游质量为中心，运用各种手段，全方位地塑造“泰山旅游品牌”形象。要注重挖掘泰山人文旅游资源内涵，提高泰山旅游之内在质量。目前，泰山旅游对泰山人文内涵的挖掘还不够。旅游者登泰山除了领略泰山的自然风光或比较直观地看到一些刻石及古建筑，无法更为深入地了解泰山的人文内涵。泰山缺乏有特色、有吸引力的人文性旅游景点，许多旅游者为省时省力省钱，往往乘汽车、索道便利地直上岱顶，以“岱顶峰”代“泰山峰”。整个旅游过程少则半日，多则一日。这种状况弱化了旅游内涵，降低了旅游效益。泰山旅游必须进一步挖掘泰山文化资源中具有商业价值的内容，开发人文性旅游景点，力求向旅游者展示一个更丰富、更完整、更全面的泰山。

创造名牌，还要综合运用各种行之有效的手段。借鉴CI（Corporate Identity）导入手段有助于泰山旅游形象的塑造。CI即企业识别，它主要包括企业品牌设计、企业环境设计、企业口号设计等要素。在CI导入之初，可结合实际，择其要项。泰山旅游借鉴CI导入手段进行旅游形象设计，可以旅游名称、旅游标志为主要内容，并视情况兼之以其他项目。旅游名称可确定为“泰山旅游”，既约定俗成，又朴实明了。在条件具备的时候，还可以此申请服务性商标注册。泰山旅游标志的收入亦十分必要。目前，还没有一个统一的泰山代表性标志。一些重大活动、重要场合在运用泰山代表性标志时，或取材五岳真形图，或表现十八盘、玉皇顶，或突出望人松、探海石。这些不统一、不固定的图案，不利于泰山形象的塑造。泰山旅游标志可作为泰山代表性标志。泰山旅游标志的设计应集思广益，充分论证。这个标志既应体现泰山特征，表现手法又应符合时代潮流。其他项目，可逐步考虑引入泰山旅游旗帜，塑造适宜的泰山人物、动物、植物形象等。所有的项目一经确定，就必须在各种宣传品上统一展现，以突出品牌特征，强化视觉效果。

（原载《泰安日报》2007年9月12日第6版）

# 石可我待待何时

## ——泰山石质旅游产品开发构想

### 一

泰山旅游产品的开发一直是制约泰山旅游经济发展的瓶颈问题。多年来，政府和诸多旅游产品企业也提了很多想法，力图找到能代表泰山形象、体现地方特色的旅游产品。经过十几年的努力，泰山旅游产品的开发有了长足的进步，如泰山奇石、泰山玉系列制品、肥城桃木制品等，均初步形成影响，并创造了较好的经济效益和社会效益。

但比之品牌化、产业化、规范化的目标，泰山旅游产品的开发与营销还存在着诸多思路、定位方面的问题，远远不能适应新形势的需要。在旅游产品开发思路上，还没有真正从泰山特点开发，理出一条发展泰山旅游产品的总体规划。即使对有些问题已有初步认识，但也没有真正上升到系统化的战略思考。如对什么是泰山特色旅游产品，什么产品既富有特色又具有广阔的市场前景等问题，尚未有一清晰的认识与把握。在旅游产品开发定位上，对泰山奇石价值的认识，尚处于如何理顺资源和商品的关系的纠结中；对泰山玉开发，还未找准市场的切入点与立足点等。

## 二

1992年，我在《泰安论坛》上发表过《开发石资源，念好“山字经”》的文章，提出泰山特色旅游产品开发可按照“石头+文化”的模式，做泰山石头文章。如可以开发泰山文房四宝系列、泰山纪念石系列、泰山神话人物系列的石质工艺品。几十年来，以普通泰山岩石镌刻或书写“泰山石”“泰山石敢当”的泰山纪念石产品已成规模，以象形、写意为特征，泰山奇石已成为珍稀石品，泰山玉开发正呈现良性发展的好势头。今天乃至以后泰山旅游产品的开发仍要立足于“石头+文化”。

为什么泰山的主导旅游产品必须是泰山石？核心原因在于文化。石头，无论是玉石还是普通的花岗岩，全国各地均有。相似的石头很多，而承载的内涵不同。泰山石有人文积淀、有历史传统、有民俗信仰。“泰山石敢当”有避邪驱灾寓意，其影响波及大江南北。泰山石是石头，但与其他地方的石头不一样。

2008年我在四川抗害救灾，在灾区崇山峻岭中的一个羌族小镇，竟然发现一处东岳庙。庙里有一通建于清代的一人多高的“泰山石敢当”石碑。我还曾在台湾金门岛见过海岛上的“泰山石敢当”筑石。“泰山石敢当”信仰影响甚广。因此，在当前情况下，围绕“石头+文化”做文章，是泰山旅游产品的必由之路甚至是唯一之路。

## 三

当前，要做好“石头+文化”的文章，必须要抓好泰山奇石市场、泰山玉市场、泰山纪念石市场“三个市场”的建设。

所谓“奇石”，只是一个比较笼统的通俗的说法。石何为“奇”？一般而言，石之“奇”首应在于石质、石形、石纹与一般石头有所不同。寿山石奇在石质，灵璧石奇在石形，黄河石奇在纹理。物以稀为贵。因其稀有，才有人要看、要玩、要收藏、要买卖。

泰山奇石之“奇”不同于上述诸石。泰山岩群的岩性主要由斜长角闪岩等组成。这类岩石宏观上具层状构造，岩石中常发育有大小不等、形态不一的长英质条纹。这些条纹构成各种有观赏价值的纹带图案。所以除了硬度，泰山石在石质、石形、石纹方面并无与上述诸石更突出更独到的特点。只有当那些最有特点的石头资源得到充分开发且渐无发掘空间之后，人们才会渐渐将目光移向那些虽略次之但仍然自有特点的石头资源上。这时泰山石才逐渐显露出其审美及经济方面的价值。

最初几年的无序开发，造成了对植被、山体的破坏。政府下达“禁采令”后，采石之风得以遏制。在政府的引导、组织下，泰城城东城西建成了两个规模较大的奇石市场。禁采之后的泰山奇石市场要实现可持续发展，就必须立足实际，审时度势，调整思路，实现“三个转变”，即从单纯开采销售资源向开发与保护资源并重转变，从只销售泰山石到利用泰山石品牌为所有奇石提供交易平台转变，从只注重奇石的营销，到奇石营销与奇石旅游有机结合转变。

泰山奇石不是不可再生的有限资源。无序地开采不仅不利于资源的保护而且会对泰山景观造成不可弥补的破坏。在充分调查论证的基础上，可以考虑在不影响泰山景观的前提下，选择部分较为偏远的区域，有计划、分时期地采集部分泰山奇石，以维护业已形成的奇石市场。

泰山奇石不仅自身可以成为商品，而且泰山更可以为奇石交易提供一个难得的大市场。这个市场不仅营销泰山奇石，更可以成为所有奇石的交易平台。建好“泰山奇石大市场”比只专注于开采、销售泰山奇石更有价值，也应该具有更强的生命力。在文化内涵建设上，可以考虑建设“中国奇石博物馆”，以丰富泰山奇石市场的文化涵盖广度及深度。在经营模式上，可以为外地奇石开辟专门的营销场地，使泰山成为全国乃至全世界各地不同类型奇石的集散地。对于那些与泰山石区别度不大的外地奇石，如果非要借泰山灵气的话，或可通过某种民俗性仪式开发出一种“泰山开光石”。

奇石的价值不仅仅在于可以作为旅游商品被卖与买，奇石同样可以作为展品被观赏。特别是泰山奇石体量较大，可以大力发展“奇石旅游”。借鉴云南石林的旅游模式，可以选择某一适宜位置建设以游览观赏为目的的“泰山奇石园”。“泰山奇石园”可以体量大的奇石搭起框架，再按照奇形石、山水石、文字石不同类型进行分区，形成一个既统一又各有特点的奇石观赏系统。同时也可以尝试与泰山碑刻相结合，使观石赏字相融会，石景与人文相结合。发展“奇石旅游”，大有文章可做。

泰山纹理石（626 cm × 317 cm），王德全摄

# 四

泰山玉石是泰山人文内涵的绝好载体，也是泰山石质旅游产品中具有巨大成长性的核心产品。东汉许慎在《说文解字》中解释："玉，石之美者。"中国人自古喜玉，把玉石作为纯洁、美好的象征。泰山石属于钠铝硅酸盐硬玉，颜色以翠绿、墨绿最为常见。《山海经·东山经》载："泰山其上多玉。"与其他众多玉种相比，泰山玉的优势在于其兼具玉性及泰山人文性双重属性。单说石质，泰山玉颜色偏重、石质偏粗偏硬，其触感并无特异之处；但泰山的人文特质使泰山玉具有了特殊禀赋。就自然与人文的结合性而言，其他任何玉种都无法与泰山玉相比。

泰山玉的开发可明确两条路径：一是工艺品路径，二是工业品路径。工艺品路径包括肖形状物的玉山、蔬菜水果、如意等摆件类工艺品以及把件玉镯、玉坠等挂件饰品。这类产品是当前泰山玉产品的主流。工业品路径是指将泰山玉结合于工业产品之中，如手表表盘、小汽车车身或车内装饰部件，高档铅笔饰件等。在这个路径中，泰山玉充当的是点缀功能，其结合方式是嵌入和嫁接。鉴于泰山玉通透性不好及工艺品成件能力不足的石质特性，工业品路径应当是泰山玉市场的重要方向或者说主攻方向。泰山玉走工业品路径的优势主要有：其一，点缀性嵌入一般体量较小，不需要较强的单独成体能力；其二，加工成薄片状及借助工业品上的发光能力，可增强泰山玉的通透性，强化泰山玉的可观赏性；其三，使泰山玉的平安祈福功能生活化、日常化。目前已有商家在致力于泰山玉工业品路径的摸索。

## 五

所谓“泰山纪念石”主要是指在寻常的泰山自然石块上刻或写以“泰山”“泰山石敢当”字样而形成的纪念性泰山石质旅游产品。这类产品材料易得且几乎取之不尽，制作简易且价格低廉，体量适中又便于旅客携带。除去形态质地比较普通，这类石产品的纪念意义和人文意义与泰山奇石、泰山玉并无二致。目前这类商品已形成规模并得到旅游者的广泛认可。登山沿途的地摊或商店里已随处可见。也有人尝试在这类普通泰山岩石上刻以石雕，以增加石头的艺术性及人文内蕴，但由于泰山岩石石质坚硬、不易镂刻而使得制作成本较高。较高的价格使这类商品只能成为较为高端的阳春白雪式的石质工艺品，而较难成为普罗大众买得起的旅游纪念品。

## 六

泰山石质旅游产品开发是个系统工程，需要统筹规划，搭建平台；改进工艺，提高质量；强化营销，打造品牌。

政府要制定泰山石质旅游产品的开发规划，明确产业发展方向，制定相应的引导和激励政策。对于泰山奇石市场和泰山玉石市场，政府可先期搭建平台，提供基础设施等基本条件。要通过市场化方式引导旅游产品企业投入到泰山石质旅游产品的开发中去。重点培养一批泰山石质旅游产品企业，使之成为产业龙头，带动泰山石质旅游产品规模的形成与发展。

提高泰山玉石工艺品的制作水平，可以采取“走出去，请进来”的办法，或将泰山玉石在外地加工定制，或请进技师，引入高手，在本地制作。从长期看，泰山玉石的加工制作还应以当地原料在当地加工方式为主。

打造泰山石质旅游产品品牌是开发泰山旅游产品的最终目的。要综合运用各种营销方式，造声势，保质量，拓市场，树品牌。可围绕“登泰山，保平安”的核心理念，叫响“一块泰山石，全家保平安”“泰山石，平安石”“泰山玉，平安玉”等口号，扩大泰山石质旅游产品的市场影响力。

# 何妨“以山名城”

## 一

泰城众多的商店、宾馆及各种建筑物中，相当一部分有着十分相似或相近的名字，如“泰山××”，或者“岱宗××”“东岳××”，还有“泰岱××”“泰岳××”“岱岳××”等，不一而足，似乎有关泰山的正名、别名、古名、今名全挤到一块儿了。人们只知道泰山在泰安，泰安有泰山，东岳是岱宗，岱宗为东岳，只知道这些名字指示同一对象，同一事物，而颇难从中分出个甲乙丙丁来。平时人们说起某店、某建筑，总要附上一句，“某某街上的”或“某单位附近的”，既啰里啰唆，又指物不清。名字自有名字的效用。名字乃“事物的名称”，其原初意义一为识别，二便记忆。具体到商店、建筑，一个响亮、别致、生动、形象的名字，还能生产独到而显著的经济价值。一些著名店堂、著名商号正是在此基础上逐渐形成的，如北京的百年烤鸭店“全聚德”，上海的著名食品店“老大昌”，以及我们近邻济宁的酱菜“玉堂”；当今的大型现代化商店也有诸多声名赫赫的，如上海的“华联商厦”、郑州的

“亚细亚商场”、北京的“银梦时装店”、济南的“大观园商场”等。这些店名、商号，与广告相比，不是广告而又具有类似广告的特殊较用，它们本身便成为信誉的象征、质量的保证、服务的标志，它们比某些五花八门、昙花一现的广告形式更长久、更稳定、更坚实、更可靠。而一个人云亦云、毫无特色的店名就大为逊色了。“泰山”之名固然好，可如果大家都想以泰山大名，沾泰山之灵光，蜂拥而名，则适得其反，更重要的是淹没了自己。

## 二

起名事小，却反映了一种思维方式，思想观念，即趋同意识强，创新精神差。形成这种思维定式的原因是多方面的。

从经济上看，我们泰山素来以农为本，人们习惯于“日出而作，日息而归”的田园式生产方式；我们的工业基础十分薄弱，实力雄厚的工业企业屈指可数；工业产品小散乱，一直没有形成在省内、国内乃至国际上有相当影响的拳头产品、主导产品、名牌产品；泰山在很大意义上只是一个旅游地名，泰山牌产品要么没有大的名气，要么就出在外地，产在他乡，如曾经的“泰山牌”电视机在济南、“泰山牌”手表在聊城等，这使得我们的商品经济不发达。在许多人眼里，经商、贸易、新点子、新办法竟被视为狡猾、奸诈的同义语。从文化上看，泰山被奉为“五岳独尊”，历代帝王纷至沓来，封禅膜拜，这一切使泰山冠戴一层神圣的皇家气象、官宦气息，易使人们产生某种敬畏心态，而不利于心理与人格沿着自主、自强、自立的方向发展。诸方面因素的合力作用，使我们惯于安分守己，而难得冲破藩篱，做事稳妥有余，而很难另辟蹊径。多少年循规蹈矩的强大惯性，几乎让我们每个人的大脑长成一个模式，些许、间或的一点新道道，也让那些无法抗衡的老套套给同化了、覆盖了，故而，求同趋同易，创新创造难，且守旧中不觉守旧，懒惰中不觉懒惰。

## 三

思维之变革，不仅是宏观、全面的问题，更是具体、细微的工作，它一方面体现了那些轰轰烈烈的大事情、大气魄、大视野，另一方面同样体现了那些不那么轰轰烈烈的小事情，才真正标明思路的开阔，观念的飞跃。

“以山名城”，即从总体着眼，将泰安城区与泰山景区加以对照，选取城区较大、有代表性的商店、建筑与景区具典型意义的风景名胜，按方位大致对应，以风景之意、名胜之名，命名商店、建筑。如城区北部可有“碧源商场”“探海石大厦”，城区西部可有“竹林饭庄”“桃源购物中心”，东部可有“摩天商业大楼”，中部或南部可有“步天楼”“壶天阁”等。这样一种命名格局，就单位建筑言，既富有个性，充满新意，又利于识别，方便记忆，就整体布局言，变化中有统一，统一中有变化。言其变化，在于峰峦亭台，不相重复；言其统一，在于风景名胜遍布泰山，万变不离其宗。此种构思，地利与天时相结合，山情与人意相协调，古代与现代相交融，创造与借鉴相统一，若能付诸实施，定然会使我们的山城别具风采。

沿此设想，推而广之，我们在城市建设、旅游设计、工业规划、景区开发等方面，若能考虑到泰山的因素，诸如风景、历史、文化等，定会使我们有许多新启发、新角度、新灵感。背依泰山，就要利用泰山，让泰山不仅成为我们的骄傲，我们的象征，同时也成为我们财富，我们的资源。泰山属于全中国、全世界，但它首先属于泰安，首先属于我们泰安人。

（原载《经济信息时报》1992年8月26日第3版，标题有改动）

# 有眼何以识泰山

## ——读《周郢文史论文集——泰山历史研究》

有俗语谓“有眼不识泰山”。究其缘由，大概眼所识者，为自然之泰山，风景之泰山。眼所不识者，为历史之泰山，文化之泰山，泰山有雄奇壮美的自然景观，更有博大深邃的人文内涵，这使得泰山在中国的名山大川中，独一无二，独具魅力。近年来，泰山研究方兴未艾。一些研究者提出建立“泰山学”，并从历史、政治、宗教、民俗以及审美等角度，对泰山进行多方面的研究。一批泰山研究论著相继问世，为人们了解泰山、认识泰山、研究泰山指示了门径、提供了依据。《周郢文史论文集——泰山历史研究》便是近年来泰山研究之扛鼎之作。

或是泰山人文氛围的熏陶，或是家学禀赋承递，周郢14岁便开始进行泰山文献的搜集、研析，目前（截至1998年），已编撰出版论著10种，在台北《故宫文物月刊》,《红楼梦学刊》《文博》等刊物发表论文、译文49篇，累计著述约80万字。《中国青年报》《羊城晚报》《陕西日报》先后以《十九岁的学者》《年方廿二，捧出四本专著》等题，报道了他的事迹。

周郢治学严谨，认真扎实。他奉“一事不备，述必难周；片笺未获，论或失当”为圭臬，重史料，重实证，不盲信可疑之据，不妄立无据之论。因心仪于王国维之三境界，他集前人登岱诗句，喻治泰山史之三境界，即“采秀曾闻到石间，抽毫似已窥金记”“欲转千盘迷积气，谁从九点辨齐州”“地到无边天作界，山登绝顶我为峰”。此三种境界同时印证了周郢治学的三个方面的特点。

其一，博览广征，钩沉史实。泰山研究在对象上有其特殊性。泰山没有敦煌那样多的经史子集、诗词曲赋等资料，也没有齐文化、楚文化那样多的经典性著作及文物遗迹。或许这正是泰山研究的独特之处，但对于泰山研究者而言，他们面对的不能仅仅是一座大山。泰山研究必须建立其相应的史料基础。泰山历史源远流长，与泰山相关的历史资料散布于史籍典册，残存于片简。对泰山史料进行系统、科学的搜集整理，工程浩大，任务艰巨。周郢通过系统思考，把泰山史料分为档案资料、史籍资料、泰山著述、诗文资料以及包括碑帖、谱牒、舆图、报刊等在内的其他资料几个大类。同时他知难而进，身体力行，进行泰山史料整理。收入本书中的《泰山历史年表》，上溯先秦，下迄清季，著录史事1102条，15个历史时期绵延相继，无一空缺。该书录泰山历代专著，计120余种，为目前最为完备的泰山专题书目。过硬的史料整理功夫，成为周郢泰山研究的坚实起点。其二，辨析考订，勘误正伪。长期以来，由于泰山史料匮乏，一些所谓的“史料”以讹传讹，假而乱真。周郢以敢于“疑古”的精神，对泰山史料进行整理考订。今岱庙大殿长期被认为是“宋天贶殿”，周郢查阅《新定九域志》《玉海》等多种宋人著述，证明天贶殿不在岱庙，而在他地。岱庙大殿内的大型壁画——《泰山神启跸回銮图》，“传为宋画”，周郢历时三载，释读碑刻，查证史实，证实壁画创作于清代康熙年间，作者为泰安民间艺人刘志学等人。这一观点得到美术史家潘洁兹的赞同。其三，见微识著，论从史出。泰山是一个舞台，一面镜子，一种载体。泰山所上演的戏剧、折射的内容、承载的意义都与中国传统文化密不可分。只有把泰山放在中国传统文化的大背景下，才能全面、深刻地认识这个舞台的神奇功能、这面镜子的丰富色彩、这个载体的独特价值，才能由此而进一步研究泰山之文化物质，探究传统文化中天人关系之表征意蕴，分析泰山上山石、神鬼、帝王之间奇特的三角关系等。孤立、局部地在山言山，以山论山，泰山研究便成为无源之水，无本之木。周郢力求在这方面有所突破。他通过对泰山羊氏、萧大亨等人物、家庭个案的考证、分析，从一个侧面观照其时的政治与文化；他着眼于中外文化的交流融汇，引证史实，探幽发微，论及泰山信仰对朝鲜、日本等周边国家的影响，同时分析了佛教及其他域外文化对泰山的影响。这些论点均小处着手，大处着眼，言之有据，富有新意。

《周郢文史论文集——泰山历史研究》的出版，对于年仅二十八岁的周郢来说，既是一种总结，更是一种激励。治学之路，如同登山，走过壶天阁、中天门，前面更有十八盘、玉皇顶。相信今后周郢会更执着、更勤奋、更扎实地劳作、攀登，其泰山研究会取得新的更大的成绩。

（原载《山东图书报》1998年11月15日第3版）

# 参考文献


**泰山文献**

山东省地方史志编纂委员会编:《山东省志·泰山志》,中华书局,1993年版。

马辉主编:《泰安史话》,方志出版社,2012年版。

泰安市地方史志编纂委员会编:《泰安市志(1985—2002)》,方志出版社,2009年版。

胡立东总纂,汤贵仁、刘慧主编:《泰山文献集成》,泰山出版社,2005年版。

《泰山学院学报》编辑部编:《泰山文化研究》,中国文史出版社,2018年版。

邵妍辑录点校:《四库经部泰山集成》,山东人民出版社,2018年版。

姜丰荣编注:《泰山历代石刻选注》,青岛海洋大学出版社,1993年版。

泰山管理委员会编:《泰山石刻大全》(增订本),齐鲁书社,2018年版。

汤贵仁:《泰山封禅与祭祀》,齐鲁书社,2003年版。

黄历鸿编著:《泰山封禅》,山东友谊出版社,1998年版。

周郢:《泰山与中华文化》,山东友谊出版社,2010年版。

泰安市泰山区档案馆编：《周郢文史论集：泰山历史研究》，山东文艺出版社，1997年版。

舟子撰，泰安市档案局编：《泰山历史纪年》，1989年版。

易君左等原著，周郢续纂：《泰山国山议：文献校释与学术新诠》，五洲传播出版社，2013年版。

周郢：《汉代泰山》，泰安市奉高文化研究院编印，2018年版。

周郢：《泰山文化历程》，五洲传媒出版社，2019年版。

刘慧：《泰山岱庙考》，齐鲁书社，2003年版。

刘慧：《泰山信仰与中国社会》，上海人民出版社，2011年版。

袁爱国主编：《全泰山诗》，泰山出版社，2011年版。

叶涛：《泰山香社研究》，上海古籍出版社，2009年版。

叶涛：《泰山石敢当》，浙江人民出版社，2007年版。

蒋铁生：《泰山文化研究》，吉林大学出版社，2011年版。

王克奇：《秦皇东巡与汉武封禅》，山东文艺出版社，2004年版。

魏建：《中华名山之首泰山》，山东文艺出版社，2004年版。

徐北文：《泰山崇拜与封禅大典》，《文史知识》1987年第10期。

李正明、张杰主编：《泰山研究论丛（一）》，青岛海洋大学出版社，1989年版。

李正明、张杰主编：《泰山研究论丛（二）》，青岛海洋大学出版社，1990年版。

李正明、张杰主编：《泰山研究论丛（三）》，青岛海洋大学出版社，1991年版。

李正明、张杰主编：《泰山研究论丛（四）》，青岛海洋大学出版社，1991年版。

戴有奎、张杰主编：《泰山研究论丛（五）》，青岛海洋大学出版社，1992年版。

《泰山研究》编辑部编：《泰山研究》第1—14辑。

山东省泰安市新闻出版局编：《泰山大全》，山东友谊出版社，1995年版。

朱俭编纂：《泰山研究资料索引》，北京图书馆出版社，2004年版。

**第一辑**

山东省文物考古研究所编：《大汶口续集——大汶口遗址第二、三次发掘报告》，科学出版社，1997年版。

栾丰实：《海岱地区考古研究》，山东大学出版社，1997年版。

栾丰实：《大汶口文化》，山东文艺出版社，2004年版。

张学海：《龙山文化》，文物出版社，2006年版。

山东省《齐鲁考古丛刊》编辑部编：《山东史前文化论文集》，齐鲁书社，1986年版。

张富祥：《东夷文化通考》，上海古籍出版社，2008年版。

王守功：《海岱地区史前考古论集》，文物出版社，2016年版。

山东大学历史系考古教研室编：《大汶口文化讨论文集》，齐鲁书社，1979年版。

杜金鹏：《关于大汶口文化与良渚文化的几个问题》，见《文物》1992年第10期。

高广仁：《试论大汶口文化的分期》，见《考古学报》1978年第4期。

吴汝祚：《论大汶口文化的类型与分期》，见《考古学报》1982年第3期。

颜誾：《西夏侯新石器时代人骨的研究报告》，见《考古学报》1973年第2期。

颜誾：《大汶口新石器时代人骨的研究报告》，见《考古学报》1972年第1期。

韩康信、潘其风：《大汶口文化居民的种属问题》，见《考古学报》1980年第3期。

李白凤：《东夷杂考》，河南大学出版社，2008年版。

王志刚：《家国、夷夏与天人——十六国北朝史学探研》，北京师范大学出版社，2013年版。

傅斯年：《民族与古代中国史》，上海古籍出版社，2012年版。

李学勤：《论新出大汶口文化陶器符号》，见《文物》1987年第12期。

刘斌：《大汶口文化陶尊上的符号及与良渚文化的关系》，见《文物》1978年第9期。

徐江伟：《血色曙光——华夏文明与汉字的起源》，陕西人民出版社，2013年版。

宋耀良：《中国岩画考察》，上海人民出版社，2015年版。

连云港市博物馆编：《海州石刻——将军崖岩画与孔望山摩崖造像》，文物出版社，1990年版。

安徽省文物考古研究所、蚌埠市博物馆编著：《蚌埠双墩——新石器时代遗址发掘报告》，科学出版社，2008年版。

孙研：《大汶口文化玉器研究》，吉林大学硕士学位论文，2007年。

杨泓：《含山玉器留下许多待解之谜》，见《中国文物报》1999年1月31日。

陆思贤：《神话考古》，文物出版社，1995年版。

[日]宫本一夫著，吴菲译：《从神话到历史——神话时代、夏王朝》，广西师范大学出版社，2014年版。

苑胜龙、张乐珍：《“大汶口”社会女神崇拜刍议》，见《丽水师范专科学校学报》1999年第1期。

陈勤建：《中国鸟信仰——关于鸟化宇宙观的思考》，学苑出版社，

2003年版。

刘晔原、郑惠坚:《中国古代的祭祀》，商务印书馆国际有限公司，1996年版。

詹鄞鑫:《神灵与祭祀——中国传统宗教综论》，江苏古籍出版社，1992年版。

孙庆伟:《追迹三代》，上海古籍出版社，2016年版。

许宏主编，中国社会科学院考古研究所编:《夏商都邑与文化(一):“夏商都邑考古暨纪念偃师商城发现30周年国际学术研讨会”论文集》，中国社会科学出版社，2014年版。

许宏主编，中国社会科学院考古研究所编:《夏商都邑与文化(二):纪念二里头遗址发现55周年学术研讨会论文集》，中国社会科学出版社，2014年版。

[美]张光直著，刘静、乌鲁木加甫译:《艺术、神话与祭祀》，北京出版社，2017年版。

叶舒宪:《图说中华文明发生史》，南方日报出版社，2015年版。

叶舒宪:《神话—原型批评》(增订本)，陕西师范大学出版总社有限公司，2011年版。

张碧波:《关于大汶口文化三种习俗的文化思考》，见《民俗研究》1998年第2期。

段天璟:《二里头文化时期的中国》，社会科学文献出版社，2014年版。

孙英刚:《神文时代：谶纬、术数与中古政治研究》，上海古籍出版社，2015年版。

袁珂:《中国神话史》，北京联合出版公司，2015年版。

郑重:《中国古文明探源》，东方出版中心，2016年版。

王秀伟:《浅谈大汶口文化时期的经济形态》,《商业文化(下半月)》2011年第9期。

蒋猷龙：《中国蚕业技术发展概述（上）》，《江苏蚕业》1982年第1期。

张强：《大汶口文化中晚期的葬仪与社会权力分配——以宴饮器具的情境考古研究为中心》，山东大学硕士学位论文，2018年。

朱大可：《华夏上古神系》，东方出版社，2014年版。

姚大力：《追寻“我们”的根源：中国历史上的民族与国家意识》，生活·读书·新知三联书店，2018年版。

张经纬：《四夷居中国：东亚大陆人类简史》，中华书局，2018年版。

易华：《夷夏先后说》，民族出版社，2012年版。

朱丹丹：《三星堆——文明的侧脸》，巴蜀书社，2016年版。

范勇：《解谜三星堆：开启中华文明之门》，天地出版社，2017年版。

牛建军、吴冰洁编著：《古印度的秘密》，中州古籍出版社，2014年版。

徐江伟：《寻找另一种起源：华夏文明猜想》，陕西人民出版社，2017年版。

苏三：《难以置信：殷商与腓尼基人》，花城出版社，2006年版。

金立江：《苏美尔神话历史》，南方日报出版社，2014年版。

安森垚：《祖先》，九州出版社，2017年版。

亓佩成：《古代西亚文明》，山东大学出版社，2016年版。

**第二辑**

肖锐：《论中国姓氏文化研究意义》，见《中南民族大学学报（人文社会科学版）》2015年第4期。

柳明瑞：《嬴姓溯源——兼论嬴秦祖根在东方》，中国文史出版社，2003年版。

宋镇豪主编：《嬴秦始源：首届中国（莱芜）嬴历史文化学术研讨会论文集》，中国社会科学出版社，2013年版。

宋镇豪主编：《嬴秦文化与远古文化：中国（莱芜）第二届嬴秦文化与远古文明工作会议论文集》，中国文史出版社，2018年版。

山东省莱芜市历史研究组编：《嬴秦与莱芜——秦始皇第一故里和莱芜历史沿革考证》，2001年版。

柳明瑞主编：《嬴秦文化研究》2018年合刊。

金景芳：《商文化起源于我国北方说》，见《中华文史论丛》1978年第1期。

刘学堂：《彩陶与青铜的对话》，商务印书馆，2016年版。

刘学堂：《青铜长歌》，甘肃人民出版社，2015年版。

拱玉书：《日出东方——苏美尔文明探秘》，云南人民出版社，2001年版。

汪莹：《汪志伊年谱》，见《古籍研究》2019年下卷（总第70卷）。

李强：《宋真宗的1008》，山东画报出版社，2008年版。

李泽厚：《论语今读》，天津社会科学院出版社，2007年版。

陈来：《孔子·孟子·荀子：先秦儒学讲稿》，生活·读书·新知三联书店，2017年版。

李零：《丧家狗——我读〈论语〉》，山西人民出版社，2007年版。

李零：《我们的中国》第二编，生活·读书·新知三联书店，2016年版。

李硕：《孔子大历史：初民、贵族与寡头们的早期华夏》，上海人民出版社，2019年版。

〔清〕俞正燮撰，于右、马君骅、诸伟奇校点：《俞正燮全集》第2册，黄山书社，2005年版。

鲍鹏山：《孔子归来》，新星出版社，2017年版。

马平安：《大哉孔子》，团结出版社，2019年版。

蒙培元：《孔子》，北京大学出版社，2019年版。

〔春秋〕孔子述，〔春秋〕孔门弟子撰，钱宁重编：《新论语》，生活·读书·新知三联书店，2012年版。

刘兴顺：《明代泰山孔子庙考论——兼论“孔子圣中之泰山，泰山岳中之孔子”主题形成》，见《泰山学院学报》2017年第5期。

戚焕丽：《试论儒家礼制与泰山民俗的源流关系》，见《岱宗学刊》2007年第2期。

郝导华、董博、崔圣宽：《试论齐国的交通》，见《东方考古》2012年第9集。

郭克煜：《郕国历史初探》，见《齐鲁学刊》1981年第4期。

史卫东、仲俊涛：《泰安市域先秦古邦国历史地理考察》，见《泰山学院学报》2011年第5期。

陈池瑜：《孔子的山水比德思想及其对中国山水艺术的影响》，见《东南大学学报（哲学社会科学版）》2011年第2期。

胡迪聪：《泰山审美与儒家理想人格塑造》，浙江师范大学硕士学位论文，2010年。

徐仪明、蒋伟：《论孔子山水思想中的仁学内涵》，见《河南师范大学学报（哲学社会科学版）》2013年第6期。

韩星：《儒家核心价值体系——“仁”的构建》，见《哲学研究》2016年第10期。

洪晓丽：《仁：作为道德本体的构成——孔子仁学研究》，复旦大学博士学位论文，2008年。

桓占伟：《试论孔子的义思想》，见《齐鲁学刊》2013年第6期。

武照欣：《先秦儒家之“义”探究》，郑州大学硕士学位论文，2012年。

夏冰：《论孔子的礼学思想》，海南大学硕士学位论文，2010年。

宗超：《孔子知论探析》，见《伦理学研究》2016年第1期。

赵星、刘宁静、宋培彦、翟保军：《浅谈〈论语〉中的“知”》，见

《语文学刊》2010年第1期。

李景林:《孔子知论之精义》,见《孔子研究》1995年第4期。

黄冬冬、黄明喜:《孔子“信”之教考辨》,见《教育史研究》2019年第4期。

王玲强:《程朱理学“信”观念研究》,山东大学硕士学位论文,2017年。

景海峰:《仁义礼智信与中华文化的核心价值》,见《马克思主义与现实》2012年第4期。

汤用彤:《汉魏两晋南北朝佛教史》,中华书局,2016年版。

汤一介:《佛教与中国文化》(增订本),中国人民大学出版社,2016年版。

任继愈主编:《中国佛教史(第二卷)》,中国社会科学出版社,1985年版。

汤用彤:《隋唐佛教史稿》,中华书局,2016年版。

乔志霞编著:《中国古代高僧》,中国商业出版社,2015年版。

万绳楠整理:《陈寅恪魏晋南北朝史讲演录》,贵州人民出版社,2007年版。

李四龙:《中国佛教与民间社会》,大象出版社,2009年版。

杜继文:《佛教和中国古代哲学》,见《名家讲佛教知识》(插图本),中华书局,2016年版。

牟钟鉴:《儒道佛三教关系简明通史》,人民出版社,2018年版。

朱汉民、邓洪波:《岳麓书院史话》,湖南大学出版社,2006年版。

曹华清、别必亮:《中国书院的故事》,山东画报出版社,2011年版。

聂荣华、万里主编:《湖湘文化通论》,湖南大学出版社,2005年版。

谢发平:《湖湘文化十九讲》,世界图书出版广东有限公司,2012年版。

樊克政:《书院史话》,社会科学文献出版社,2012年版。

王炳照：《中国古代书院》，中国国际广播出版社，2009年版。

杨伯峻译注：《论语译注》（简体字本），中华书局，2015年版。

杨伯峻：《列子集释》，中华书局，1979年版。

王文锦译解：《礼记译解》，中华书局，2016年版。

程俊英、蒋见元：《诗经注析》，中华书局，2017年版。

杨伯峻编著：《春秋左传注》，中华书局，2018年版。

杨伯峻译注：《孟子译注》，中华书局，2019年版。

**第三辑**

路宗元主编：《齐长城》，山东友谊出版社，1999年版。

张溯、梁洪燕：《清华简〈系年〉与齐长城考》，见《中国国家博物馆馆刊》2017年第1期。

山东省旅游局、中国文物保护基金会雪野齐长城保护与研究中心、中国长城学会雪野齐长城研究基地编：《齐长城历史文化研究》，光明日报出版社，2016年版。

张华松：《齐文化与齐长城》，中国戏剧出版社，2000年版。

张华松：《齐长城》，山东文艺出版社，2004年版。

张华松、王绪和：《齐长城漫话》，济南出版社，2013年版。

张建东、黄平主编：《金戈古韵齐长城》，齐鲁电子音像出版社，2011年版。

于德普：《风雨齐长城》，山东省地图出版社，2008年版。

张克思：《试论齐长城源头及相关问题》，见《海岱考古》第6辑，科学出版社，2013年版。

吕京庆：《齐长城沿线军事聚落研究》，天津大学博士学位论文，2013年。

罗勋章：《齐长城考略》，见《海岱考古》第4辑，科学出版社，

2011年版。

张莹:《齐长城旅游开发研究》，中国海洋大学硕士学位论文，2009年。

王博编著:《奠基与经典——先秦的精神文明》，北京大学出版社，2009年版。

周立升、蔡德贵主编:《齐鲁文化通论》，山东人民出版社，2015年版。

逄振镐:《齐鲁文化研究》，齐鲁书社，2010年版。

袁庭栋:《古代的战争》，中信出版集团，2018年版。

杨朝明、王青:《鲁国历史与鲁文化探秘》，文物出版社，2008年版。

张富祥:《东夷古史传说》，山东文艺出版社，2004年版。

徐基:《商代的山东》，山东文艺出版社，2004年版。

韩玉德:《姜太公》，山东文艺出版社，2004年版。

梁方健:《鲁国史话》，山东文艺出版社，2004年版。

李玉洁:《齐国史话》，山东文艺出版社，2004年版。

刘莉莉、宋苏林、崔春梅:《济南泉水的成因及保泉对策研究》，见《山东水利》2013年第5期。

郭胜昔:《泉城话泉》，见《山东水利》2001年第7期。

鲁春晓:《济南泉文化旅游开发研究》，山东大学硕士学位论文，2006年。

陆敏、李墨卿:《济南泉水若干问题的历史地理探讨》，见《中国历史地理论丛》1999年2期。

宋苏红、商广宇、周希海:《追远古地史，溯济南泉源》，见《地下水》2005年第2期。

张安才、陈红菊、邹兰柱、鹿海峰、宋憬愚:《泰山赤鳞鱼肌肉营养成分分析与评价》，见《齐鲁渔业》2010年第9期。

宋憬愚、岳永生、丁雷、王慧、张玲、陈红菊:《泰山赤鳞鱼的生物学特性及养殖技术》，见《水利渔业》1997年第1期。

岳永生、李全阳、张庆朝、张玲、宋憬愚、王慧、刘道芝：《泰山赤鳞鱼肌肉品质的研究》，见《山东农业大学学报》1994年第2期。

谢从新主编：《鱼类学》，中国农业出版社，2010年版。

**第四辑**

聂立申：《金代名士党怀英研究》，吉林大学出版社，2012年版。

聂立申：《金代泰山文士研究》，吉林大学出版社，2014年版。

宋德金：《一本书读懂辽金》，中华书局，2011年版。

饶宗颐：《中国史学上之正统论》，中华书局，2015年版。

葛兆光：《宅兹中国——重建有关“中国”的历史论述》，中华书局，2011年版。

薛祥生：《辛弃疾》，山东文艺出版社，2004年版。

谢家树：《辛弃疾传》，中国工人出版社，2011年版。

梁衡：《把栏杆拍遍》（修订本），东方出版中心，2006年版。

王花：《论金代诗人党怀英对陶渊明的接受》，见《集宁师专学报》2010年第3期。

李淑岩：《党怀英的诗作品第及成因探析》，见《绥化学院学报》2007年第6期。

王守民：《金代党怀英交游及其篆书艺术研究》，见《温州大学学报（社会科学版）》2012年第4期。

马晋宜、杜成辉：《党怀英诗文书法地位略论》，见《雁北师范学院学报》2003年第4期。

许宏：《何以中国：公元前2000年的中原图景》，生活·读书·新知三联书店，2016年版。

许宏：《大都无城：中国古都的动态解读》，生活·读书·新知三联书店，2016年版。

葛剑雄:《统一与分裂：中国历史的启示》，商务印书馆，2013年版。

刘浦江:《正统与华夷：中国传统政治文化研究》，中华书局，2017年版。

葛兆光等著，《东方早报·上海书评》编辑部:《殊方未远：古代中国的疆域、民族与认同》，中华书局，2017年版。

王耘:《金代从地域到国家的政治文化认同》，中国社会科学出版社，2017年版。

李秀莲:《金朝“异代”文士的民族认同之路》，中华书局，2017年版。

杨忠谦:《政权对立与文化融合——金代中期诗坛研究》，人民出版社，2010年版。

李艺:《金代词人群体研究》，首都师范大学出版社，2008年版。

于东新:《金词风貌研究》，人民文学出版社，2017年版。

周郢:《明代名臣萧大亨》，中国文联出版社，1999年版。

赵阮:《萧大亨〈北虏风俗〉与十六世纪后期蒙古社会生活初探》，中央民族大学硕士学位论文，2005年。

于默颖:《明蒙关系研究：以明蒙双边政策及明朝对蒙古的防御为中心》，内蒙古大学出版社，2015年。

赵现海:《长城与边界：明朝北疆边界意识及其前近代特征》，《求是学刊》2014年第4期。

段瑞昕:《萧大亨与明蒙关系》，内蒙古大学硕士学位论文，2013年。

赵文:《明后期对蒙古策略探究》，中央民族大学博士学位论文，2009年。

其其格:《张居正与“俺答封贡”》，见《内蒙古师大学报(哲学社会科学版)》1996第2期。

金星:《明朝与蒙古的贸易研究》，内蒙古大学博士学位论文，2012年。

胡凡：《论明穆宗时期实现“俺答封贡”的历史条件》，见《中国边疆史地研究》2001年第1期。

薄音湖：《北元与明代蒙古》，见《内蒙古大学学报（哲学社会科学版）》1994年第1期。

任冠文：《俺答、张居正与蒙汉关系》，见《晋阳学刊》1993年第6期。

萧大亨著，崔春华校注：《夷俗记校注》，辽宁大学出版社，1987年版。

乌日古木拉：《萧大亨〈北虏风俗〉文献学研究》，内蒙古大学硕士学位论文，2013年。

戴鸿义、鲍音：《萧大亨与〈夷俗记〉》，见《中国边疆史地研究》1992年第4期。

王平、梁伟岸：《萧大亨之〈北虏风俗〉及其史学价值》，见《呼伦贝尔学院学报》2011年第4期。

王文剑：《弓与犁：草原与中原的和与战》，山东画报出版社，2018年版。

樊树志：《重写晚明史：新政与盛世》，中华书局，2018年版。

樊树志：《重写晚明史：朝廷与党争》，中华书局，2018年版。

樊树志：《张居正与万历皇帝》，中华书局，2008年版。

[美]黄仁宇：《万历十五年》（增订本），中华书局，2007年版。

方志远：《万历兴亡录》，商务印书馆，2011年版。

当年明月：《明朝那些事儿 第5部》，北京联合出版公司，2011年版。

当年明月：《明朝那些事儿 第6部》，北京联合出版公司，2017年版。

李如玉：《于慎行交游与著述》，西北师范大学硕士学位论文，2009年。

邢其典：《邢玠生平纪略》，山东人民出版社，2009年版。

马伯庸、汗青：《1592—1598中日决战朝鲜》，山西人民出版社，2013年版。

柯胜雨:《万历东征:1592—1598抗日援朝之战》,清华大学出版社,2017年版。

高拙音:《万历朝鲜战争:中日大决战》,长江文艺出版社,2011年版。

阮景东:《万历朝鲜战争》,重庆出版社,2011年版。

韩国汉文小说集成编委会编:《壬辰录:万历朝鲜半岛的抗日传奇》,上海古籍出版社,2016年版。

车锡伦:《泰山"九莲菩萨"和"智上菩萨"考》,《岱宗学刊》1999年第2期。

丰湘:《明清时期泰山旅游活动探析》,曲阜师范大学硕士学位论文,2006年。

张烨:《明清时期山东地区基层士人研究》,上海人民出版社,2015年版。

孙立群:《中国古代的士人生活》,商务印书馆,2014年版。

王尹成主编:《新泰文化大观》,齐鲁书社,1999年版。

**第五辑**

上海书画出版社编:《魏晋南北朝书法研究》,上海书画出版社,2005年版。

上海书画出版社编:《二十世纪书法研究丛书·品鉴评论》(修订本),上海书画出版社,2008年版。

上海书画出版社编:《碑帖的鉴定与考辨》,上海书画出版社,2010年版。

曹利华、乔何:《批评的批评——走近书法经典》,中央编译出版社,2011年版。

裘锡圭:《文字学概要》(修订本),商务印书馆,2013年版。

王元军编著:《六朝书法与文化》,上海书画出版社,2002年版。

王元军：《汉代书刻文化研究》，上海书画出版社，2007年版。

葛承雍：《书法与文化十讲》，文物出版社，2007年版。

**第六辑**

张岱年：《中国哲学大纲》，中国社会科学出版社，1982年版。

张岱年：《宇宙与人生》，上海文艺出版社，1999年版。

李泽厚：《中国古代思想史论》，人民出版社，1986年版。

张世英：《天人之际——中西哲学的困惑与选择》，人民出版社，1995年版。

陈来：《宋明理学》，生活·读书·新知三联书店，2011年版。

〔宋〕石介著，陈植锷点校：《徂徕石先生文集》，中华书局，1984年版。

张义生：《宋初三先生研究》，山东人民出版社，2012年版。

赵汀阳：《历史·山水·渔樵》，生活·读书·新知三联书店，2019年版。

王爱和：《中国古代宇宙观与政治文化》，上海古籍出版社，2018年版。

袁爱国主编：《全泰山诗》，泰山出版社，2011年版。

于光远主编：《经济大辞典》，上海辞书出版社，1992年版。

陈洪涌编著：《企业品牌研究》，中国经济出版社，2007年版。

李天元编著：《旅游学概论》，南开大学出版社，2009年版。

刘振礼主编：《中国旅游地理》，南开大学出版社，1988年版。

# 附录　应建立泰山学

泰山研究怎样在现有基础上进一步规范化、系统化、科学化？我们应当如何对泰山进行微观梳理与宏观把握？应怎样进一步拓展泰山研究的深度与广度？针对这些问题，本文建议建立一门研究泰山的专门专科——泰山学。现就此做如下论述。

## 一、泰山研究的现状

经过泰山研究者们的努力，泰山研究已经取丰富成果。据统计，1910年至1990年间，共出版泰山研究专著61种，其中建国后53种，同时还有为数不少的论文。1993年以来，泰山研究呈现出良好的发展势头，《泰山志》穷12年之功而面世，《泰山大全》《泰山珍石》等大型图书相继出版。这些成果或收集史料，或辑录掌故，或评点史迹，或鉴赏风光，或着眼总体，或遴选专题，从不同方面深化了人们对泰山的认识。与此同时，泰山研究群体不断壮大，组织机构建设不断加强。泰山研究会、泰山文化研究会集合了泰山研究的主要力量。1996年10月，泰山文化研究所成立，成为国内第一家专业的泰山研究机构。这些都为泰山研究的进一步发展奠定了良好的基础。

在充分肯定泰山研究成绩的同时，我们仍需清醒地看到，泰山研究在基础建设、成果数量与质量等方面均存在许多不足，我们的研究工作距规范化、系统化、科学化还有相当的距离。这些差距与不足的主要表现有以下几点。首先，在研究内容方面。一是基础研究比较薄弱。目前泰山研究的一个重要的薄弱环节，在于缺少系统、全面的基础资料整理。种种原因导致泰山历史资料零星散乱，时间跨度大且不系统，涉及门类多且不集中。从浩如烟海的历史资料中钩沉泰山史实殊非易事，但这是泰山研究的基础，功在当今，利及后人，必须要做。二是研究缺乏广度、深度。现有的泰山研究成果，其内容相当部分集中于景点介绍、旅游概述、诗词选录、名人简介等方面，涉及面不够宽，角度比较单一。泰山内涵十分丰富，我们完全应当也能够对其进行如地理、宗教、民俗、艺术、哲学等多角度、全方位的考察。俗语有“有眼不识泰山”之说，此谓眼之所识者为表面之泰山、感性之泰山，眼所未识者为内蕴之泰山、精神之泰山。因此，我们对泰山的研究，不能仅驻足于对泰山客观描述的层次上，而应当重在理性分析、艺术观照、宏观把握，重在揭示泰山之深层内涵。现在已有研究者涉足这些领域，但尚未取得相应实绩。在研究方法方面。一是不重实证。一些研究者缺乏踏实作风、严谨态度，在研究中不重考据、不重实证。一些不甚确实的二手、三手资料被作为“定论”“成说”转来引去，充当论据，以至于讹误相传。其次，许多论证浮躁空泛、逻辑混乱。一些文章只是拼凑一些所谓的新方法、新论点、新成果，罗列一些离题甚远、无关主旨的资料，而并不管这些方法、资料与泰山有无内在的必然联系。这些现象，影响了泰山研究的进一步发展。因此，立足基础，建立规范、系统、科学的泰山研究体系是泰山研究的当务之急。

## 二、泰山学的基本内容

论其要点，泰山学大致应该是这样一门学科：1.以泰山为中心研究对象。2.对泰山及围绕泰山而形成的诸种文化现象进行全面系统的分析考察。3.泰山价值之开发、利用。在坚持保护与开发并重、传统与现代并举原则的基础上，研究如何对泰山进行文化、经济方面的开发、利用。

初步设想，泰山学可有这样几个分支：

泰山史料学。泰山史料学的主要任务是对泰山历史资料进行全面、系统的挖掘、整理。它主要包括两类内容，资料汇总与志书编写。资料汇总方面的内容可列举如下：整理《泰山历史资料选编》或《泰山历史资料全编》；汇总泰山诗词文章，编辑《泰山诗文选编》或《泰山诗文全编》；辑录泰山碑刻、墨迹、绘画，印制《泰山碑刻全书》《泰山墨迹大全》《泰山画录》等。志书编写方面的主要内容有，按一定标准，取一定范围，依不同门类编撰《泰山人物传》《泰山区划史》《泰山物产录》等。

泰山地质学、泰山地理学。这是从自然科学角度研究泰山。泰山的地质学意义十分重要。科学研究表明，泰山约形成于3000万年前的新生代中期。泰山杂岩是世界上最古老的岩石之一，泰山西北麓济南市长清区张夏街道一带的寒武纪地层，被确定为寒武纪中、上统标准剖面，并以该地地名命名。另据今本《竹书纪年》记载，帝发“元年乙酉，帝即位。……七年，陟。泰山震”。泰山研究者舟子考证，此“震”为地震，这则记载是中国最早的地震史料。泰山的自然资源十分丰富。据统计（截至1997年），泰山有植物133种，550属，1136种；主要动物200余种，其中鸟类100余种；矿藏20余种。对泰山进行地质、地理方面的研究还具有特别意义。泰山之种种人文现象皆赖泰山自然形态而存在，许多人文意义都与泰山的地质、地理特征有着密切联系。在很多方面，是泰山的形态、外貌、环境触动、启发了人文意义，泰山的这些自然特点成为泰山人文含义的深层起点。因此，研究社会、文化的泰山离不开地质、地理的泰山。

泰山宗教学。泰山与宗教的关系源远流长，宗教对泰山有重大影响。廓清泰山宗教史实，追溯泰山宗教之消长兴衰，是我们阐释泰山的一个必不可少的角度。

泰山诗文研究。泰山有众多历代遗存的诗词歌赋、志铭题刻、笔记文章。这些诗文，作者时代跨度漫长，吟咏泰山角度丰富，艺术表现形式多样。泰山的历史性和诗文的艺术性决定了这些诗文兼有史实与艺术双重价值。泰山诗文是人与泰山关系的一条纽带，通过对泰山诗文的研究，能够加深我们对人与泰山进而是人与自然关系的认识。

泰山民俗研究。民俗有“文化活化石”之称。泰山有丰富的民间传说、多彩的民间艺术，并有颇具特点的民间信仰、民间风俗、观念禁忌、祭祀程式等。从这些方面研究泰山，能帮助我们分析泰山形象的成长过程，泰山影响的地域变化以及泰山心理的延续、积淀等。

泰山美学。北大哲学系杨辛教授近年致力于此项研究，他以现代美学思想从多个方面对泰山进行审美观照，并着重分析了泰山崇高美、阳刚美的成因及内涵。泰山美学表明这样一种事实，泰山是历史的，同时也是艺术的、审美的、哲理的。这项研究侧重艺术体验，宏观把握。

泰山旅游研究。游览泰山者古已有之，但这种游览不同于现代意义上的旅游。现代旅游已经成为一种产业，泰山的自然价值与人文价值在其中得以综合再现。泰山旅游研究具有很强的边缘性、综合性、实用性，其内容主要有两个方面，一是泰山旅游史考察。要在漫长的历史中将朝拜与游览清楚地分开是件十分困难的事情，泰山人文性与自然性结合的特点决定了泰山朝拜与游览的并存。由单纯朝拜，到朝拜、游览兼而有之，再至单一目的游览，在泰山经历了一个相当长的历史过程。直至今天，泰山还有许多的朝拜者。通过朝拜者、游览者，泰山扩大了自身影响，增强了自身的辐射能力，同时，朝拜者、游览者也给泰山带入某些外来因素。朝拜者、游览者与泰山之间互有作用，这成为古代泰山与外界联系的一种重要方式。二是泰山旅游前景研究。泰山既要连接历史，也要面向今天，面向未来。泰山旅游研究将旅游学理论与泰山特点相结合，通过对泰山旅游内容、旅游形式、旅游风格等问题的探讨，研究如何在旅游中最为充分地利用泰山资源，再现泰山多方面的价值，以体现泰山旅游特色。泰山旅游有其重要的社会效益，也能形成良好的经济效益。

泰山学的内容当然不止上述几个部分。从不同的角度、不同的方面看，泰山研究的内容还要更丰富些。从园艺学的角度，我们可以建立泰山园艺学；从建筑学的角度，我们可以研究泰山建筑史；我们还可以开展一些综合性较强的研究，如从上古史的角度，研究泰山在上古文化中的地位，研究山岳崇拜对先民心理、社会等诸方面的影响，研究以泰山为中心的海岱地区的历史形态，同时还可以进行一些比较研究，如泰山与其他山水名胜之比较，泰山文学与其他山水文学之比较等。

## 三、有关泰山学的几个问题

第一，在概念上，泰山学不同于泰山文化研究。

从概念外延看，泰山学外延大，泰山文化研究外延小。泰山学是对泰山进行全面研究的一门学科，其着眼点从自然科学到社会科学，论及门类多，关涉范围广；泰山文化研究是指从文化意义上研究泰山，它能作为泰山学的一个主要内容或重要内容，而不能覆盖泰山学的全部。因此，从概念外延看，泰山文化研究从属于泰山学。

从概念内涵看，泰山学内容清晰，易于界定，而泰山文化比较模糊。其一，文化的概念，专家们见仁见智，众说纷纭。社会科学中文化的概念相当芜杂。其二，不同学科在各自的意义上使用文化的概念，各有标准，自成系统。其三，泰山文化的概念没有十分明确的界定。目前，人们在相当宽泛的范围内使用泰山文化的概念。值得我们注意的是，在泰山文化概念的使用中，存在一种将文化概念无限度扩大的倾向。一些研究者将一些被公认为不属于文化范畴的内容称作文化，这使得泰山文化的概念失之规范、流于滥用。

因此，作为一门学科的设置，从概念的严谨性、科学性出发，我们应当提倡并使用泰山学的概念。当我们在宏观上论及泰山之诸种人文现象时，仍可以以泰山文化泛称之，但对它的使用应持审慎、严格的态度，并尤应避免似是而非的张冠李戴。

第二，在研究内容上，泰山学不同于敦煌学及其他名胜研究。

泰山学与敦煌学。敦煌学是以人文地理实体名称——敦煌命名的学科。敦煌学的研究对象是敦煌以藏书为主的文物。这些资料内容丰富，集经、史、子、集，诗、词、曲、赋，通俗文学，图经方志，医药、历书等内容之大成。这是一笔极宝贵的文献。泰山与敦煌不同。泰山有自己独具特色的景观而没有敦煌那样多的图书、文物。这一点决定了泰山学不同于敦煌学。对泰山与敦煌的区别，我们可以做这样的比喻，如果把敦煌看作一出内容丰富、曲折漫长的戏剧，那么泰山则是上演戏剧的巨大的舞台。我们从研究戏剧的内容、人物、情节等出发研究敦煌，并通过它们观照其时的生活状况、文化发展、社会面貌、时代精神；我们着眼于戏剧舞台的角度研究泰山，看剧种更迭、场次转换，看一出出戏剧的开幕、谢幕，看“你方唱罢我登场”。通过对这个天然舞台特殊性的研究，我们要思考的是，为什么它能悠久矗立而不颓？为什么在它上面上演了那么多的正剧、喜剧、悲剧、闹剧？为什么以至人们要借助于它的盛誉、力量来提高戏剧的声望？所有这些问题，都与这个舞台的性质、功能、结构密切相关。

泰山与其他名胜。与国内众多的名山名地相比，泰山在诸多方面自成特点。从宗教角度看，尽管在某一时期，某一种宗教在泰山曾经更为兴盛，但在更长的时间里，泰山不是某种宗教独享其成的宗教名山。儒、释、道在泰山得以合流。这一点吻合了中国三教并举的传统，也从一个方面印证了郭沫若关于泰山是中华民族文化史的局部缩影的观点。因之泰山不同于道统定于一尊的西岳华山，也不同于佛教名山天台山、天童山等。从经济方面看，历史上泰山地区大致是自给自足的农业经济，没有形成过迥然超出周围地区的经济繁荣。没有形成过像江西景德镇的瓷、安徽歙县的纸、山东淄博的纺织品一类的著名产业。泰山不是经济中心，不是商业重地。从思想文化角度看，历代泰山地区产生、成长的人才为数很少。个中原因固然是多方面的，但一个显而易见的制约因素是经济的落后，这在相当程度上影响了泰山地区教育水平的提高、思想文化的繁荣、优秀人才的产生。从上述宗教、经济、思想文化三个方面，我们分析了泰山的某些特点或某些缺失。所有这些，并不能妨碍泰山学的建立，而且相反，这些现象、结果或许正是泰山学研究的重要内容。通过对泰山政治、思想、宗教等方面问题的研究，我们正能够对这一系列“泰山现象”进行合乎历史逻辑的分析、解释。

第三，泰山的特质在于山石、神鬼与帝王。

泰山的特质在于山石、神鬼、帝王，在于三者之间那种特殊而奇妙的三角关系。山石离不开神鬼，神鬼附着于山石，帝王借山石标明与神鬼的关系，山石与神鬼又通过帝王增添了荣耀，壮大了声势。神权与王权结合于泰山，神权与王权造就了泰山，泰山为这种结合提供了舞台。

依山石论，泰山方位、形态得天独厚。其一，优越的方位。泰山地处中国东方。古人以东方为万物交替、初春发生之地，东方按“五行”属木，按“五常”为仁，按“四时”为春。泰山这种方位的优势为泰山成为紫气之源、万物之所、神灵之宅提供了客观条件。其二，优越的地理形态。从整体看，泰山山脉绵亘200余公里，盘桓蜿蜒，基础广大，而泰山主峰及其周围之山体相对紧凑，比较集中。这种在广大根基之上的收束，给人以稳固感、厚重感。与峨眉山的层峦叠嶂、黄山的峰回路转相比较，泰山的这一既广大又集中的特点格外突出。从局部看，泰山主峰南面有一条地质大断层，以这条大断层为界线，北侧泰山山体隆起，南侧汶水沉降低伏。这种一高一低的视觉对比，形成强烈反差，使得泰山在稳固、厚重之上又增添了挺拔之势、高旷之态。广袤且高峻的山体形态为泰山博大、雄强、伟岸、壮丽等美学观念的形成提供了地理学依据。从登山过程看，由主峰南麓登山，整个过程依次是缓坡、斜坡、陡坡。缓坡、斜坡阶段，山道相对平坦，高度渐次递进，登山节奏较为舒缓；至陡坡阶段，山路坡度骤增，举目山巅可望，而石阶悬如天梯，这时的登山氛围变得凝重沉闷，大有“泰山压顶”之感；登上南天门，感受顿时不同，回望来路，一览众山，极目远方，心情如释重负，豁然开朗。整个登山过程，有序幕，有铺垫，有冲突，有高潮，富有戏剧色彩，让人动心感怀。将这个先易后难、苦尽甘来的过程借喻引申，极易让人联想到修业、修身、修道、修仙等一系列需要刻苦磨炼方能成功的活动。既然登山如修炼，那么泰山也就成了这个修炼过程的象征性道路。如此扩而大之，泰山自上而下，便有了仙界、人间和地狱，泰山便成为沟通天人之际的桥梁。

依神鬼论，泰山是一个神鬼的世界。在中国老百姓看来，神与鬼都是概念同价的虚构物，都是具有超人的力量，它们之间没有什么本质的区别，鬼即神，神即鬼，正如道教所认为的，“神鬼一也”。泰山有神也有鬼，神多鬼更多。那些被称为神的一类，多集于山上，居于仙界；被称为鬼的一类，则聚于蒿里，位于阴间。在泰山众多的神鬼之中有两位最为著名：泰山女神和东岳大帝。泰山女神在民间被尊为“泰山老奶奶”或“泰山娘娘”，这位宋后被渐渐附会为碧霞元君的女神，是泰山上社会影响最大的神，她掌凶吉，管婚育，主丰歉，测生死，无所不能，神力无边。碧霞祠建于南天门之上，泰山女神的灵位占据了泰山最为显要的位置，受到朝山进香者隆重的尊崇。一位女性之神，能够在以雄壮崇高著称的泰山上风光显赫，且时日经久，确是一个深可玩味的问题。泰山上还有一些民间俗神，这些神祇或兴庙宇，或设灵位，或见于市井，或闻于流传，如土地神、路神、树神、灶神、门神、火神、簸箕神以及财神、福神、喜神等。这些神灵虽不只泰山独有，但在泰山亦有表现。泰山上另一位著名的神是东岳大帝。与碧霞元君相比，东岳大帝与阴间、与鬼的关系更密切。与其说东岳大帝是神，倒不如说东岳大帝是鬼。我国古有“泰山治鬼”之说，人们认为人死以后，魂归泰山。《后汉书·乌桓传》载：“如中国人死者，魂神归岱山也。”东岳大帝由中国的鬼王变成中国的阎罗王有一个渐进的过程。泰山蒿里山有阎王殿，阎王殿里设十王殿，此外还设有三司、六案、七十五司等。因此，泰山论神神多，论鬼鬼全。端庄安详的神灵和狰狞可怖的鬼魅，造就了一个令人顶礼膜拜的天堂和令人谈之色变的地狱。这一切十分和谐地统一于泰山。

依帝王论，泰山素受帝王青睐。相传远古时有黄帝等七十二位君主到泰山进行封禅活动。先秦以来，历代王朝逢国中有大典礼、大政务，或有征伐祈雨、新君继位等重要国事，均遣使告祭泰山。据《泰山历史纪年》，自汉宣帝以来，共有51位皇帝125次封禅或遣官告祭泰山。唐玄宗封东岳大帝为“天齐王”，宋真宗封东岳大帝为“天齐仁圣帝”，元世祖封东岳大帝为“天齐大生仁圣帝”。众多皇帝对泰山如此尊崇，兴师动众，屡加褒封，其用意无非在于证明其权力的神授鬼予，显示其天子之位与神鬼王权的必然联系。这种“古为今用”“死而活用”的做法相当有成效，王权因神鬼的威严而天然不可侵犯，神鬼因帝王的富贵而更加威风。泰山亦蒙神鬼、帝王的福荫，山路石级不断修葺，楼阁亭台、宫观寺庙相继而起。泰山城依山而建，渐具规模，泰山一草一木遂生灵性，渐成宝物。这些皆赖神鬼之功，帝王之力。

总之，在泰山，山石、神鬼与帝王三位一体，相互依存，互为因果，相得益彰。在这个意义上，泰山独一无二，不可替代。

第四，人在泰山的地位。

以泰山的特质为基点，我们可以从这样三个层面分析泰山与人的关系：自然与人的关系，神鬼与人的关系，皇帝与人的关系。在这样几种关系中，人的作用都是从属、次要、被动的。

纯粹、单一的自然景观，给人以愉悦、慰藉、感悟和启迪。这种审美的交流是双向、平等、自由的。当作为审美对象的自然被神化或鬼化，这种神化的自然、鬼化的自然或自然的神化、自然的鬼化与作为审美主体的人之间的关系便不再是平等、自由的。人们从这种单向的制约性的关系中所获得的更多的是威慑、督察、敬戒和统驭。因此，在自然的泰山与人的关系中，泰山的风景并不重要，那些如旭日东升、云海玉盘、晚霞夕照、黄河金带之类的景致都遮掩于神鬼、皇帝的光环之下，神鬼、皇帝包容了风景、取代了风景。人们在泰山更容易感受到的是神鬼、皇帝而不是风景。这种自然的失落也失落了自然中平等、自由的人。

在泰山的神鬼与人的关系中，与神权之隆重、鬼势之森严相比，夹在神权鬼势之间的人世，势单力薄，微不足道。这对社会的价值取向、风俗习惯，对人们的思维方式、行为方式，有着十分重要的影响。有关泰山的文艺作品显著地体现了这种特点。借助泰山小说这个人与泰山关系的纽带，我们可以发现，这些小说最突出的特点是对泰山鬼事的状写。短篇小说如此，选自《金瓶梅》《金屋梦》《老残游记》等长篇小说的有关泰山的章节，也映衬着这种背景。在这些小说中，人间鬼事、鬼界纷争交织在一起，人鬼之怨、人鬼之恋难分彼此。这些小说虽然也有些篇章不失生动有趣但总体基调是怪诞、神秘而略带恐怖。这些小说基本上没有突破魏晋南北朝志怪志异小说的格局。形成这种特征的原因是泰山重神鬼、轻人世的社会背景，在神鬼与人关系的天平上，泰山十分显著地倾向前者。

帝王作为“人”，在泰山是个特例。在泰山，帝王不是普通意义上的“人”，他在泰山的角色，是“帝王”。那种万众之上、前呼后拥、四方顺遂、八面威风的气势，皆因“帝王”而来。这时的帝王是权势的符号，威力的象征。帝王在泰山能够作为“人”，只能在生物学意义上，在社会学的范畴内，帝王并不代表“人”。相反地，在芸芸众生面前，帝王的作用倒是与神鬼有更多相通之处，甚至他的力量比神鬼更具体、更直接、更巨大。

因此，人在泰山无关紧要。与山石、神鬼、帝王相比，人的形象苍白，人的声音细微，人的力量薄弱。在泰山这个神鬼集聚、帝王御临的地方，人的课业似乎只有求愿、还愿、跪拜、祈祷。至于现代意义的人的价值、人的尊严、人的主体地位等观念在泰山无处寻觅。泰山是神的界域、鬼的寓所、帝王的舞台，泰山不是人的天地。这种状况的形成，定然有其更为深刻的历史缘起。当人们着眼于更大的历史区间、更广的文化背景研究此类问题时，泰山或可作为一个例证，为人们提供一种具有某种特殊性的新的视角。

对于泰山研究，建立泰山学是一种总结、回顾，更是一个目标、方向。要创造无愧于泰山的泰山学成就，尚需许许多多人的长期的努力。对泰山学的广阔前景，我们充满信心。

（本文原载于《齐鲁学刊》1997年第3期，并先后被《新华文摘》1997年第9期、《高等学校文科学报文摘》1997年第5期转摘。1999年1月获第12次泰安市社会科学优秀成果一等奖）

# 后 记

36年前，我来到泰山脚下。那几年适逢泰山申报世界自然与文化双遗产，一些设施修葺和文化活动颇具声势。1986年，我参加了市里组织的泰山歌曲征集活动。在还没有登上过泰山极顶的情况下，我凭想象写了一首歌词《探海石》。歌词被南京作曲家陶思耀谱曲，并经歌唱家李静娴演唱，制作成磁带发行。由此机缘，我开始关注泰山、阅读泰山并尝试研究泰山。

几十年来，泰山研究取得一批重量级成果，泰安本土的一批学者如周郢、刘慧等以其扎实的学术成果让泰山研究基础更扎实、方法更规范、领域更拓展。但从总体上看，比之更高的要求，泰山研究在高度、深度、广度诸方面还存在不少短板。我理解这些短板主要表现为“四缺四不”。一是缺高度，视野不宽。目前的泰山研究成果多是“在山言山”，而较少着眼于中华历史文化和中外名山比较的大背景来定位、探析、把握泰山意涵与特质的具有开创性的学术成果。二是缺史料，基础不牢。泰山文献资料整理以及泰山文物古迹的田野考察还不够全面、不够精准、不够系统。三是缺大家，层次不高。目前泰山研究的主力群体还限于泰安本地，省内、国内乃至国际一流的学术大家对泰山研究的参与还不多。四是缺严谨，传播不力。在目前的泰山文旅推行、形象塑造中，一些宣传泰山的内容要么是大而无当，搞“拉郎配”，拼凑一些与泰山风马牛不相及的资料；要么庸俗老套，讲“伪故事”，将那些外地大同小异的所谓民间传说生搬硬套到泰山；要么拒残守缺，用“旧资料”，而未能吸收那些已取得学界共识的史实和观点。

近年来，基于自己几十年对泰山的学习、思考与研究，我萌生了从“大泰山”角度，从新的角度诠释泰山、解读历史的想法。所谓“大泰山”，我想主要“大”在三个方面。一是大在历史背景——从历史看泰山。泰山不是一个孤立的存在。只有着眼于中华传统文化的大背景，由面到点地定位泰山、思考泰山、体悟泰山，才能更为深刻地理解泰山从哪里来、泰山是什么、泰山又如何发展变化。二是大在泰山内涵——从泰山看历史。历史是泰山人文形象的塑造者，泰山亦可作为见证历史的多棱镜。以与泰山相关的物、事、人角度看历史，可以从一个特别的角度，由点到面地观测洞悉到历史的另一种镜像。三是大在双向时空——从今天看泰山。泰山承载着过去，泰山亦应会通于当下。然而对于今人而言，要走进相隔久远的泰山历史时空并不容易。以什么样的方式深入泰山，用什么样的方式书写泰山，即表达方式的“术”，也事关表达内容的“道”，还影响表达接受的“效”。

二十世纪九十年代，我先后在《齐鲁学刊》《山东矿业学院学报（社会科学版）》等刊物上发表了《应建立泰山学》《泰山经济价值论》《开发石资源，念好“山字经”》等文章。这一时期我对泰山的思考可以概括为“泰山四论”：泰山特质结构论、泰山思想载体论、泰山经济价值论、泰山学科建设论。其一，泰山特质论首次提出泰山的特质在于

“山石、神鬼、帝王”，在于三者之间相互依存、相互作用的复合结构和三角关系。这一分析揭示了泰山不同于其他名山的根本原因。其二，泰山思想载体论提出泰山是“天人合一”哲学思想的形象化载体。也正是因为泰山的载体作用，泰山才成为中华传统文化的全息性代表。其三，泰山经济价值论从泰山品牌的角度，分析了新时期泰山的历史价值与经济价值之间的关系，认为对泰山名称的贴标签式的应用并不能真正体现泰山经济价值，提出泰山的经济价值主要在于泰山旅游及泰山旅游品牌的塑造。其四，泰山学科建设论系统地阐述了“泰山学”的概念、内容以及要重点研究的问题，提出要以“泰山研究”代替“泰山文化”等不易清晰界定的概念。除了泰山学科建设论是对宋绍香先生、徐北文先生所提出的“泰山学”概念的系统化阐释，其他三论均为自己的原创性思考。

以上述思考为基础，结合泰山研究的其他新成果，我选取石、史、筮、识、诗、士、实七个维度来书写我心中的“大泰山”。

石：自然的视角。泰山首先是一座山，是被平地围绕的具有绝对高度和相对高度的高地。泰山的山形物态是泰山诸种人文现象的前提和基础。从自然的视角考察泰山，不仅可以丰富人们对泰山自然资源、地产风物的了解，而且能够让人们找到泰山与政治、艺术、宗教等人文现象产生契合的地理与地质根源。

史：历史的视角。泰山与国内其他山的最大不同之处在于人文价值。泰山既承载“大历史”，也攸关“小历史”。所谓“大历史”指那些与族群发展、朝代兴替相关的宏大叙事；所谓“小历史”指那些与百姓信仰、生老病死相关的民间叙事。正是这些“大历史”“小历史”让泰山变得形上而不器。泰山何以独尊？唯有从历史的视角进入，方能觅到打开答案的密钥。

筮：宗教的视角。泰山上神多。先民以人世为蓝本，想象、勾画并逐步丰富、完善起泰山神祇体系。这个体系与人间社会既相辅相成又相制相衡。因为宗教，泰山成为帝王的封禅之所；因为宗教，泰山成为人生的魂归之处；因为宗教，泰山成为官民的祈福之地。

识：思想的视角。诠释泰山不仅需要关于历史的“事实考证”，而且需要关于思辨的“逻辑考证”。我们不仅需要探究“泰山不是什么”，而且需要探究“泰山是什么”。以排除法方式看，我们可以说泰山不是单纯的自然之山，不是某种宗教的独享之山，不是富藏资料典籍的文献之山等；而以归纳法的方式直面泰山，我们则可以从自然与社会的角度思考泰山所体现的“天人合一”，从宗教的角度去思考泰山的“三教并存”，从皇权、神权的角度思考泰山在其中发挥的作用等。

诗：艺术的视角。山水多与诗文书画相关。泰山自然也不例外。与泰山相关的诗文为数不少，并且也有不少佳言名句，然而仅有诗文还不是泰山所独具的优势。泰山的独特艺术魅力在于碑刻摩崖书法。在宽泛的意义上，中国书法也是具有诗艺价值的一种艺术形式。泰山花岗岩的坚硬致密为书法泰山提供了绝好的条件，让那些刻在石头上的汉字经风沐雨而不易湮灭，并最终使泰山成为书法北方风格的天然大展厅。

士：士人的视角。海岱地区的杰出人物以先秦时代为最多。魏晋以降，随着战争纷乱的持续与经济中心的转移，海岱地区人才的数量与质量均较先秦时代逊色。尤其元明之后，这一特点更为明显。以为数不多的成长在今泰安市区划范围内的士人为个案，可以从士人的角度去了解他所处的那个时代。

实：旅游的视角。旅游功能是泰山经济价值的外化。泰山具有天然的旅游禀赋，但具有旅游禀赋并不就直接等于高品质的旅游地。今天，如火如荼的泰山旅游正以前所未有的方式助推泰山品牌影响力的提升与泰山形象的塑造。

在具体的写作方式上，我未想把文章写成规范的学术论文，也不愿将文章写成浮光掠影式的游记散文。我选择了学术散文化或散文学术化的书写范式。一方面，文章的立意和观点力求有点“学术意味”。这其中既有自己几十年来对泰山的原创性思考，又有对泰山研究成果的归纳和阐发。如果说自己的原创性思考是钻木取火式的“造火”的话，那么那些对泰山研究成果的归纳和阐发则是普罗米修斯式的“盗火”。对于我这样一个非专业的泰山研究爱好者，能否成为一个“造火者”并不那么重要；如果能成为一个泰山研究的真诚“盗火者”，为泰山历史文化精神传播弘扬做一份贡献，我也就心满意足了。另一方面，文章的语言表达力求生动平易。泰山归根结底是社会的泰山、大众的泰山。泰山不仅仅要让人拜，还要让人爱；泰山不仅仅要让人颂，还要让人懂；泰山不仅仅要让人敬，还要让人亲。而这些都要以更多的人读泰山、知泰山为基础。我力图将学术化的高冷面孔变成散文化的活泼语言，以期让那些曲高和寡的泰山研究成果能以更为亲切、更有趣味的样貌走出书斋、走向大众。

在近年来的研究、创作中，我深感这种书写方式的难度远远超出了我的预想！泰山是一部博大深邃、包罗万象的百科全书，要全景式地描绘泰山、深入地研析泰山、平易地表达泰山，所需涉猎的领域、洞察的巨细乃至耗费的精力都颇为巨大。完成这样的书写几需吞荒囊括之能，远非一人力所可及。

在庞博而近乎无可穷尽的泰山与历史面前，我所做的只可能是这种无可穷尽中的小小一部分。写作过程中，我尽可能全面地占有每一个领域的相关史实资料，尽可能对相关问题提出明晰的见解，尽可能让语言表达清新简明。但囿于个人的能力与精力，一些资料仍可能存在错讹；一些观点也或许因求发新声而失之偏颇；书中所涉猎的内容也定会有遗珠之憾；对一些现象和观点的申发也可能显得枝蔓。这些都是主观与客观的局限。对于泰山的更为深刻、更为精确、更为丰富、更为生动的梳理、分析、把握、表达，尚待更多具有专注力、想象力与意志力的“造火者”与“盗火者”。

本书的集中写作主要在2015年之后的5年之内。5年间我几乎把所有的晚间和节假日时间全部用于本书的写作。写作的过程虽然忙碌但十分充实，虽然辛苦但乐在其中。邵妍同学在资料搜集上做了大量卓有成效的工作，提出了许多重要观点。泰山学院教授、泰山研究院首席专家周郢先生繁忙之中解疑释惑并为本书作序。张瑞东、王雷亭、姬升峰以及刘慧、沈维进、马辉、聂立申、崔青松、路军、萧桂明、徐锦儒、刘炳强、刘合贵、宋民等先生给予本书撰写大力帮助。王德全先生亲自拍摄并无私提供了弥足珍贵的高质量图片。山东画报出版社总编辑赵发国、责任编辑张欢待人诚恳热忱，敬业精神令人感佩。妻子邵华、弟弟鹿俊峰、儿子鹿方圆作为大部分文章的第一读者，提出了许多颇有见地的建议。这些指教、帮助、参与，我铭记在心。

山有顶而学无止，生有竟而思无涯。泰山是一部读不完、写不尽的大书。有幸生活在泰山脚下，泰山值得我用一生去观察、去倾听、去触摸、去怀想、去书写。

鹿锋

2020年8月于泰山脚下